"十三五"国家重点图书出版规划项目

中国土地与住房研究丛书·村镇区域规划与土地利用

丛书主编　冯长春

Technologies for Land Use Planning
Based on the Principle of
PRIORITIZING ECOLOGY

# 生态优先原则下的土地利用规划技术研究

郭　菲　冯长春　李　韦　/ 等著
王福良　张诗逸　刘雪萍

## 图书在版编目(CIP)数据

生态优先原则下的土地利用规划技术研究/郭菲等著. —北京：北京大学出版社，2021.10

（中国土地与住房研究丛书·村镇区域规划与土地利用）

ISBN 978-7-301-32663-3

Ⅰ. ①生… Ⅱ. ①郭… Ⅲ. ①土地利用—研究—中国 ②土地规划—研究—中国 Ⅳ. ①F321.1

中国版本图书馆 CIP 数据核字(2021)第 208235 号

| | |
|---|---|
| 书　　　名 | 生态优先原则下的土地利用规划技术研究<br>SHENGTAI YOUXIAN YUANZEXIA DE TUDI LIYONG GUIHUA JISHU YANJIU |
| 著作责任者 | 郭　菲　等著 |
| 责 任 编 辑 | 王树通 |
| 标 准 书 号 | ISBN 978-7-301-32663-3 |
| 出 版 发 行 | 北京大学出版社 |
| 地　　　址 | 北京市海淀区成府路 205 号　100871 |
| 网　　　址 | http://www.pup.cn　新浪微博：@北京大学出版社 |
| 电 子 信 箱 | zpup@pup.cn |
| 电　　　话 | 邮购部 010-62752015　发行部 010-62750672　编辑部 010-62764976 |
| 印 刷 者 | 天津中印联印务有限公司 |
| 经 销 者 | 新华书店 |
| | 730 毫米×1020 毫米　16 开本　19.5 印张　382 千字<br>2021 年 10 月第 1 版　2021 年 10 月第 1 次印刷 |
| 定　　　价 | 66.00 元 |

未经许可，不得以任何方式复制或抄袭本书之部分或全部内容。

**版权所有，侵权必究**

举报电话：010-62752024　电子信箱：fd@pup.pku.edu.cn

图书如有印装质量问题，请与出版部联系，电话：010-62756370

# "中国土地与住房研究丛书"
# 村镇区域规划与土地利用
## 编辑委员会

**主编**　冯长春

**编委**　（按姓氏拼音排序）

| | | | |
|---|---|---|---|
| 曹广忠 | 曹敏政 | 陈　春 | 陈耀华 |
| 楚建群 | 戴林琳 | 戴特奇 | 冯长春 |
| 冯　健 | 龚咏喜 | 郭　菲 | 贺灿飞 |
| 黄志基 | 李贵才 | 梁进社 | 林　坚 |
| 刘　青 | 刘　涛 | 刘雪萍 | 刘　志 |
| 吕　斌 | 彭震伟 | 沈昊婧 | 宋　峰 |
| 苏黎馨 | 唐　琳 | 仝　德 | 王茂军 |
| 吴健生 | 严长青 | 杨家文 | 杨子江 |
| 阴　劼 | 曾　辉 | 张　华 | 张书海 |
| 张文新 | 张一凡 | 赵鹏军 | 朱晟君 |

# 丛书总序

本丛书的主要研究内容是探讨我国新型城镇化之路、城镇化与土地利用的关系、城乡一体化发展及村镇区域规划等。

在当今经济全球化的时代，中国的城镇化发展正在对我国和世界产生深远的影响。诺贝尔奖获得者、美国经济学家斯蒂格利茨（J. Stiglitz）认为，中国的城镇化和美国的高科技是影响21世纪人类发展进程的两大驱动因素。他提出"中国的城镇化将是区域经济增长的火车头，并产生最重要的经济利益"。

2012年11月，党的十八大报告指出："坚持走中国特色新型工业化、信息化、城镇化、农业现代化道路，推动信息化和工业化深度融合、工业化和城镇化良性互动、城镇化和农业现代化相互协调，促进工业化、信息化、城镇化、农业现代化同步发展。"

2012年的中央经济工作会议指出："积极稳妥推进城镇化，着力提高城镇化质量。城镇化是我国现代化建设的历史任务，也是扩大内需的最大潜力所在，要围绕提高城镇化质量，因势利导、趋利避害，积极引导城镇化健康发展。要构建科学合理的城市格局，大中小城市和小城镇、城市群要科学布局，与区域经济发展和产业布局紧密衔接，与资源环境承载能力相适应。要把有序推进农业转移人口市民化作为重要任务抓实抓好。要把生态文明理念和原则全面融入城镇化全过程，走集约、智能、绿色、低碳的新型城镇化道路。"

2014年3月，我国发布《国家新型城镇化规划（2014—2020年）》，根据党的十八大报告、《中共中央关于全面深化改革若干重大问题的决定》、中央城镇化工作会议精神、《中华人民共和国国民经济和社会发展第十二个五年规划纲要》和《全国主体功能区规划》编制，按照走中国特色新型城镇化道路、全面提高城镇化质量的新要求，明确未来城镇化的发展路径、主要目标和战略任务，统筹相关领域制度和政策创新，是指导全国城镇化健康发展的宏观性、战略性、基础性规划。

从世界各国来看，城市化（我国称之为城镇化）具有阶段性特征。当城市人口超过10%以后，进入城市化初期阶段，城市人口增长缓慢；当城市人口超过30%以后，进入城市化加速阶段，城市人口迅猛增长；当城市人口超过70%以后，进入城市化后期阶段，城市人口增长放缓。中国的城镇化也符合世界城市化的一般规律。总结自 1949 年以来我国城镇化发展的历程,经历了起步(1949—1957 年)、曲折发展(1958—1965 年)、停滞发展(1966—1977 年)、恢复发展(1978—1996 年)、快速发展(1996 年以来)等不同阶段。新中国成立后,国民经济逐步恢复,尤其是"一五"期间众多建设项目投产,工业化水平提高,城市人口增加,拉开了新中国城镇化进程的序幕。城市数量从 1949 年的 136 个增加到 1957 年的 176 个,城市人口从 1949 年的 5765 万人增加到 1957 年的 9949 万人,城镇化水平从 1949 年的 10.6% 增长到 1957 年的 15.39%。1958—1965 年这一时期,由于"大跃进"和自然灾害的影响,城镇化水平起伏较大,前期盲目扩大生产,全民大办工业,导致城镇人口激增 2000 多万,后期由于自然灾害等影响,国民经济萎缩,通过动员城镇工人返乡和调整市镇设置标准,使得城镇化水平回缩。1958 年城镇化水平为 16.25%,1959 年上升到 18.41%,1965 年城镇化水平又降低到低于 1959 年水平。1966—1977 年经历"文化大革命",国家经济发展停滞不前,同时大批知识青年"上山下乡",城镇人口增长缓慢,城镇化进程出现反常性倒退,1966 年城镇化水平为 17.86%,1976 年降为 17.44%。1978—1996 年,党的十一届三中全会确定的农村体制改革推动了农村经济的发展,释放了大量农村剩余劳动力,改革开放政策促进城市经济不断壮大,国民经济稳健发展,城镇化水平稳步提升,从 1979 年的 18.96% 增加到 1996 年的 29.4%,城市数量从 1978 年的 193 个增加到 1996 年的 666 个。1996 年以来,城镇化率年均增长 1 个百分点以上。2011 年城镇人口达到 6.91 亿,城镇化水平达到 51.27%,首次突破 50%;2012 年城镇化率比上年提高了 1.30 个百分点,城镇化水平达到 52.57%;2013 年,中国大陆总人口为 136 072 万人,城镇常住人口 73 111 万人,乡村常住人口 62 961 万人,城镇化水平达到了 53.73%,比上年提高了 1.16 个百分点;2014 年城镇化水平达到 54.77%,比上年提高了 1.04 个百分点;2015 年城镇化水平达到 56.10%,比上年提高了 1.33 个百分点。这表明中国社会结构发生了历史性的转变,开始进入城市型社会为主体的城镇化快速发展阶段。与全球主要国家相比,中国目前的城镇化水平已超过发展中国家平均水平,但与发达国家平均 77.5% 的水平还有较大差距。

  探讨我国新型城镇化之路,首先要对其内涵有一个新的认识。过去一种最为普遍的认识是:城镇化"一个农村人口向城镇人口转变的过程"。在这种认识的指导下,城镇人口占国家或地区总人口的比重成为衡量城镇化发育的关键,多数情况下甚至是唯一指标。我们认为:城镇化除了是"一个农村人口向城镇人口转变的过程",还包括人类社会活动及生产要素从农村地区向城镇地区转移的过程。新型城镇化的内涵应该由 4 个基本部分组成:人口、资源要素投入、产出、社会服务。换言之,新型城镇化的内涵应该由人口城镇化、经济城镇化、社会城镇化和资源城镇化所组成。

人口城镇化就是以人为核心的城镇化。过去的城镇化,多数是土地的城镇化,而不是人的城镇化。多数城镇化发展的路径是城镇规模扩张了,人却没有在城镇定居下来。所谓"没有定居",是指没有户籍、不能与城镇人口一样享受同样的医保福利等"半城镇化"的状态。2013年中国"人户分离"人口达到了2.89亿人,其中流动人口为2.45亿人,"户籍城镇化率"仅为35.7%左右。人口城镇化就是要使半城镇化人口变成真正的城镇人口,在提高城镇化数量的同时,提高城镇化的质量。

城镇化水平与经济发展水平存在明显的正相关性。国际经验表明,经济发达的地区和城市有较高的收入水平和更好的生活水平,吸引劳动力进入,促进城市化发展,而城市人口的增长、城市空间的扩大和资源利用率的提升,又为经济的进一步发展提供必要条件。发达国家城市第三产业比重达到70%左右,而我国城市产业结构以第二产业为主导。经济城镇化应该是城市产业结构向产出效益更高的产业转型,通过发展集群产业,带来更多的就业和效益,以承接城镇人口的增长和城市规模的扩大,这就需要进行产业结构调整和经济结构转型与优化。

社会城镇化体现在人们的生活方式、行为素质、精神价值观和物质基础等方面。具体而言,是指农村人口转为城镇人口,其生活方式、行为、精神价值观等发生大的变化,通过完善基础设施以及公共服务配套,使得进城农民在物质、精神各方面融入城市,实现基本公共服务均等化。

资源城镇化是指对土地、水、能源等自然资源的高效集约利用。土地、水和能源资源是制约我国城镇化的瓶颈。我国土地资源"一多三少",总量多,人均耕地面积少、后备资源少、优质土地比较少,三分之二以上的土地利用条件恶劣;我国有500多个城市缺水,占城市总量的三分之二;城镇能耗与排放也成为突出的挑战。因此,资源城镇化就是要节能减排、低碳发展、高效集约利用各类资源。

从新型城镇化的内涵理解入手,本丛书的作者就如何高效集约地利用土地资源,既保证社会经济和城镇化发展的用地需求,又保障粮食安全所需的18亿亩耕地不减少进行了研究。同时,以人为核心的城镇化,能使得进城农民市民化,让城镇居民安居乐业,本丛书研究了我国新型城镇化进程中的"人—业—地—钱"相挂钩的政策,探讨了我国粮食主产区农民城镇化的意愿及城镇化的实现路径。

在坚持以创新、协调、绿色、开放、共享的发展理念为引领,深入推进新型城镇化建设的同时,加快推进城乡发展一体化,也是党的十八大提出的战略任务。习近平总书记在2015年4月30日中央政治局集体学习时指出:"要把工业和农业、城市和乡村作为一个整体统筹谋划,促进城乡在规划布局、要素配置、产业发展、公共服务、生态保护等方面相互融合和共同发展。"他强调:"我们一定要抓紧工作、加大投入，努力在统筹城乡关系上取得重大突破，特别是要在破解城乡二元结构、推进城乡要素平等交换和公共资源均衡配置上取得重大突破，给农村发展注入新的动力，让广大农民平等参与改革发展进程、共同享受改革发展成果。"因此，根据党的十八大提出的战略任务和习近平同志指示精神，科学技术部联合教育部、国土资源部（现自然资源部）等部门组织北京大学、中国科学院地理科学与资源研究所、同济大学、武汉大学、东南大学等单位开展了新农村建设和城乡一体化发展的相关研究。本丛书展示的一些成果就是关于新农村规划建设和城乡一体化发展的研究成果，这些研究成果力求为国家的需求，即新型城镇化和城乡一体化发展提供决策支持和技术支撑。北京大学为主持单位，同济大学、武汉大学、东南大学、中国科学院地理科学与资源研究所、北京师范大学、重庆市土地勘测规划院、华南师范大学、江苏省城镇与乡村规划设计研究院、广东省城乡规划设计研究院等单位参加的研究团队，在"十一五"国家科技支撑计划重大项目"村镇空间规划与土地利用关键技术研究"的基础上，开展了"十二五"国家科技支撑计划重点项目"村镇区域空间规划与集约发展关键技术研究"。紧密围绕"土地资源保障、村镇建设能力、城乡统筹发展"的原则，按照"节约集约用地、切实保护耕地、提高空间效率、推进空间公平、转变发展方式、提高村镇生活质量"的思路，从设备装备、关键技术、技术标准、技术集成和应用示范五个层面，深入开展了村镇空间规划地理信息卫星快速测高与精确定位技术研究、村镇区域发展综合评价技术研究、村镇区域集约发展决策支持系统开发、村镇区域土地利用规划智能化系统开发、村镇区域空间规划技术研究和村镇区域空间规划与土地利用优化技术集成示范等课题的研究。研制出 2 套专用设备，获得 13 项国家专利和 23 项软件著作权，编制 22 项技术标准和导则，开发出 23 套信息化系统，在全国东、中、西地区 27 个典型村镇区域开展了技术集成与应用示范，为各级国土和建设管理部门提供了重要的技术支撑，为我国一些地方推进城乡一体化发展提供了决策支持。

新型城镇化和城乡一体化发展涉及政策、体制、机制、资源要素、资金等方方面面，受经济、社会和生态环境等各种因素的影响，需要从多学科、多视角进行系统深入的研究。这套丛书的推出，旨在抛砖引玉，引起"学、研、政、产"同人的讨论和进一步研究，以期能有更多更好的研究成果展现出来，为我国新型城镇化和城乡一体化发展提供决策支持和技术支撑。

中国土地与住房研究丛书·村镇区域规划与土地利用<br>编辑委员会<br>2016 年 10 月

# 前 言

改革开放以来,随着城镇化的快速发展,我国逐渐面临水土和能源等资源约束趋紧、生态环境污染较严重、生态系统退化等问题,节约集约和高效利用自然资源、保护和修复生态环境刻不容缓。2005 年,《中共中央关于制定国民经济和社会发展第十一个五年规划的建议》中提出:建设资源节约型和环境友好型社会(简称"两型社会"),明确大力发展循环经济、加大环境保护力度和切实保护好自然生态。其中,以控制不合理的资源开发活动为重点,强化对水源、土地、森林、草原、海洋等自然资源的生态保护。党的十八大做出生态文明建设的战略决策,强调要将生态文明建设融入经济建设、政治建设、文化建设、社会建设各方面和全过程,加大生态环境保护力度,推动形成人与自然和谐发展的生命共同体,生态文明建设的地位和作用更加突显,生态环境保护取得重大成就。

生态文明建设是关系人民福祉、关乎民族未来的大计。在社会经济和城镇化发展的过程中,应坚持节约资源和保护环境的基本国策,做到保护优先,节约集约和高效利用资源,形成绿色、高质量发展新格局。土地是人类及其社会经济活动的发生地,是支撑生态文明建设的重要载体。土地资源的保护和开发利用直接影响生态文明建设的质量。因此,土地资源的优化配置与合理开发利用既能保护好自然生态环境,又能保障社会经济可持续发展。围绕土地资源的优化配置与合理开发利用目标,北京大学城市与环境学院的研究团队开展了"适用'两型社会'建设的土地利用规划关键技术研究"(原国土资源部公益性行业科研专项:"中部'两型社会'建设土地利用管理关键技术研究"课题(课题编号:201211023-04))。该研究按照中央关于"两型社会"建设的总体要求,以全面协调可持续发展的科学发展观为指导思想,以促进"两型社会"建设为目标,以加快经济发展方式转变为主线,针对"两型社会"建设中土地利用管理的实际问题和技术需求,探究了中部地区土地利用的变化规律,并根据区域土地资源利用潜力、适宜性、土地生态环境容量及社会经济发展需求,较深入地研究了区域土地生态环境承载力评价、区域土地利用模拟与生态格局优化、区域土地资源利用优化配置和规划布局技术方法,对于实现生态优先原则下的土地利用规划技术发展具有重要的实践意义,对土地利用的生态环境影响评价、土地利用空间规划、土地资源保护与开发利用等研究具有一定的拓展。

本书是课题研究的部分成果。全书共分为四个部分共十一章。第一部分为土地利用规划布局技术研究的背景、思路，研究内容与研究框架。第二部分，按照建设资源节约和环境友好"两型社会"的要求，从强调生态环境与区域城镇社会经济协调发展出发，针对区域土地资源禀赋、土地生态环境状况，研究土地资源利用的生态环境影响要素识别提取技术，构建"环境友好"的区域土地生态环境承载力评价指标体系和方法；分析土地资源开发利用对生态环境影响的机理，研究土地生态环境影响模拟系统与评价技术；判定土地生态环境预期风险，研究土地生态环境安全格局区划技术；开发区域土地生态环境承载力评价软件系统，为区域土地利用规划提供支撑。第三部分是土地利用模拟和生态格局优化研究。通过模拟人与生态环境相互作用的过程以及土地利用变化的动态模拟，分析土地利用的变化规律，对规划期区域土地利用的需求趋势预测，分析未来生态用地在各类土地相互作用之下的空间结构布局和转变机理，平衡建设用地扩张对生态用地产生的不利影响，提出适宜"两型社会"发展的生态用地格局和优化布局。第四部分是区域土地资源利用优化配置和规划布局研究。依据农用地、建设用地和土地生态环境承载力评价以及社会经济结构分析与发展模拟成果，基于"量质"并重原则和"两型社会"建设要求，综合考虑区域人口、土地资源、生态环境与经济发展之间的相互关系，分析土地利用功能结构和规模的现状特征及存在问题，研究区域土地资源利用多目标情景分析技术；通过多目标情景分析，基于集约利用和保护生态环境原则，研究各类用地的合理规模、结构比例和利用强度，研发土地合理利用的规划布局技术；选择湖南湘江新区核心区进行土地利用规划技术集成示范，实现土地资源的合理和集约利用，促进"两型社会"建设和区域社会经济可持续发展。

本研究探索了适宜生态优先、绿色发展的多情景目标的土地利用规划技术方法，提出了生态优先原则下的区域土地利用规划布局方案，力图实现保障社会经济发展和保护土地资源的双重目标。研究的相关技术已经应用于原湖南省国土资源厅组织编制的《湖南省国土规划（2017—2035年）》《湖南省土地利用总体规划（2006—2020年）（2017年修订版）》《湖南省资源环境承载能力和国土空间开发适宜性评价技术指南（试行）》。不仅带来看得见的经济社会发展重大变化，也带来发展理念、生产生活方式等转变；建立起资源节约、环境友好的生产、消费模式和城市建设治理模式，走出了生态文明发展新路子。

本书是研究团队集体努力的结果。各部分的撰写分工：第一部分：郭菲、冯长春；第二部分：王福良、冯长春；第三部分：张诗逸、郭菲、刘雪萍；第四部分：李韦、郭菲、冯长春。全书由郭菲、冯长春定稿和统稿。研究团队的其他成员为课题的研究做出了很大贡献,他们是杨子江、曹敏政、李天猜、郝文璇、梁湉湉、蒋亮、谢旦杏、刘超、吴正红、张一凡、沈昊婧、丰学兵、侯懿珊、聂危萧、郭谦、王清卿、窦晓璐、刘柯。在课题研究过程中,得到湖南省国土资源规划院的大力支持,自然资源部科技与国际合作司单卫东研究员予以指导,在此一并表示感谢!最后,特别感谢本书责任编辑王树通,他出色的编辑工作,保证本书顺利出版。限于编者的学识和能力,研究的深度和广度有待进一步深化,对书中不足和纰漏之处,还望广大读者和学界同人批评指正。

郭 菲

2021 年 10 月

# 第一部分　土地利用规划布局技术研究背景及思路

**第一章**　绪论 / 3
　　第一节　研究背景 / 3
　　第二节　研究进展 / 5
　　第三节　研究目标和任务 / 7
　　第四节　研究内容、方法与思路框架 / 9

# 第二部分　土地生态环境承载力评价与潜力分析

**第二章**　土地生态环境承载力研究进展与评价分析思路方法 / 15
　　第一节　土地生态环境承载力研究进展综述 / 15
　　第二节　研究意义、思路方法与研究内容 / 31

**第三章**　土地生态环境承载力评价模型构建 / 36
　　第一节　评价思路框架 / 36
　　第二节　评价指标体系构建 / 38
　　第三节　土地生态环境承载力计算 / 43

## 第四章　湖南湘江新区土地生态环境承载力评价

第一节　湘江新区概况 / 46

第二节　数据来源与数据处理 / 48

第三节　土地生态环境承载力的各指标评价 / 51

第四节　湘江新区生态承载状态判定与潜力分析 / 83

第五节　主要研究结论 / 106

参考文献 / 108

# 第三部分　基于元胞自动机的区域土地利用模拟与生态格局优化研究

## 第五章　基于元胞自动机的区域土地利用模拟与生态格局优化研究综述 / 119

第一节　生态用地规划布局研究进展综述 / 119

第二节　研究意义、思路方法与研究内容 / 128

## 第六章　基于元胞自动机的土地利用模拟和生态格局优化模型构建 / 132

第一节　土地利用模拟模型构建技术框架 / 132

第二节　生态用地预测优化模型构建 / 134

第三节　最小累积阻力模型下的生态用地布局优化 / 140

## 第七章　湖南湘江新区核心区土地利用变化模拟与生态用地布局优化 / 142

第一节　数据的收集和处理 / 142

第二节　土地利用变化模拟及预测 / 154

第三节　湖南湘江新区核心区生态用地布局优化 / 165

参考文献 / 170

# 第四部分　区域土地资源利用优化配置研究

## 第八章　区域土地资源利用优化配置研究综述 / 177

第一节　研究进展综述 / 177

第二节　研究思路框架和研究内容 / 195

**第九章　区域土地资源利用优化配置的理论与方法探讨** / 198
　　第一节　区域土地资源配置中的不确定性分析 / 198
　　第二节　不确定条件下区域土地资源利用优化配置
　　　　　　的方法探讨 / 207

**第十章　基于评价准则不确定性的用地适宜性综合评价** / 224
　　第一节　湖南湘江新区土地利用现状 / 225
　　第二节　评价指标体系与评价准则的确定 / 228

**第十一章　基于决策目标偏好的土地资源优化配置** / 250
　　第一节　湘江新区多目标线性规划模型的构建 / 251
　　第二节　基于约束条件不确定性的土地资源优化配置 / 265
　　参考文献 / 282

# 第一部分

## 土地利用规划布局技术研究背景及思路

# 绪论

## 第一节 研究背景

**1. 生态文明建设及"两型社会"的提出**

2005年,《中共中央关于制定国民经济和社会发展第十一个五年规划的建议》提出:建设资源节约型和环境友好型社会(简称"两型社会")。建设"两型社会"成为国民经济与社会发展中长期规划的一项重要战略任务,明确的主要任务包括大力发展循环经济、加大环境保护力度和切实保护好自然生态。要求坚持开发节约并重、节约优先,按照减量化、再利用、资源化的原则,大力推进节能节水节地节材,加强资源综合利用,完善再生资源回收利用体系,全面推行清洁生产,形成低投入、低消耗、低排放和高效率的节约型增长方式;坚持预防为主、综合治理,强化从源头防治污染和保护生态,坚决改变先污染后治理、边治理边污染的状况;坚持保护优先、开发有序,以控制不合理的资源开发活动为重点,强化对水源、土地、森林、草原、海洋等自然资源的生态保护。

2006年10月11日,党的十六届六中全会审议通过的《中共中央关于构建社会主义和谐社会若干重大问题的决定》指出:加强环境治理保护,促进人与自然相和谐。以解决危害群众健康和影响可持续发展的环境问题为重点,加快建设资源节约型、环境友好型社会。

2007年10月15日,党的十七大报告强调:必须坚持全面协调可持续发展。

要按照中国特色社会主义事业总体布局，全面推进经济建设、政治建设、文化建设、社会建设，促进现代化建设各个环节、各个方面相协调，促进生产关系与生产力、上层建筑与经济基础相协调。坚持生产发展、生活富裕、生态良好的文明发展道路，建设资源节约型、环境友好型社会，实现速度和结构质量效益相统一、经济发展与人口资源环境相协调，使人民在良好生态环境中生产生活，实现经济社会永续发展。

2012年11月，党的十八大做出"大力推进生态文明建设"的战略决定，将生态文明建设作为中国特色社会主义事业"五位一体"总体布局和协调推进"四个全面"战略布局的重要内容，坚持走人与自然和谐共生的绿色发展之路，生态文明建设的地位与作用更加突显。

**2. "两型社会"综合配套改革试验区的设立**

为了贯彻落实党中央关于建设"两型社会"的战略任务，2007年12月14日，经国务院同意，国家发展和改革委员会批准长株潭城市群和武汉城市圈为全国资源节约型和环境友好型社会建设综合配套改革试验区（简称"两型社会"综合配套改革试验区），主要是探索新型工业化和新型城镇化发展道路，促进区域协调和城乡一体化发展。

"两型社会"综合配套改革试验区建设的核心是：以人与自然和谐相处为目标，以环境承载能力为基础，遵循自然规律，切实保护和合理利用各种自然资源，提高资源利用效率，以最少的资源能耗和环境代价取得最大的经济效益、社会效益和生态效益，使人类的生产和消费活动与自然生态系统相协调，实现人与自然和谐相处，促进社会经济可持续发展。

**3. 适用"两型社会"建设的土地利用规划关键技术研究**

土地是支撑"两型社会"建设和发展的空间载体和重要要素，为了合理、高效、节约和集约利用有限的土地资源和保护土地生态环境，2012年，国土资源部设立公益性行业科研专项"中部'两型社会'建设土地利用管理关键技术研究"，其中，"适用'两型社会'建设的土地利用规划关键技术研究"（课题编号：201211023—04），由北京大学城市与环境学院的研究团队负责。本研究在理论方法探讨的基础上，以湖南湘江新区核心区为案例展开实证研究。

湘江新区核心区位于湖南省长沙市湘江西岸，经由岳麓区、高新区直抵望城、宁乡腹地，总用地面积约为 1200 km$^2$，涉及 4 个区县、15 个乡镇，是长沙市依托国家"两型社会"综合配套改革试验政策建立的"两型社会"先行示范区。2015年5月24日,湘江新区核心区正式挂牌,成为全国第12个、中部第1个国家级新区。

湘江新区核心区自然资源丰富,开敞空间较多,但现有土地利用过程中,仍存在如下问题:① 土地低效利用,建设用地布局零散,缺乏统筹完整的规划;② 土地利用规模扩张趋势明显,需向结构优化方面发展;③ 土地利用总体规划与战略规划、生态控制线规划以及上下级规划衔接力度不够;④ 建设用地和基础设施快速扩张,功能提升与核心塑造滞后;⑤ 建设用地规模(441 km²)超出战略规划预期(380 km²)及《长沙市土地利用总体规划(2006—2020年)》规模(310 km²),部分生态廊道被侵占。因此,在"两型社会"建设背景下,如何协调日趋凸显的土地利用与社会经济发展、环境保护间的矛盾,是湘江新区核心区亟待解决的问题。

作为国家在中部地区设立的首个国家级新区,湘江新区核心区既是产城融合、城乡一体的新型城镇化示范区,也是全国"两型社会"建设引领区、长江经济带内陆开放高地。因此,研究湘江新区核心区适用"两型社会"的土地利用规划技术,不仅具有典型性和代表性,而且能够为中部地区的土地利用规划提供理论方法和技术支撑。开展区域土地生态环境承载力评价与潜力分析、区域土地利用模拟与生态格局优化、区域土地资源利用优化配置等技术方法的研究,对我国区域国土空间规划具有应用价值。

## 第二节 研 究 进 展

**1. 土地利用规划**

20世纪70年代以来,面对工业化、城市化的新趋势,各国土地利用规划广泛开展。1993年联合国粮食及农业组织(FAO)出版了《土地利用规划指南》,1995年FAO和联合国环境规划署(UNEP)合作出版了《我们的土地,我们的未来》,1997年出版了《商讨土地可持续的未来——我们的土地,我们的未来》,1999年出版了《我们的土地和未来——迎接挑战:综合土地利用规划的方法》,系列成果从总体上反映了土地利用规划方面的进展。20世纪90年代初期,战略环境影响评价概念正式提出。2000年以来,西方国家在土地利用规划中大量采用地理信息系统(GIS)、遥感和自动制图相结合的现代技术,GIS成为编制土地利用规划的基本方法。采用GIS进行土地利用详查、土地适宜性评价、空间数据分析、规划决策和自动制图等有着传统方法难以比拟的优点：一是实现快速编制和修改规划。在土地利用规划实施过程中，根据客观变化的情况和参数应用 GIS 技术及时修改规划，使规划贴近现实成为可能。二是实现多层次、多目标、多因素分析，评选最优规划方案，优化土地利用结构与布局，保证规划决策科学可靠。三是有利于协调政府与公众的关系。将 GIS 技术作为政府与公众之间的"裁判"，便于公众参与规划的制定和决策过程，分析规划公选方案的利弊得失，制订出兼顾公平和效率的可行性规划方案。

1996 年前后，我国开展了以耕地保护为重点的第二轮土地利用规划。实践表明，第二轮土地利用规划在保护耕地、维护粮食安全方面起到了重要作用。与此同时，过分强调保护耕地的土地利用规划与快速经济发展导致的建设用地需求之间的矛盾越来越突出。基于此背景，我国于 2005 年开始了以节约和集约用地为核心的第三轮土地利用规划。以新一轮土地利用规划为契机，规划技术得到了改进；一些学者和规划工作者探索了建设用地需求预测、土地利用分区管制、规划实施评价、建设用地分区管制等技术方法。第三轮土地利用规划采用 GIS 技术进行全国土地利用详查，并进行了土地利用分区研究，制定了《第二次全国土地调查数据库更新标准（试行）》《土地利用规划数据库标准》等技术规范性文件。

随着我国城镇化进程的加快，建设用地迅速扩张，土地利用总体规划中的耕地总量动态平衡和耕地占补平衡的实现面临较大困难。在土地利用规划中自上而下层层下达的建设用地指标偏紧的现实状况下，为实现社会经济发展的整体最优，合理分解建设用地指标也是目前土地利用规划中面临的重要研究；用地分区和建设用地管制分区的可操作性仍有待探讨。2007—2010 年，"十一五"国家科技支撑计划项目"村镇空间规划与土地利用关键技术研究"以 14 个子课题开展了针对村镇空间实态与土地利用的创新和集成研究，形成了一套指导村镇建设的标准、规范、政策、指标和技术成果，为提升我国村镇发展综合功能与提高土地集约利用水平提供了技术支撑和规划建设指引。

## 2. 经济社会活动与区域土地利用空间关系研究

研究经济社会活动与区域土地利用空间关系的经典理论是区位理论。具有代表性的研究：一是古典经济学家杜能的农业区位理论。他从农业生产与区位、地租和交通运输的相互关系入手，以城市作为工业生产品提供和农产品消费的中心，研究农业土地利用的空间格局。该理论的核心是，由城市中心向外围推移，随着与城市中心距离的增加，地租减少，交通运输费用增加；农业土地利用由内向外呈现出同心圆状分布的农业耕作模式。二是城市土地利用区位理论。阿隆索于1964年提出了城市土地利用竞租模型。根据各类经济活动与其对距市中心不同距离的地点所愿意并能承担的最高限度租金的相互关系来确定这些活动的空间区位,形成由城市中心区向外围的建设用地模式,依次为商业、工业、居住和城郊农业的同心圆土地利用结构。

目前,一些研究主要体现在:一是从产业结构调整与土地利用结构变化的互动机制入手,对区域产业结构调整和土地集约利用进行研究。以制造业用地为例,探讨了产业集聚与区域土地集约利用及其对区域经济发展的内在作用机理和演变规律。二是构建基于产业的土地利用分类,从用地-产出的角度研究了土地利用结构与产业发展的关系;并以数量经济模型为分析工具,利用线性回归模型、混合回归模型、个体效应模型以及F统计量和H统计量统计检验等方法,研究土地利用结构和产业发展之间的关系。研究认为:① 产业结构的变化影响产业用地结构,而且产业结构的变化快于产业用地结构的变化;② 产业用地结构由产业规模与产业耗地技术水平以及自然环境约束共同决定。三是利用Granger因果检验模型分析各类产业发展的用地比例关系,揭示了土地利用与产业系统间的复杂非线性动力过程。

综上所述,土地资源利用与产业发展具有内在的必然联系。土地资源的开发利用直接影响和制约着产业的发展和优化;产业发展方式转变和结构优化又影响土地资源的利用方式、结构比例和空间布局,影响土地资源的配置和利用效益。从目前来看,已有的一些研究对不同空间尺度下不同产业用地的相互关系及不同类型工业用地潜力评价、调控技术等涉及得较少,运用节约集约用地调控技术引导产业落地,提高产业用地集约利用效益和效率亟待深入研究。

## 第三节 研究目标和任务

**1. 研究目标**

按照中央关于"两型社会"建设的总体要求,以全面协调可持续发展的科学发展观为指导思想,以促进"两型社会"建设为目标,以加快经济发展方式转变为主线,针对"两型社会"建设中土地利用管理的实际问题和技术需求,根据区域土地资源利用潜力、适宜性,土地生态环境容量及社会经济发展需求,本研究重点研究三项内容:区域土地生态环境承载力评价、区域土地利用模拟与生态格局优化、区域土地资源利用优化配置和规划布局研究;研究制定一套导则(草案),即区域-城镇不同类型土地资源利用空间配置技术导则(草案);开发两个应用系统,即区域土地生态环境承载力评价应用系统、区域社会经济结构分析与发展模拟系统。本研究选择湘江新区核心区进行土地利用规划技术应用示范,形成土地资源节约利用与环境友好的土地利用规划技术体系,为"两型社会"建设的土地利用管理提供简便实用的土地利用规划技术。

**2. 研究任务**

(1) 区域土地生态环境承载力评价与生态格局优化技术研究

根据建设资源节约和环境友好"两型社会"的要求,从强调生态环境与区域-城镇社会经济协调发展出发,针对区域土地资源禀赋、土地生态环境状况,研究土地资源利用的生态环境影响要素识别提取技术,构建"环境友好"的区域土地生态环境承载力评价指标体系和方法;分析土地资源开发利用对生态环境影响的机理,研究土地生态环境影响模拟系统与评价技术;判定土地生态环境预期风险,研发土地生态环境安全格局区划技术;开发区域土地生态环境承载力评价软件系统,为区域土地利用规划提供支撑。

(2) 基于社会经济发展的区域土地利用模拟系统研究

针对长株潭第一、二、三产业发展状况和承接东部发达地区产业转移的趋势,研究建立基于"资源节约和环境友好"的区域经济社会发展评价指标体系和方法;构建多变量相互作用的系统动力学模型,研究社会经济发展对土地需求的预测技术;针对长株潭产业发展,开发社会经济结构分析与发展模拟系统,优化社会经济结构和空间配置。

(3) 区域土地资源利用优化配置和规划布局研究

依据农用地、建设用地和土地生态环境承载力评价以及社会经济结构分析与发展模拟成果,基于"量质"并重原则和"两型社会"建设要求,综合考虑区域人口、土地资源、生态环境与经济发展之间的相互关系,研究制定区域-城镇不同类型土地资源利用空间配置技术导则(草案);根据长株潭地区土地资源禀赋,分析土地利用功能结构和规模的现状特征及存在问题,研究区域土地资源利用多目标情景分析技术;通过多目标情景分析,基于集约利用和保护生态环境原则,研究各类用地的合理规模、结构比例和利用强度,研究土地合理利用的规划布局技术;选择湘江新区核心区进行土地利用规划技术集成示范,实现土地资源的合理和集约利用,促进"两型社会"建设和区域社会经济可持续发展。

## 第四节　研究内容、方法与思路框架

**1. 研究内容与方法**

（1）区域土地生态环境承载力评价技术研究

① 土地资源利用的生态环境影响要素识别与判定技术研究。查阅相关研究文献，总结最新研究进展。利用遥感和 GIS 技术进行影像解译，提取各类用地信息，对区域的土地资源利用情况进行研究分析。通过分析土地利用变化方向并结合实地调研，判读城市土地利用对生态环境系统的影响，识别土地资源利用对生态环境的主要影响要素。

② 土地生态环境承载力评价技术研究。对包含土地生态安全和人类社会经济活动对生态环境的影响这两大内涵的"两型社会"土地利用的土地生态环境承载力进行评价。运用"压力-状态-响应"（P-S-R）概念模型进行区域土地生态环境承载力评价，并根据区域不同尺度构建指标体系，评价土地资源禀赋和社会经济发展对生态环境的影响。主要有三方面的工作：一是利用土地利用的生态环境影响因素识别与判定的结果，结合其他现有的研究成果，构建土地生态环境承载力的评价指标体系；二是利用专家评分和层次分析法（Analytic Hierarchy Process，AHP）确定各指标的权重；三是确定各指标的计算方法和标准化。

③ 土地生态安全格局划定技术研究。采用土地生态环境承载力评价方法研究土地生态安全格局，基于土地生态环境承载力评价结果和区域生态控制线的划定标准，通过 GIS 图形显示和分析技术得到土地的生态功能和生态安全敏感性分析成果，据此划定区域土地生态安全格局，区域建设用地开发分 4 个生态安全等级：禁止开发区、限制开发区、优化开发区和潜在开发区。

④ 基于"环境友好"的区域土地生态环境承载力评价软件系统研发。以区域土地生态环境承载力评价技术作为系统主要功能模块，以专业数据库为数据存储平台，采用专业 GIS 软件和可视化开发工具结合的集成二次开发模式，初步设计运用 C/S 运行模式系统，建立区域土地生态环境承载力评价的空间数据库。制作提供数据录入、分析、结果图导出等应用服务接口和对应各功能区块的系统界面，并将示范区数据导入系统进行系统功能集成示范。

（2）基于社会经济发展的区域土地利用模拟系统研究

① 基于"两型社会"建设的土地利用优化评价指标体系和方法。基于"两型

社会"建设的相关理论和土地资源优化的相关理论,结合调研情况和区域2009—2013年的社会经济统计数据,对区域的社会经济和土地利用情况进行研究分析,构建基于"资源节约和环境友好"的区域土地资源优化评价指标体系和方法,并对研究区域土地利用进行评价。

② 基于社会经济发展的土地利用优化系统动力学和元胞自动机技术。运用元胞自动机技术和系统动力学方法,结合"两型社会"建设要求,分析社会经济系统与土地利用之间的关系,构建区域土地利用优化模拟模型。结合研究区域的实际情况,经专家咨询和分析论证,确定模型中社会、经济、土地、环境等影响因素和指标体系、变量集和反馈回路;采用相关统计数据和资料,对模型系统模拟验证,确定适用于湘江新区核心区的土地利用模拟系统。

③ 区域土地利用优化的情景模拟。分析土地利用现状特征和存在问题,针对区域未来发展趋势,设定不同的发展情景,基于社会经济的发展,预测土地利用需求,优化土地利用结构。

(3) 区域土地资源优化配置与规划布局技术研究

① 区域土地资源利用多目标线性规划分析技术研究。首先,诊断区域土地利用的基本特征和面临的问题,包括分析土地利用结构、空间分布、土地利用动态变化规律、开发利用程度和土地利用效率。其次,从发挥土地资源的生态效益、经济效益和社会效益出发,综合考虑确定各项用地配置的约束条件,建立区域土地资源利用多目标线性规划模型,求解不同目标下的土地利用情景模式和途径,进行敏感性分析,再根据"两型社会"建设目标,从多方案中比较选优。

② 区域土地利用规划布局技术研究。在区域土地生态环境承载力评价、区域土地利用优化模拟和社会经济发展对土地需求预测的基础上,进行土地资源保护和开发利用适宜性评价,揭示土地利用方式与土地质量之间的匹配程度,划定土地利用功能区,进一步对土地资源进行数量结构优化配置和空间结构优化配置,形成土地利用总体规划布局一张图,提出土地用途管制的要求与措施。

**2. 研究的思路框架**

本研究思路为:① 坚持土地生态优先原则,进行区域土地生态环境承载力评价和生态安全格局优化。② 分析土地利用结构、空间分布、土地利用动态变化规律、开发利用程度和土地利用效率等现状特征和存在问题;基于土地生态保护和修复,以及社会经济发展需求,进行土地利用优化模拟。③ 探讨区域土地资源利用多目标规划分析技术,划定土地利用功能区,进行土地资源数量和空间结构优化配置。④ 开展湘江新区核心区土地利用规划技术应用示范,形成土地利用总体规划布局一张图,为"两型社会"建设提供依据和技术支撑。⑤ 研制区域不同类型土地资源利用空间配置技术导则(草案)。具体研究技术路线如图1-1 所示。

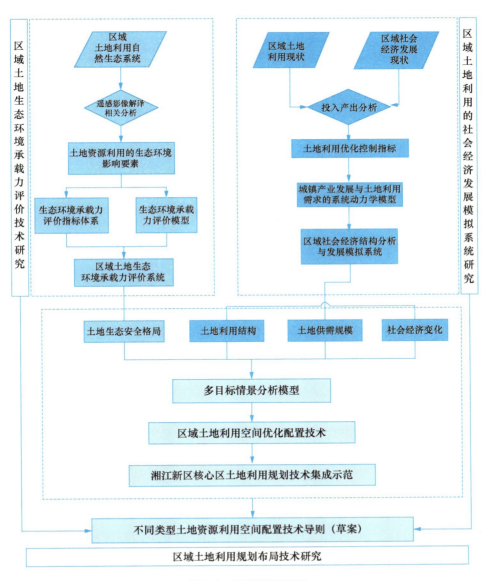

图 1-1 研究技术路线

# 第二部分

## 土地生态环境承载力评价与潜力分析

# 第二章

# 土地生态环境承载力研究进展与评价分析思路方法

## 第一节 土地生态环境承载力研究进展综述

**1. 城市生态系统**

英国学者Tansley(1935)最早提出"生态系统"的概念,用来描述生物与环境相互影响共存的关系。

城市生态系统是一个包括自然、经济和社会三个子系统的多层次、多功能的复合生态系统。它既具有一般自然生态系统的特征和功能,即生物群落与周围环境的相互依存关系,以及物质循环、能量流动和自我调节的功能,又同时受到经济发展水平、社会消费文化和科学技术水平等的影响。最初对于城市生态系统的研究直接借鉴生态学的理论,认为城市生态系统由气候、地貌、岩石、土壤、植被、水文以及人类活动等组成,生物群落是核心,气候、地貌、土壤和水文等因素构成的整体是其环境,这个系统具有能量的固定、转换和物质循环的功能。1971年,联合国教科文组织生态科学司提出将城市、近郊和农村联系起来,看作一个大的复合生态系统,并将这一概念写进人与生物圈计划(MAB)(何绍颐,1983)。马世骏等(1984)提出了应将城市看成由自然、经济和社会三个子系统组成的复合生态系统,并进一步阐述了复合生态系统的组成与结构。此后,相关研究者普遍将城市生态系统视为"自然—经济—社会"的复合生态系统。随着城市生态系统在城市规划中的应用,基于系统论思维的城市复合生态系统结构模型被提了出来,城市复合生态系统被分成城市自然环境系统、城市建成环境系统、城市运转保障系统、城市服务系统、城市生产和生活系统、城市输入和输出系统。其中,城市输入和输出系统是整个系统进行对外物质交换、能量流动的载体,而其余5个系统则依次建筑在前一系统的基础上(黄鹭新 等,2009)。城市复合生态系统不仅具有多样的组成部分,包括水文、土壤、大气、生物、人类活动等,而且还具有非线性、自组织、双向反馈的复杂特征,因而其结构和运行机制非常复杂(姚亮 等,2014)。另一部分学者则更加关注城市复合生态系统的开放属性,基于对城市复合生态系统对外物质、能量交换机制的分析,提出了城市生态系统承载递阶模型,即城市生态系统的服务功能是通过物质循环、能量流动和信息传递等逐级传递到人类的经济社会活动中的(毕东苏 等,2005)。还有学者尝试从信息传递的角度切入,通过分析信息熵的输入、输出和代谢等,来预测城市生态系统的动态演化(吴宜进 等,2013)。

一方面,城市复合生态系统对人类经济社会活动具有空间、物质、能量等方面的支持作用;另一方面,人类经济社会活动的强度带来的土地利用变化又会反过来影响城市生态系统的功能,形成一种双向反馈机制。人类经济社会活动给城市复合生态系统造成的影响集中表现为两大类:一是降低了生态系统的功能和多样性,表现为生物种群减少、结构的单一化、植物的生物量有所下降(赵锐锋 等,2012);二是造成水资源污染、大气污染和固体废弃物污染等,损伤了城市复合生态系统的服务功能,也给人类带来了潜在的健康威胁(傅伯杰 等,2014)。

**2. 生态系统服务功能**

20世纪70年代,国家环境保护委员会(SCEP)首先提出了"生态系统服务功能"一词,指出了自然生态系统的服务功能包括土壤形成、水土保持、气候调节、洪水控制、物质循环、大气组成、害虫控制与昆虫传粉等方面。生态系统服务最初被定义为"能够为人类提供福利的自然最终产品"。Daily(1997)提出生态系统服务功能可以划分为生态系统产品和生命支持功能两大类:生态系统产品包括食物、木材、医药和工业原料等;生命支持功能包括水体净化、旱灾减缓、废弃物降解、土壤恢复、病虫害控制、生物多样性维持、小气候调节、文化多样性维持和提供美学等功能。Costanza 等(1997)将生态系统服务功能定义为生态系统提供的产品和服务,并将生态系统服务功能划分为17类(见表2-1):大气调节、气候调节、干扰调节、水分调节、水资源供给、控制侵蚀、土壤形成、养分循环、废物处理、传粉、生物控制、庇护、食物生产、原材料、遗传资源、休闲、文化等。在Costanza 等(1997)的测算中,全球生态系统服务总价值高达每年$(1.5 \sim 5.4) \times 10^5$亿美元,是全球GNP($1.8 \times 10^5$亿美元)的2倍左右。

表 2-1  Costanza 等人提出的 17 类生态系统服务功能

| 序号 | 生态系统服务功能 | 具体功能 | 举例 |
| --- | --- | --- | --- |
| 1 | 大气调节 | 大气化学成分调节 | $CO_2/O_2$ 平衡 |
| 2 | 气候调节 | 全球温度、降水等气候的生物调节 | 温室气体调节 |
| 3 | 干扰调节 | 对环境波动的生态系统容纳和整合 | 控制洪水、干旱 |
| 4 | 水分调节 | 调节水文循环过程 | 农业等水分供给 |
| 5 | 水资源供给 | 水分的保持与储存 | 水库等水分供给 |
| 6 | 控制侵蚀 | 生态系统内的土壤保持 | 土壤侵蚀的累积 |
| 7 | 土壤形成 | 成土过程 | 岩石风化等 |
| 8 | 养分循环 | 养分获取、形成和储存 | 氮、磷、钾循环 |
| 9 | 废物处理 | 过剩养分和有毒物质的转移和分解 | 毒物降解等 |
| 10 | 传粉 | 植物配子的移动 | 传粉者的提供 |
| 11 | 生物控制 | 对种群营养级的动态调节 | 捕食者的猎物控制 |
| 12 | 庇护 | 为定居和临时种群提供栖息地 | 栖息地或越冬场所 |
| 13 | 食物生产 | 总初级生产力中可提取的食物 | 鱼、猎物、作物等 |
| 14 | 原材料 | 总初级生产力中可提取的原材料 | 木材和饲料的生产 |
| 15 | 遗传资源 | 特有的生物材料和产品来源 | 药物、抗害虫基因 |
| 16 | 休闲 | 提供休闲娱乐 | 生态旅游、户外休闲 |
| 17 | 文化 | 提供非商业用途 | 生态美学、科学价值 |

资料来源：引自 Costanza 等，1997。

Moberg 等(1999)依据服务的性质将生态系统服务功能分成再生资源产品、生物服务功能、信息服务功能和社会文化服务功能等 7 类。Lobo(2001)则依据服务的形式将生态系统服务功能分为调节功能、输送功能、提供生境、产品功能和信息服务功能 5 类。Groot 等(2002)在将生态系统服务功能划分为调节功能、提供生境、产品功能和信息服务功能 4 种类型的基础上，又进一步分成 23 种功能。

2002 年，联合国千年生态系统评估(Millennium Ecosystem Assessment，MA)提出生态系统服务功能分类系统，因分类直观且同时考虑到生态系统不同服务功能重叠的现实，受到广泛的认可。MA 将生态系统服务功能归纳为产品提供、调节、文化和支持四大功能组(见图 2-1)。产品提供功能是指生态系统生产或提供的产品；调节功能是指调节人类生态环境的功能；文化功能是指人们通过精神感受、主观印象、消遣娱乐和美学体验从生态系统中获得的精神服务；支持功能则是保证其他所有生态系统服务功能所提供的必需基础功能。

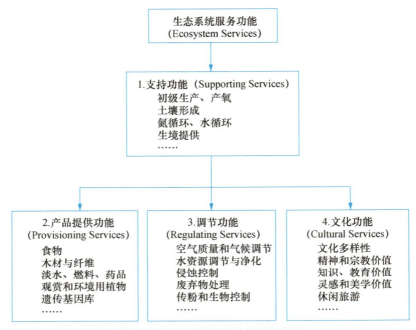

图 2-1　生态系统服务功能类型划分
资料来源：根据欧阳志云等(2009)研究绘制。

不同生态系统的服务功能有所不同。在森林生态系统中，最直接的使用价值是木材等林产品的提供和游憩价值，保育土壤、固碳持氧和净化大气等服务功能也比较明显(胡世辉　等，2010；王兵　等，2010；Lindemann-Matthies et al., 2014)。而草地生态系统作为我国陆地面积最大的生态系统，除了提供肉、奶、羊毛等具有市场价值的产品外，还具有缓解温室气体排放、储存大量的种质基因库、气候调节和土壤保持的服务功能(闵庆文　等，2004；Lamarque et al, 2011；陈春阳　等，2012)。关于湿地生态系统服务价值评估的研究相对较少，湿地生态系统提供的服务功能包括提供物种生境、减少洪水灾害、水质净化、休憩娱乐等多种服务功能(李雪梅　等，2011；庞丙亮　等，2014)。

**3. 土地利用的生态环境效应**

早在 2005 年，国际地圈生物圈计划(IGBP)和国际全球环境变化人文因素计划(IHDP)共同发起了一项旨在研究不同尺度下土地利用对生态环境影响的"全球土地计划(GLP)"(Ojima et al., 2005)。土地利用变化给生态环境带来的压力主要可以分成两类：第一类是对大气、水资源、土壤和生物等环境要素的影

## 第二章　土地生态环境承载力研究进展与评价分析思路方法

响;第二类是对景观生态格局、物质循环和能量流动、生态服务价值等生态价值的破坏。综合来看,生态系统在社会经济驱动力的影响下,其结构、过程和功能发生一系列变化。王晓东和蒙吉军(2014)构建了一套土地利用生态环境效应系统,指出除了直接影响大气、土壤、水文和生物等要素,土地利用还通过改变生态系统的结构和过程间接影响物质循环和生态服务价值等,并且土地利用的生态效应还会影响到下一阶段的土地利用。

土地利用变化的环境要素效应体现在大气、水文、土壤和生物多样性多个方面。Brovkin 等(2004)评估了过去 150 年土地利用变化对温室气体浓度和气候变化的影响。近年来国内学者也有开展土地利用对温室气体、大气污染扩散的研究(迟妍妍 等,2013;崔耀平 等,2015)。对土地利用变化的水文、土壤环境要素效应的研究成果则更加丰富。土地利用变化导致地表覆被改变,使得污染物进入地下水(贾亚男,袁道先,2003),或影响河流水环境、水循环和水质等(于术桐 等,2010)。而水库、河流缓冲带内建设用地的增加使得河道被人工化和渠道化的程度加深(熊兴 等,2010)。Imhoff 等(1997)的研究发现,美国建设用地的快速扩张造成了大量土壤质量较高的农用地被占用。天然林、次生林等土地利用面积的减少导致土壤有机质和全氮量的大幅下降,土壤容重增加,大大削弱了土壤的生态功能和产出效率(杨智杰 等,2010)。Aldrich 等(1998)发现在热带雨林区土地利用造成的栖息地破碎化使得热带树木种群的形态差异显著、影响种群基因结构。土地利用变化通过改变生态系统结构会对植被生物量产生很大影响(孙晓芳 等,2012),赵国松等(2014)从全国尺度和区域尺度分析了中国 1990—2010 年土地利用对生物多样性的扰动,发现生物多样性保护区域的人类扰动程度较低,说明了生态保护政策的积极成效。

土地利用变化给生态环境带来的破坏首先体现在地表覆被上,而覆被的改变直接转换了地面景观类型。在人类活动的影响下,建设用地和草地高度破碎化、水域面积变得不稳定,景观破碎度和多样度增大、优势度减小(赵锐锋 等,2009;何丹 等,2011;王祺 等,2014)。建设用地扩张中对林地、农田等用地的侵占,导致生态系统的生物量和自然植被净第一性生产力(NPP)下降,也改变了碳循环、土壤微生物状况等物质能量循环过程。土壤、植被、大气等的改变和复杂的相互间作用导致了自然植被净第一性生产力的变化(Sehimel et al.,1995)。城市建设用地的扩张改变了土壤的理化属性、有机碳的输入(周涛 等,2006),碳排放减少(杨庆媛,2010),地表能量和水分循环等发生改变(李婧华 等,2013),土壤养分、SOC、微生物量等改变又会导致土壤呼吸变化(郭慧敏 等,2014)。环境污染、景观格局破碎化、物质能量循环过程改变等结果最终降低了生态系统的生态服务价值。土地利用类型的改变和利用程度的增加都会改变生态服务价值

(岳书平 等，2007)，已有学者在区域(李超 等，2015)、地级市(谭君 等，2012)和县(区)域(叶延琼 等，2014)不同空间尺度上开展了土地利用对生态服务价值的影响研究，普遍结论都是建设用地的增加、林地和耕地等的减少会降低生态系统的生态服务价值。

## 4. 土地生态环境承载力

"承载力"一词原为物理力学概念，指物体在不产生任何破坏时所能承受的最大负荷，包括两个内涵：① 所承受的力来自承载体之外；② 承载体本身不遭受破坏。马尔萨斯(Malthus，1798)在《人口原理》一书中最早阐述了承载力的理念：人口是呈几何级数增长的，而食物供应呈线性增长，因此人口数量会因为食物短缺而不可能无限制增长下去，生物的增长必然受到自然因素的制约，这些条件构成了承载力理论的基本要素和前提。

1798—1953 年是承载力理论的奠基阶段，这一阶段的研究重点是从种群承载力的角度探究生物物种的增长规律。继 1798 年马尔萨斯的人口论之后，比利时数学家 Verhulst 在 1838 年使用逻辑斯谛函数(Logistic equation)来表达马尔萨斯的人口理论(Seidl et al.，1999)。1920 年，美国的人口统计学家 Pearl 和同事 Reed 利用美国 1790—1910 年的人口统计数据对逻辑斯谛方程进行了验证，发现拟合结果与人口统计数据基本吻合(Pearl et al.，1920)。随后，"饱和水平""上限""最大种群数量""S 形曲线渐近线"被用来表示承载力概念，1870—1890 年，美国畜牧业的快速发展使牧场开始恶化，美国农业部的研究人员开始使用承载力(carrying capacity)这个词来表示在一个有限的放牧区内不对牧场资源产生损害时的最大牲畜数量(Christian C Young，1998)。Odum(1953)在其所著的《生态学基础》中将承载力与逻辑斯谛增长方程中的理论最大值常数 $k$ 联系起来，将承载力概念定义为"种群数量增长的上限"。这一时期的承载力研究主要以生物种群增长规律为主，并没有真正投入解决人类面临的实际问题当中，其基本特点是理论探讨。

1953 年至 20 世纪 80 年代中后期是承载力理论发展的应用探索阶段，研究重点是承载力理论在种群生物学和应用生态学领域。Ehrlich(1971)在其所著的《人口大爆炸》中表达了对人口急剧增长的忧虑，生态学开始积极参与解决人类与自然可持续发展的问题，而土地生态环境承载力研究也不再限于自然环境，开始被广泛应用到人类经济社会活动中。1972 年罗马俱乐部发表的《增长的极限》不仅考虑了粮食对人类社会的制约，而且综合考虑了当代人口、自然资源、农业生产、工业生产和环境污染等多种因素，经济社会发展因素开始纳入土地生态环境承载力研究中。Brush(1975)指出，人类承载力的制约因素已经从粮食扩

## 第二章 土地生态环境承载力研究进展与评价分析思路方法

展到了土地资源、水资源、能源、环境、生态退化等。自此,关于土地承载力、水资源承载力、矿产资源承载力、能源承载力、环境承载力和生态系统承载力等相关研究开始涌现。正如 Cohen(1997)指出的,这一时期的人类承载力研究大多简单套用生物种群承载力理论,往往只考虑粮食、能源等某个单一因素对人类承载力的制约,而忽略了人类经济社会因素对承载力的巨大影响。

20世纪80年代中后期至今是土地生态环境承载力理论的深化发展阶段,研究重点从单纯基于自然制约向综合考虑经济社会因素转变。土地生态环境承载力研究开始将经济发展、社会制度、生活方式、科技进步、贸易、价值观念、知识水平、机构管理能力、环境效应等人类社会经济因素纳入承载力的分析框架之中(Cohen,1995)。Harding(1986)分析了人类生活质量对承载力的影响,认为承载力与生活质量负相关。Daily 等(1992)提出了一个区别于生物物理承载力(KB)的概念——社会承载力(KS),用于表示各种社会系统条件(尤其是资源消费)下可以支持的最大人口数量,并提出了用于衡量文化社会因素对人类承载力的影响的 IPAT 公式(I=PAT,I 为人类承载力,P 为人口总量,A 为平均消费水平,T 为科技进步)。

20世纪90年代,Wackernagel 等人提出用生态足迹(ecological footprint)方法来核算承载力,将土地生态环境承载力研究推上了新的高度,生态足迹法将复杂的文化社会影响因素简单化、定量化,成为迄今为止土地生态环境承载力研究中认可度较高、应用广泛的方法(Wackernagel et al.,1995;Wackernagel et al.,1999)。

土地生态环境承载力就是反映生物(包括人类)与其生存环境之间承压关系的指标,是衡量自然环境容纳生物生存能力或自然界承受生物生存压力弹性限度的概念(Abernethy,2001)。国内关于土地生态环境承载力的概念也经历从"最大承载人口数量"(高吉喜,2001)到"经济社会发展的最大承载负荷"(张林波,2009)的变化。综合已有的研究成果,本研究将土地生态环境承载力定义为:某一特定区域在资源、生态、环境因素制约下和特定经济技术水平、社会消费和文化水平下,所能支持的满足可持续发展要求和生态平衡目标的最大人类经济社会发展综合负荷,包括人口数量、土地利用规模、经济规模、生活消费水平和发展速度。

### 4.1 土地生态环境承载力的内涵

土地生态环境承载力顾名思义包括"生态"和"承载力"两方面的含义:① 一方面,"生态"是指生态系统,是土地生态环境承载力的承载基础。这里所说的生态系统已经从单纯的"生物与生物之间的关系以及生物与其赖以生存的环境之间的关系"的自然生态系统转变为包括各种自然因素、经济因素和社会因素的

"自然—经济—社会"复合生态系统。另一方面,"生态"也指出了承载力是建立在不破坏生态平衡的可持续发展目标之上的。②"承载力"是指生态系统所能承载的人类经济社会活动的最大负荷,是土地生态环境承载力的承载对象。承载力的大小是限定在特定的生活和消费水平上的经济社会活动的规模与强度,会因不同的生活水平而有所变化,但在特定的条件下确实存在客观上的阈值。

生态系统具有生态稳定性,即自我稳定和自我调节的机制,在外界干扰没有超过一定限度的条件下,可以维持生态系统自身的原有结构和功能。Pimm(1984)将生态稳定性定义为"生态系统保持在某一平衡点周围或受到干扰后重新恢复到平衡点的能力"。Tilman(1999)认为一个简单的生态系统比复杂的生态系统更容易遭到毁灭性干扰,抵御外来入侵的能力也较差,一个生态系统的生物多样性程度越高越稳定。干扰是指"任何时间上发生的改变生态系统物理环境、资源或基质适宜性,破坏种群、群落或生态系统结构的相对不连续事件"(Turner et al., 1987)。在当代,经济社会活动带来的土地利用变化和景观破坏等人为干扰,已经成为生态破坏和生态失衡的最主要原因(裴欢 等,2013)。当干扰超过城市生态系统的生态阈值(赵慧霞 等,2007)时,生态系统就会因为生态失衡而遭到不可完全恢复的破坏。虽然生态阈值是客观存在的,但是目前在土地生态环境承载力的研究中还没有客观的生态阈值标准(栾勇 等,2008)。除了维持自身的生态稳定之外,土地生态环境承载力的内涵还体现在其为人类社会提供了三项服务:① 资源供给,包括食物、木材和水资源等;② 环境容纳;③ 人类支持功能(王开运 等,2007)。

生态系统具有层次性、复杂性和动态性等多种特征,因而建立在其基础之上的土地生态环境承载力也具有客观性、层次性、开放性、空间异质性和动态性五大特性(谢高地 等,2011):① 客观性,承载力阈值是客观存在的,在一定的时间空间尺度中,生态系统的资源供给能力、环境容纳能力、自我调节功能和弹性限度都是相对稳定的;② 层次性,土地生态环境承载力的层次性表现在多层次的生态系统上,从片区、地区、城市到区域,甚至全球生态系统;③ 开放性,任何生态系统之间都是相互联系的,生态系统之间无时无刻不在进行着物质、能量和信息的交流,而城市生态系统更是通过人类活动、贸易等进行着资源流动;④ 空间异质性,自然资源和经济社会发展水平具有明显的区域差异性,因而土地生态环境承载力同样存在着空间差异;⑤ 动态性,地质条件和气候变迁、土地利用变化、经济技术水平的提高等都会对土地生态环境承载力造成影响。

土地生态环境承载力会随着时间、空间的改变而发生变化,其影响因素包括自然生态因素和经济社会因素两大类。自然生态因素多是时间尺度比较大的影响因素,例如,地质环境的改变、气候的变迁、生态系统中群落的演替等,在短时期内基本稳定,可以视作无变化。而经济社会因素对土地生态环境承载力的影响大且变化快,是土地生态环境承载力研究中应当考虑的主要方面,包括贸易流动、科技进步、生活方式和制度管理4个方面。贸易通过在更大空间范围内配置资源、产品、技术和服务等要素,增加了地区的资源、物质和能源供给,提升了区域的土地生态环境承载力。白钰等(2009)运用宏观贸易调整方法对中国的土地生态环境承载力进行了评估,发现在考虑贸易因素之后经济发达地区的土地生态环境承载力有了明显的提升。科技进步带来了资源利用效率的提高、新替代资源的开发和单位产出的能源消耗的降低,例如种植技术带来的农产品产量的提高,极大地提高了土地生态环境承载力水平。不同地区、不同文化背景和不同时期的人类生活习惯和生活方式差异极大,对资源环境需求的种类、数量和利用方式有着巨大的差异,由此对自然生态环境造成的压力和影响也不同,从而影响土地生态环境承载力的大小。生活质量、消费水平越高代表着更多的资源、食品和能源被消耗,在同等承载力条件下,更高生活水平意味着更少的承载人口数量。张鹏岩等(2013)对不同收入水平的居民生态足迹的研究证实了这一观点,高收入居民对生态和资源的占用程度确实远高于低收入居民。陈成忠等(2006)建立了生态足迹、贸易和土地生态环境承载力三者之间的非线性动力学模型,发现通过科技、资金投入和管理等措施可以提高地区的土地生态环境承载力。

土地生态环境承载力包括城市复合生态系统对人类经济社会活动的承载力和人类经济社会活动对生态系统造成的压力两部分,承载状态由承载力和压力的相对大小来决定。但是,目前的研究成果中还没有关于土地生态环境承载力的客观标准。贸易流动、科技水平、生活方式和制度管理都对土地生态环境承载力的大小有影响,在具体的研究案例中,土地生态环境承载力构成框架应按各地区的假设条件进行适当修正。

### 4.2 区域生态学视角下的土地生态环境承载力

高吉喜(2013)将区域生态学定义为:"研究区域生态结构、过程、功能以及区域间生态要素耦合和相互作用机理的生态学子学科。"区域生态学由地理学中的"区域"和生态学中的"生态"构成,与经济区域类似,生态区域是建立在地理区域之上的生态空间单元。生态区域由土壤、水文、大气、生物、人及其活动等空间要素构成,各部分通过人与人、人与环境、环境与环境在不同时空尺度中的相互作用进行物质、能量和信息交换,人类的生活活动、生产活动和生态活动(生态活动是指人类对生态要素或生态系统的维护、保育和建设行动)是其重要构成部分,生态系统的结构和过程是其功能的支撑基础(吴人坚 等,2012)。区别于传统生态学中以生物及周围环境为核心的生态系统,区域生态学中的生态系统以各类资源、水、大气等的流动为生态介质,注重研究区域整体的生态结构、生态过程和生态功能及其整合性。区域生态学的研究重点主要包括区域生态分异规律、区域生态演变规律、区域土地生态环境承载力、区域生态协调与环境利益共享机制等领域。

土地生态环境承载力是区域生态学的研究热点之一。区域生态学中,土地生态环境承载力是指自然生态和资源环境系统对经济社会系统的支撑能力,支撑的基础是由资源、生态环境和经济社会构成的复合生态系统,支撑的核心是复合生态系统的生态结构、生态过程和生态功能对经济社会的支持。各类自然资源、生物资源构成了区域生态系统的生态结构,例如土壤、河流、大气、植被和动物等;而生态系统自身的多样性的丰富程度、相互作用的强度等构成了区域生态系统的生态过程,例如生态系统复杂度、各类动植物的种数及空间分布、生态廊道的数量与面积等;对人类社会的物质和能量供给、各类服务功能构成了区域生态系统的生态功能,例如粮食供给、木材供给、能源供给、水土保持功能、传粉、景观美学、气候调节和环境污染容纳等功能。

## 5. 土地生态环境承载力评价

### 5.1 评价内容

关于承载力评价的研究已经从单一要素的人口承载力(赵红丽 等,2011;苟延农 等,2012)、土地承载力(封志明,1993;孟旭光 等,2006;高洁宇,2013)、资源承载力(王顺久 等,2004;景跃军 等,2006;叶海荣 等,2007;魏丽波 等,2013)、环境承载力(唐剑武 等,1998;徐琳瑜 等,2013)等单要素承载力评价发展成多要素的综合土地生态环境承载力评价(杨志峰 等,2005;高鹭 等,2007;张林波 等,2009;李广泳 等,2013;金悦 等,2015)。土地生态环境承载力大小的计算方法也从最初的逻辑斯谛方程、自然植被净第一性生产力法发展到了生态足迹法、综合分析法等。生态足迹法通过将人类活动的生物性资源、能源消耗等折算成一定量的各类用地面积,计算人类活动的土地占用面积,获得广泛的应用。而综合分析法因其能将自然、经济、社会等多方面的影响因素纳入评价指标体系,评价效果较好,因而也被广泛应用于各类土地生态环境承载力或城市综合承载力评价当中。

目前关于土地生态环境承载力综合评价的研究相对较少,大多是侧重于某一方面的生态功能的研究,主要包括生态敏感性分析、生态安全格局划定和生态服务价值的测算这三大类。生态敏感性分析通过结合建设用地适宜性评价,常用于生态保护目标下的建设用地布局研究中。尹海伟等(2006)基于水域、海拔、耕地地力和植被等因子,采用因子叠加法将研究区分成极高、高、中、低和非敏感区 5 类生态敏感区。颜磊等(2009)综合考虑了自然和人文影响因子,评价了北京市域的生态敏感性程度和空间分布状况。刘智慧等(2015)对贵州省生态敏感性的研究发现,高生态敏感区更容易产生生态环境问题。生态安全格局是出于保护生态核心区和高敏感区的需要而划定的区域,综合生态环境和人类干扰两方面的因素进行设计(黎晓亚 等,2004)。胡道生等(2011)运用生态网络分析法,构建了由生态节点、廊道和网络三个层次组成的城市生态安全网络。周锐等(2014)则将由生物多样性、游憩资源安全等组成的生态安全格局作为城镇增长的阻力因子,结合城镇动力因子划定了城市增长边界。鲁春霞等(2004)评估了青藏高原的生态服务价值,发现其生态服务价值比产品经济价值高出 69 倍。杨正勇等(2013)和何海军等(2015)则分别评估了上海市、海南省的生态服务价值,均发现生态服务价值高于产出产品的直接经济价值,应给予重视和保护。游巍斌等(2012)则以武夷山风景名胜区为研究对象,分析了生态服务价值与环境因子的关系,发现生态服务价值与蓄积量、郁闭度等环境因子相关。

生态系统是一个多层次的复杂开放系统,内部之间和内外部之间通过物质循环、能量流动和信息传递等生态过程不断进行着相互作用,因而在时间和空间尺度上呈现出变化。土地生态环境承载力是以复杂的生态系统为基础的,其构成和影响因素也非常复杂,目前尚未确定生态阈值或计算方法。也正因为如此,大多数研究都以生态敏感性、生态安全格局或生态服务价值中的某一个为切入口,对土地生态环境承载力进行评估。这些侧重于某一方面的研究成果为土地生态环境承载力研究做出了重要贡献,但却因缺乏对生态系统整体的运行机制的考虑,大多难以分析生态系统和经济社会的相互作用,对动态演变缺乏解释能力。

### 5.2 评价方法

土地生态环境承载力的评价方法主要有种群数量的逻辑斯谛法、自然植被净第一性生产力法、生态足迹法、状态空间法和综合分析法(指标体系法),目前应用最为广泛的是综合分析法(表 2-2)。

表 2-2 土地生态环境承载力评价的主要方法

| 方法名称 | 主要原理 | 计算公式 | 实例 |
| --- | --- | --- | --- |
| 种群数量逻辑斯谛法 | 通过生态系统的产出来计算可供养的最大种群数量 | $\dfrac{dN}{dt}=rN\left(\dfrac{K-N}{K}\right)$ | 刘志佳 等,2014 |

(续表)

| 方法名称 | 主要原理 | 计算公式 | 实例 |
|---|---|---|---|
| 自然植被净第一性生产力法 | 对自然植被的产出进行估算,在此基础上计算承载量 | $NPP = RDI^2 \dfrac{r(1+RDI+RDI^2)}{(1+RDI)(1+RDI^2)} \cdot \exp(-\sqrt{9.87+6.25RDI})$ | 任平 等,2007 |
| 生态足迹法 | 将人类各项活动消耗转换成所需要的各类生产性土地面积 | $EF = N \cdot ef$<br>$EC = N \cdot ec$<br>$ECS = EC - EF$ | 高阳 等,2011 |
| 状态空间法 | 评估特定资源环境组合下人类经济社会活动强度与承载曲面关系 | $EC = \|M\| = \sqrt{\sum_{i=1}^{n}(w_i x_i^2)}$ | 熊建新 等,2012 |
| 综合分析法(指标体系法) | 综合评价生态系统资源、生态环境、经济社会承载能力与压力的大小 | $EC = \sum_{i=1}^{n} S_i W_i$<br>$EP = \sum_{i=1}^{n} P_i W_i$<br>$ECS = \dfrac{ECC}{EP}$ | 张富刚 等,2010 |

种群数量的逻辑斯谛法基于马尔萨斯的人口理论,由比利时数学家 Verhulst 提出了数学表达方程:

$$\frac{dN}{dt} = rN\left(\frac{K-N}{K}\right)$$

其中,$r$ 为增长率,$N$ 为种群数量,$t$ 为时间,$K$ 为承载量,随后不断有学者对逻辑斯谛方程进行修正。李仲来等(1997)采用了分段逻辑斯谛模型研究了内蒙古自治区的啮齿动物种群数量波动情况。刘志佳等(2014)运用逻辑斯谛模型与马尔萨斯模型预测了珠三角地区土地资源约束下的人口增长,发现深圳、东莞等城市的人口增长已经超过了资源环境的承载极限。逻辑斯谛模型是有限资源约束条件下计算短期承载力的简单方法,但对于多尺度、多因素、干扰和过程效应等则难以胜任(Mcleod,1997)。

自然植被净第一性生产力(NPP)是评价生态系统结构与功能特征和生物圈人口承载力的重要指标,反映了自然生态系统的恢复能力。自然植被净第一性生产力法根据植被的实测资料、生物温度计降水量等对自然植被净第一性生产力进行估算,通过将实测值与指示值的比较,判断生态系统的稳定状况及其所处的生态环境演化阶段。王家骥等(2000)将自然植被净第一性生产力作为生态系统稳定的指示值,评估了黑河流域自然生态系统的生产能力和干扰后的恢复能

## 第二章 土地生态环境承载力研究进展与评价分析思路方法

力。任平等(2007)将自然植被净第一性生产力法应用到生态服务价值评估当中,并对铜川市的土地生态环境承载力进行了评估。自然植被净第一性生产力法从植被的生产力出发对自然生态系统的承载量进行测算,但缺乏对人类主观能动性和消费水平等因素的考虑。

生态足迹法通过具有等价生产力的生物生产性土地面积来衡量人类活动的生态负荷和自然系统的承载能力,从生物量的角度研究人类活动与自然系统的相互关系,定量测度资源消费和区域发展的可持续关系。生态足迹是满足一个地区人口生活、消费所需要的化石能源地、耕地、牧草地、森林、建成区、水域这6类生产性土地的面积之和,计算公式为

$$EF = N \cdot ef$$

其中,EF 为总生态足迹,$ef$ 为人均生态足迹,$N$ 为人口数量。土地生态环境承载力的计算公式为

$$EC = N \cdot ec$$

其中,EC 为总土地生态环境承载力,$ec$ 为人均土地生态环境承载力,$N$ 为人口数量。国内已有众多学者利用生态足迹法进行土地生态环境承载力评价,其中以省域为研究单元的最为常见,例如,辽宁省(赵先贵 等,2005)、广东省(高长波 等,2005)和陕西省(李飞 等,2010)。刘东等(2012)以县域为基本单元对全国的土地生态环境承载力进行了评价,发现我国的土地生态环境承载力平衡状态以生态赤字为主,空间分布上呈现出明显的不平衡性。高阳等(2011)将传统的生态足迹模型进行了能值分析改进,利用 Theil 系数从全国、区域和省域三个空间尺度进行了地区时空差异判定。生态足迹法通过生物生产性土地实现对人类活动的生态负荷与自然生态系统承载能力的定量表征,描述了资源消费模式的可持续性,成为衡量可持续发展的重要方法。然而,生态足迹法对于土地生态环境承载力的估算和预测存在不足,这也是导致土地生态环境承载力理论遭受批评的重要原因。如何根据土地生态环境承载力的基础理论结合生态足迹法对土地生态环境承载力进行准确估算,是未来土地生态环境承载力研究的重要方向。

状态空间法是生态环境承载力评价常用的研究方法之一。在生态环境承载力研究中,状态空间法的三维状态空间轴分别代表资源、环境和人类活动等影响因素,而状态空间中的点就是承载状态点,所有这些不同的资源、环境组合的承载状态点构成了承载曲面。在某一特定的资源环境组合下,人类经济社会活动强度低于承载曲面表示可载,高于承载曲面表示超载,在承载曲面上则表示满载。状态空间法中生态环境承载力的数学表达式为

$$EC = |M| = \sqrt{\sum_{i=1}^{n}(w_i x_i^2)}$$

其中，EC 为生态环境承载力，$|M|$ 为生态环境承载力的有向矢量的模数，$x_i$ 为生态环境承载力对应的要素轴处于理想状态时在状态空间中的坐标值，$w_i$ 为 $x_i$ 的权重。熊建新等（2012）和孙树婷等（2014）分别将状态空间法用于洞庭湖区、贵州省绥阳县的生态环境承载力评价中。运用状态空间法的难点在于评价指标的选择和理想生态环境承载力状态的界定，这也恰恰是生态承载状况的判断依据。而状态空间法中将人类活动一律视为压力类，忽视了科技进步等潜力类的人类活动，也使得其评价结果有所偏差。

综合分析法从生态环境承载力的含义出发，将生态环境承载力视为承载媒介对承载对象的支持能力，通过评估承载媒介的承载能力大小和承载对象的压力大小并进行比较，可以确定生态系统的承载状况。生态环境承载力由资源、人口、经济组成的复合结构指标体系加权计算得到，一般采用的是直接相加法：

$$EC = \sum_{i=1}^{n} S_i W_i$$

其中，EC 为生态环境承载力，$S_i$ 为承载力评价指标，$W_i$ 为指标权重。生态压力同样通过指标体系的计算得到：

$$EP = \sum_{i=1}^{n} P_i W_i$$

其中，EP 为生态压力，$P_i$ 为压力评价指标，$W_i$ 为指标权重。最后，生态承载状况则由生态环境承载力和生态压力共同决定：

$$ECS = \frac{EC}{EP}$$

其中，ECS 为生态承载状态值，EC 为生态环境承载力，EP 为生态压力。荀斌等（2012）利用基于生物免疫学原理构建的免疫学模型建立了城市生态环境承载力评价指标体系，李爱梅等（2013）则根据递阶多层原理构建其生态环境承载力评价指标体系并用于评价浙江省义乌市的生态环境承载力。赵雪雁（2006）应用主成分分析法来确定生态环境承载力评价指标体系的权重，并构建了包括生态弹性度、资源环境承载指数、资源环境压力指数三个维度的评价模型。张富刚等（2010）在其构建的城乡系统生态环境承载力评价指标体系中，采用因子分析法对海南省 1996—2007 年的生态环境承载力进行了评价和时间变动分析。综合分析法可以将资源、生态、环境、经济、社会等多方面的指标纳入评价模型中，能较全面地评估生态环境承载力的状况。但也因其极度依赖于指标的选取，以及受到指标人为选取的随意性、指标之间的关联性等因素的影响而产生误差。

种群数量逻辑斯谛法仅适用于单一种群的承载数量估算,适用范围窄、研究意义较小,目前在承载力的评价中已经鲜有应用。自然植被净第一性生产力法虽然给出了具体的测算方法,但其理论支撑较弱,只是将生态系统对人类经济社会活动的承载力简化为植被产出量。状态空间法构建了一个三维评价空间,其研究效果很大程度上依赖于三个维度的指标设定,而其理想状态的评判也是目前研究中难以解决的一个问题。生态足迹法和综合分析法是目前土地生态环境承载力评价中应用最为广泛的两种方法。生态足迹法形成了人类活动消耗和土地产出之间的简洁的对应关系,计算简明清楚、理论意义明确,但未能将大量难以量化的土地生态环境承载力影响因素纳入模型,导致其评价结果往往与现实感受不符。综合分析法全面纳入土地生态环境承载力影响因素,但在指标选取、权重确定、评价标准设定等方面存在很大的人为性,在结果评价上也缺乏客观、科学的标准值,因而说服力存在一定的不足。

5.3 评价指标体系

评价指标体系是一套通过描述、评价来反映事物的某一方面特征的可量度的参数集合。评价指标体系早在 20 世纪 70 年代就已经产生并得到应用,Camerio 等(1960)创立了土地资源承载力的一系列评价标准。1976 年,联合国粮农组织(FAO)提出将国家划分成若干农业生态单元来评价土地生产潜力,设置了包括自然灌溉土地、草地、雨林和复耕地等土地类型因子,对其产出进行计算,据此得到每公顷土地所能承载的人口数量。1991 年,联合国经济合作与发展组织(OECD)建立了"压力-状态-响应"(P-S-R)框架模型用于环境承载力评价,后来的研究者不断改进,出现了 P-S-I-R 框架(增加了影响 I)、D-S-R 框架体系(将压力 P 替换为驱动力 D)和 D-P-S-I-R 框架(增加了驱动力 D 和影响 I)。在土地生态环境承载力研究中,评价指标体系通过组合一系列反映承载力各个方面及相互作用的指标,使其模拟生态系统的层次结构,并根据指标间相互关联和重要程度对参数的绝对值或相对值逐层加权、求和,最终在目标层得到某一绝对或相对的综合参数来反映生态系统的承载状态。

评价指标体系已经在土地生态环境承载力评价研究中得到广泛应用,概括起来主要有三种:① 根据复合生态系统的组成,从资源、生态环境、经济社会等方面选取指标构建"自然—经济—社会"复合结构指标体系;② 参考联合国经济合作与发展组织(OECD)提出的"压力-状态-响应"(P-S-R)框架来构建评价指标体系;③ 基于诸如生态系统健康、能值、生物免疫学、区域生态学等某一种理论来构建土地生态环境承载力评价指标体系。

在根据复合生态系统的组成，从资源、生态环境、经济社会等方面选取指标构建评价指标体系时，土地生态环境承载力这一目标被分成自然、经济、社会三个准则，又通过层层分解被分成若干个因素和若干个指标。例如金悦等（2015）在其研究中构建的土地生态环境承载力评价指标体系，将土地生态环境承载力分解为生态弹性力（ecosystem resilience）、承载媒介的支撑力（support force）和承载对象的压力（stress）。生态弹性力被进一步分成气候、水文和地物覆盖3个因素和4个具体指标，承载媒介的支撑力被分成资源供给、环境治理、社会进步、经济发展4个因素和17个具体指标，承载对象的压力被分成资源消耗、环境破坏、人口压力和经济增长4个因素和20个具体指标。

在分析土地生态环境承载力内涵、基本要素、内外部关系基础上，提出了"压力-状态-响应"模型。此模型参考P-S-R框架构建，是反映土地生态环境承载力构成和运行机制的一个评价模型。"压力-状态-响应"模型将土地生态环境承载力评价指标分成三类：① 压力指标，指人类活动对资源环境的直接压力影响，例如废物排放、公路建设、捕鱼和矿产开采等；② 状态指标，指环境当前的状态或趋势，是由压力引起的环境问题的物理可测特征，例如污染物浓度、物种多样性、水质状况等；③ 响应指标，指环境政策措施中的可量化部分，直接或间接影响前二者，例如自然资源的税收水平、保护区面积等。朱晓丽等（2012）利用P-S-R框架构建了土地生态环境承载力"压力-状态-响应"模型，其中，压力包括了人均耕地面积、人均林地面积、人均粮食占用量、人均产值等7个具体指标，状态包括了起伏度、平均植被覆盖度、平均气温、景观多样性指数等8个具体指标，响应包括了城市化率、经济密度、人口密度、人均居民地面积等7个具体指标。

基于某一种理论来构建土地生态环境承载力评价指标体系注重探讨土地生态环境承载力的内涵和基本特征，适用范围较有针对性。例如基于生态系统健康的土地生态环境承载力评价指标体系，通常用于评估发生了干扰等重大变化的研究区域的土地生态环境承载力变化。杨志峰和隋欣（2005）针对传统土地生态环境承载力评价中指标相对单一、结果简单、难以应用等难题，从生态系统健康的理论视角出发，构建了一套涵盖资源环境、生态弹性力和人类潜力的土地生态环境承载力评价指标体系。其中，资源环境包括资源利用、环境质量2个指标层和6个具体指标，生态弹性力包括景观与植被、水文及水生生物、气候和生态质量4个指标层和17个具体指标，人类潜力包括技术水平、生活质量、教育水平和系统交流4个指标层和6个具体指标。

三种评价指标体系各有其优缺点，"自然—经济—社会"复合结构指标体系可以将各方面的影响因素纳入评价模型当中,但对运行机制和反馈作用则缺乏考虑;"压力-状态-响应"模型反映了生态系统中不同因素的相互作用和影响机制,但在具体的变动和影响中却缺乏解释能力;基于某一种理论的评价指标体系针对性强,能够用于分析某一重大变化及其影响,但适用范围较窄,容易遗漏一部分影响因素。一个好的评价指标体系应同时具备两个特点:① 指标全面、分类清晰;② 考虑了生态系统的运行机制和反馈作用,能够解释变化与影响。由此看来,综合三种评价指标体系优点的复合评价指标体系是一个比较好的做法。

## 第二节　研究意义、思路方法与研究内容

**1. 研究意义**

本研究中对土地生态环境承载力的评价可以了解区域的土地生态环境承载力状况,对生态承载状态的研究可以为生态保护政策提供指导性目标和空间发展建议,对土地生态环境承载力潜力消耗的空间和强度分析可以为城市发展提供一个更优的选择。研究意义主要体现为:

(1) 为区域的可持续发展提供支持

当前,可持续发展已经成为全球、各国和各地区共同追求的目标。对土地生态环境承载力的评价有助于我们了解区域当前的土地生态环境承载力状况和空间格局。土地生态环境承载力评价结果可以为区域的可持续发展目标评判、政策和措施制定等提供支持。

(2) 保障经济发展和生态保护的双重目标

在国家生态文明建设的大背景下,生态保护已经成为区域或城市发展必须考量的目标。兼顾经济发展和生态保护,意味着人类经济社会活动和区域土地生态环境承载力之间必须取得某种平衡,而综合考虑土地生态环境承载力和生态压力得出的生态承载状态判定正好能为经济发展和生态保护的平衡提供决策支持,有力地保障经济发展和生态保护双重目标的实现。

(3) 为土地规划和城市规划的编制提供依据

基本农田保护、生态环境保护在土地规划和城市规划的编制中占有越来越重要的分量,但由于生态保护并非土地规划和城市规划的主要目标,因此在编制过程中难以进行深入的土地生态环境承载力评价研究,因而需要土地生态环境

承载力的专项研究成果的支持。本书中对土地生态环境承载力的研究均建立在较精细的空间基础布局上,研究成果可以较方便地为土地规划和城市规划所使用。

**2. 研究思路**

基于区域生态学的视角,构建"结构-过程-功能"土地生态环境承载力评价模型,并以湖南湘江新区为例进行土地生态环境承载力评价,结合生态压力评价进行生态承载状态判定,采用空间占用和强度提高两种方式对土地生态环境承载力潜力进行分析。研究思路主要围绕以下目标展开:

(1) 利用"结构-过程-功能"土地生态环境承载力评价模型开展土地生态环境承载力评价

构建由生态结构、生态过程和生态功能组成并将人类响应行为(响应系数)纳入考虑的"结构-过程-功能"土地生态环境承载力评价模型,开展土地生态环境承载力评价,计算土地生态环境承载力总值,进行土地生态环境承载力构成结构和指标结构分析,划分土地生态环境承载力格局以及计算不同土地利用类型的土地生态环境承载力值。通过土地生态环境承载力总值和土地生态环境承载力空间分布研究,可以对区域的土地生态环境承载力水平与现状有所了解;利用土地生态环境承载力的空间分布研究成果,可以为土地规划、城市用地发展方向等提供决策依据。

(2) 综合土地生态环境承载力和生态压力评价结果判定生态承载状态

生态承载状态由土地生态环境承载力和生态压力共同决定,在土地生态环境承载力评价成果的基础上,利用建设用地空间数据和夜间灯光数据对人类经济社会活动的负荷进行模拟,开展生态压力评价。采用比值法进行生态承载状态判定,为区域设立合适的生态保护目标提供科学数据支持。

(3) 采用线性规划法对土地生态环境承载力潜力进行空间和强度分析

提出土地生态环境承载力潜力消耗的两种不同方式:空间占用和强度提高。并采用线性规划法对两种形式的土地生态环境承载力潜力利用情景进行分析,模拟一定土地生态环境承载力潜力条件下最优的建设用地扩张格局,对土地利用的未来发展进行模拟。对两种土地生态环境承载力潜力消耗方式的效率进行比较,可以为城市发展选择一个更优的形式,对土地生态环境承载力潜力消耗的空间格局模拟,可以为未来的生态承载状态格局进行预判,以便采取有效的针对性保护措施。

研究的思路框架如图 2-2 所示:

第二章 土地生态环境承载力研究进展与评价分析思路方法 | 33

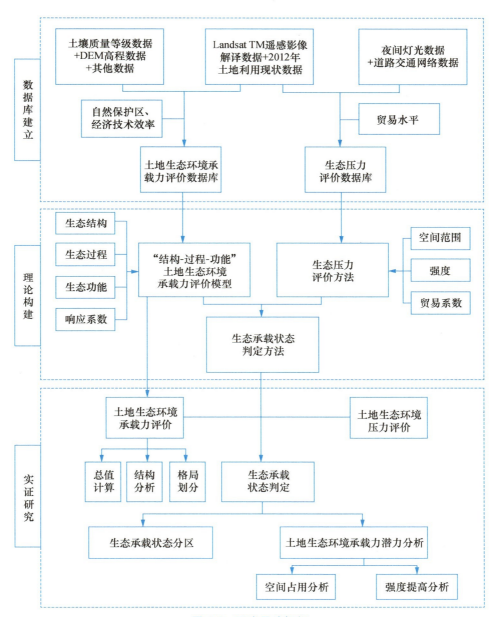

图 2-2 研究思路框架

## 3. 研究内容与研究方法

### 3.1 研究内容

① 通过文献分析法和层次分析法建立土地生态环境承载力的分析框架，选取典型的评价指标并确定指标权重，建立包括生态结构、生态过程、生态功能和响应系数的"结构-过程-功能"土地生态环境承载力评价模型。以区域生态学为切入视角，借鉴生态足迹法和生态服务价值评估等经典理论，通过自上而下层层分解的方法建立土地生态环境承载力的分析框架，利用文献分析和现有的生态评价规范与标准选取合适的评价指标，采用层次分析法计算各指标的权重，构建一套涵盖了目标层、准则层、要素层、指标层和辅助指标层的较完整的土地生态环境承载力评价体系。

② 利用"结构-过程-功能"土地生态环境承载力评价模型开展土地生态环境承载力评价，进行土地生态环境承载力构成结构和指标结构分析，划定土地生态环境承载力格局，并对不同土地利用类型的土地生态环境承载力值进行计算。采用指标与指标之间按权重加和、指标与对应的辅助指标之间相乘的方法计算土地生态环境承载力值，并对指标总值和各构成部分总值、土地生态环境承载力总值进行统计，分析生态结构、生态过程、生态功能和响应系数对土地生态环境承载力的贡献比例及各指标值占土地生态环境承载力的比例。根据土地生态环境承载力值的大小将区域划分成高土地生态环境承载力区、中土地生态环境承载力区和低土地生态环境承载力区三种格局。最后，对不同土地利用类型的土地生态环境承载力进行取样统计，分析不同类型的土地生态环境承载力值标准。

③ 通过建设用地空间分布和开发强度的模拟开展生态压力评价，并利用土地生态环境承载力和生态压力的评价结果进行生态承载状态判定。用建设用地面积代表人类经济社会活动的空间范围、夜间灯光数据平均稳定强度来表征开发强度，计算人类经济社会活动的负荷大小，并考虑贸易作用对人类经济社会活动负荷的缓解作用，进行生态压力评价。综合现有研究成果对区域的生态承载状态进行估算，得到生态承载状态的判定值，划定生态承载状态的范围，将区域划分成生态赤字区、生态满载区和生态盈余区三类区域。

④ 采用线性规划法对不同土地生态环境承载力潜力水平条件下的空间占用和强度提高进行分析。模拟不同土地生态环境承载力潜力水平约束条件下建设用地面积最大扩张范围或强度最大提高程度的空间格局，并对空间占用和强度提高这两种不同形式的土地生态环境承载力潜力消耗效率进行比较。

### 3.2 研究方法

综合使用遥感技术方法、GIS 空间分析方法、文献研究法、综合分析法和线性规划法等数学方法构建了"结构-过程-功能"土地生态环境承载力评价模型，利用多种空间精度的数据开展土地生态环境承载力评价、生态承载状态判定和土地生态环境承载力潜力分析。具体研究方法包括：

(1) 文献研究法

通过梳理国内外文献，理清区域生态复合系统的定义、组成和功能，把握土地生态环境承载力概念与内涵的演变，通过借鉴土地生态环境承载力研究的经典理论流派的研究思想，建立综合了生态结构、生态过程、生态功能和响应系数四个方面的"结构-过程-功能"土地生态环境承载力评价模型。通过文献研究还从土地生态环境承载力的内涵出发，提出了本书中生态承载状态的判定方法。

(2) 综合分析法

由于生态系统构成复杂，土地生态环境承载力组成部分及其相互关系也较为复杂，因而采用综合分析法（指标体系法）来进行土地生态环境承载力评价。通过自上而下层层分解土地生态环境承载力这一目标，确立了生态结构、生态过程、生态功能和响应系数这四个准则，以及土壤、水文、活力度、物质供给、综合功能等 11 个要素，最终落实到 13 个指标和 4 个辅助指标。土地生态环境承载力的计算，采用加、乘复合的方法进行计算，即指标与相应的辅助指标之间相乘、指标之间则按权重加和的计算方法，较好地反映了土地生态环境承载力的构成和相互之间的关系。

(3) 层次分析法

层次分析法（AHP）是一种通过专家意见将复杂问题定量化处理的方法。通过将目标进行层层分解，将复杂的问题具体化，使之在同层级中可以进行两两之间重要性的比较，利用判定矩阵进行指标权重计算。层次分析法在分解复杂的问题、面对庞大的相互关联的系统上，具有较好的处理效果。本研究采用层次分析法计算"结构-过程-功能"土地生态环境承载力评估模型中 13 个指标的权重。

(4) 线性规划法

线性规划法是在特定情景和规定的约束条件下，求解某一目标最大化或最优化方案的一种数学方法。本研究中将线性规划法应用到土地生态环境承载力潜力消耗的格局模拟中，将特定的土地生态环境承载力潜力水平作为约束条件，求解目标函数人类经济社会活动负荷增加值的最大化方案。将土地生态环境承载力潜力消耗分成空间占用和强度提高两种情景，分别设置约束条件，求解目标函数最大化的格局方案。

# 第三章

# 土地生态环境承载力评价模型构建

## 第一节 评价思路框架

借鉴区域生态学的理念,将区域生态系统看作由生态结构、生态过程和生态功能三个相互联系的部分组成的一个开放系统。由这三个部分组成的区域生态系统对区域的人类经济社会活动负荷形成承载作用;同样人类经济社会活动也会对区域生态系统产生反馈,反馈包括土地占用、环境污染、生态破坏等压力作用和生态保护等响应行为两类,从而影响区域生态系统的土地生态环境承载力。将人类经济社会活动的反馈作用纳入土地生态环境承载力评估模型中,构建一个由区域生态系统生态结构、生态过程、生态功能以及人类响应行为四个部分构成的"结构-过程-功能"土地生态环境承载力评价模型,用于评估区域的土地生态环境承载力。

本研究利用土地利用现状数据、夜间灯光数据、道路交通网络等数据模拟人类经济社会活动强度与空间范围,对人类经济社会活动负荷进行评估,并用生态压力来表示。通过将土地生态环境承载力和生态压力进行相对值比较,判定区域当前所处的生态承载状态。在此生态承载状态判定的基础上,将人类经济社会活动负荷的增加分成建设用地扩张和开发强度提高两种类型,分别以空间占用、生态破坏的形式对土地生态环境承载力产生的影响,测算在生态承载状态合理的情况下土地生态环境承载力的潜力空间。运用"结构-过程-功能"模型,分别进行土地生态环境承载力评价、生态压力评价和生态承载状态判定。具体评价思路框架如图 3-1 所示。

# 第三章 土地生态环境承载力评价模型构建

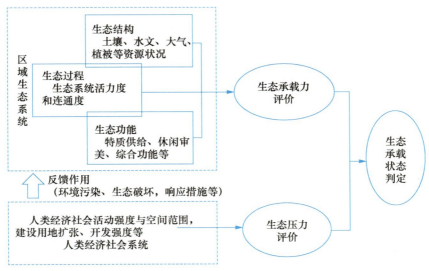

图 3-1 土地生态环境承载力评价思路框架

土地生态环境承载力评价部分以区域生态系统为基础,并将人类经济社会系统的反馈作用纳入评价模型当中。区域生态系统在以下三个方面提供土地生态环境承载力:① 生态结构。由土壤、水文、大气和植被等要素组成,反映生态系统的资源状况,是土地生态环境承载力的基础。② 生态过程。由生态系统活力度和生态系统连通度组成,活力度是反映生态系统质量,即生物多样性和生物量的指标,连通度是反映生态系统内部之间与内外部相互交流、作用强度的指标,是土地生态环境承载力的功能基础。③ 生态功能。由物质供给、休闲审美、综合功能三类服务功能构成,分别支持人类经济社会活动的物质消耗、精神消费和污染容纳等,是土地生态环境承载力的直接表现。

区域生态系统在支持人类经济社会活动负荷的同时,也受到人类经济社会活动的反馈作用,包括两类:① 环境污染、生态破坏等;② 响应措施。环境污染通过生态系统的交流和相互作用,直接影响生态结构中各类资源的质量,影响生态结构的承载功能,例如土地退化、水体污染等,而生态破坏则主要影响生态系统活力度和连通度等生态过程的承载功能,例如生物量的降低、土地利用破碎化等。设立自然保护区、森林公园,划定基本农田保护范围以及提高经济技术水平等响应措施,往往能提高区域生态系统的土地生态环境承载力,它们直接作用于区域中的目标空间或整个区域空间,带来土地生态环境承载力的整体提高,表现为响应效应。

生态压力评价以评估人类经济社会活动负荷大小为目标。本研究采用土地利用现状数据（主要是建设用地空间分布）、夜间灯光数据（模拟开发强度或人类活动强度）、道路交通网络数据等，对人类经济社会活动的强度和空间范围进行评估。最后，将区域土地生态环境承载力的评价结果和生态压力的评估结果进行比较，可以判断区域当前的生态承载状态。

## 第二节　评价指标体系构建

**1. 指标体系构建原则**

为达到评价效果，评价指标体系的构建必须做到尽量客观、科学，并结合评价对象进行适用性考虑。指标体系构建应遵循以下几个原则：

① 指标体系应完整、系统。指标体系要综合考虑区域生态系统的各个方面及其相互联系，覆盖生态结构、生态过程和生态功能等，包括自然、经济、社会系统的影响因素，能够完整、有效地反映土地生态环境承载力的内涵，最终使评价指标与评价目标有机联系起来，形成一个层次分明的整体。

② 选取的指标应有效。选取的指标确实与评价对象有紧密的联系，能够反映区域生态系统承载力大小。尽量选取与土地生态环境承载力直接相关的要素和指标，在难以获取数据的情况下可以考虑使用代替指标。

③ 指标体系应层次分明，指标彼此独立清晰。评价指标体系的构建应当区分不同的层次，可以分成目标层、准则层、要素层和指标层。指标归属应该明确：一是要明确其所归属的要素，二是明确指标的层次，应区分好一级指标和二级指标、主要指标和辅助指标等的关系。

④ 指标体系的构建应反映评价对象的运行机制。土地生态环境承载力由生态结构、生态过程和生态功能三方面的承载作用构成，生态结构、生态过程和生态功能之间也存在相互联系，生态结构是生态过程和生态功能的基础，而人类经济社会活动的反馈作用也影响着土地生态环境承载力的大小。指标之间并非都是数学上的简单加和关系，应区分不同指标之间的关系，在评价中采用适合的计算方法。

⑤ 指标选取应尽量利用现有研究成果。土地生态环境承载力评价的研究成果丰富，不同研究者采用的评价指标体系虽有差异，但仍存在一些共同点，指标选取应利用好现有研究成果中获得普遍认同指标，有利于研究成果传递，也使得研究结果能较好地为后来研究者利用。

## 2. 评价指标选取

依据上述评价指标体系构建原则,本研究采用自上而下的方式进行评价指标体系构建,保证评价指标体系的完整性和系统性。在层层分解的过程中,注意处理好各层次的关系。以区域生态学中的生态结构、生态过程和生态功能为核心,构建目标、准则、要素和指标的多层次土地生态环境承载力评价模型——"结构-过程-功能"土地生态环境承载力评价模型(图 3-2)。

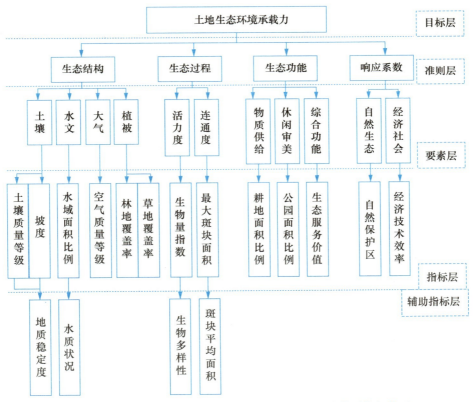

图 3-2 "结构-过程-功能"土地生态环境承载力评价模型指标体系

(1) 目标层

土地生态环境承载力评价的目标,即区域生态系统的土地生态环境承载力大小,区域生态系统的经济社会活动负荷,仅有土地生态环境承载力一项目标。

(2) 准则层

土地生态环境承载力评价的分目标和评价准则,包括土地生态环境承载力的主要构成部分和主要影响因素:生态结构、生态过程、生态功能和响应系数,共四项准则。

(3) 要素层

土地生态环境承载力的构成要素和影响要素,包括土壤、水文、大气等11项要素。具体为:① 生态结构中的土壤、水文、大气和植被;② 生态过程中的活力度和连通度;③ 生态功能中的物质供给、休闲审美和综合功能;④ 响应系数中的自然生态响应和经济社会响应。

(4) 指标层

土地生态环境承载力评价中所使用的具体指标,包括土壤质量等级、坡度、水域面积比例等13个指标和地质稳定度、水质状况、生物多样性等4个辅助指标。具体为:① 生态结构中土壤、水文、大气和植被要素所属的6个指标和2个辅助指标:土壤质量等级、坡度、水域面积比例、空气质量等级、林地覆盖率、草地覆盖率和地质稳定度、水质状况;② 生态过程中活力度和连通度要素所属的2个指标和2个辅助指标:生物量指数、最大斑块面积和生物多样性、斑块平均面积;③ 生态功能中物质供给、休闲审美和综合功能要素所属的3个指标:耕地面积比例、公园面积比例、生态服务价值;④ 响应系数中自然生态响应和经济社会响应要素所属的2个指标:自然保护区(包括森林公园等)、经济技术效率。

## 3. 指标权重确定

### 3.1 指标权重确定方法

层次分析法(AHP)是由美国匹兹堡运筹学家Saaty于20世纪70年代中期提出的一种多层次权重分析决策方法。它合理地将定性与定量决策结合起来,按照思维、心理的规律把决策过程层次化、数量化。AHP法的特点是在对复杂的决策问题的本质、影响因素及其内在关系等进行深入分析的基础上,利用较少的定量信息使决策的思维过程数学化,从而为多目标、多准则或无结构特性的复杂决策、评价等问题提供简便的方法。

AHP法首先将所要分析的问题层次化,根据问题的性质和要达到的总目标,将问题分解成不同的组成因素,按照因素间的相互关系及隶属关系,将因素按不同层次聚集组合,形成一个多层分析结构模型,最终归结为最低层(指标层)相对于最高层(目标层)重要程度的权值或相对优劣次序的问题。AHP法的四个基本步骤如下:

(1) 建立层次结构。首先将系统问题条理化、层次化,构造出一个层次分析的结构模型。在模型中,复杂的区域土地生态环境承载力被分解,分解后各组成部分称为元素,这些元素又按属性分成若干组,形成不同层次。同一层次的元素作为准则对下一层次的某些元素起支配作用,同时它又受到上一层次元素的支配。

层次结构中层数的确定与问题的复杂程度及需要分析问题的详尽程度有关,一般不受限制,每一层次中各元素所支配的元素一般不超过 9 个,因为支配的元素过多会给两两判断带来困难。层次结构建立的好坏与决策者对问题的认识是否全面、深刻有很大关系。

(2) 构造判断矩阵。设上一层元素 $C$ 为准则,所支配的下一层元素 $u_1, u_2, u_3, \cdots, u_m$ 对于准则 $C$ 的相对重要性即权重。如果问题复杂, $u_1, u_2, u_3, \cdots, u_m$ 对于准则 $C$ 的重要性无法直接定量,而只能定性,那么用两两比较方法确定权重。其方法为:对于准则 $C$,元素 $u_i$ 和 $u_j$ 哪一个更重要,重要的程度如何,通常按 1~9 标度对重要程度进行赋值(表 3-1),可得到判断矩阵 $A=(a_{ij})_{m \times m}$。

表 3-1 层次分析法判断矩阵中重要性的不同标度

| 标度 | 含义 |
| --- | --- |
| 1 | 两个元素相比,具有同样重要性 |
| 3 | 两个元素相比,前者比后者稍重要 |
| 5 | 两个元素相比,前者比后者明显重要 |
| 7 | 两个元素相比,前者比后者强烈重要 |
| 9 | 两个元素相比,前者比后者极端重要 |
| 2,4,6,8 | 上述相邻判断的中间值 |
| 1/9~1 | 若元素 $i$ 与 $j$ 的重要性之比为 $a_{ij}$,那么元素 $j$ 与 $i$ 的重要性之比为 $1/a_{ij}$ |

(3) 权重计算。设元素 $u_1$ 至 $u_m$ 的权重为 $\omega_1$ 至 $\omega_m$,利用判断矩阵:

$$A = \begin{bmatrix} \omega_1/\omega_1 & \omega_1/\omega_2 & \cdots & \omega_1/\omega_m \\ \omega_2/\omega_1 & \omega_2/\omega_2 & \cdots & \omega_2/\omega_m \\ \vdots & \vdots & & \vdots \\ \omega_m/\omega_1 & \omega_m/\omega_2 & \cdots & \omega_m/\omega_m \end{bmatrix} = (a_{ij})_{m \times m}$$

采用几何平均法来计算各指标相对于准则层的相对重要性程度,即得到各指标的权重大小。

(4) 一致性检验。计算一致性指数 CI(Consistency Index):

$$CI = \frac{\lambda_{\max} - m}{m - 1}$$

然后查表得到 $n$ 对应的随机一致性指数 RI(Random Index)(表 3-2):

表 3-2　平均随机一致性指数 RI 值

| $n$ | 1 | 2 | 3 | 4 | 5 | 6 | 7 | 8 |
| --- | --- | --- | --- | --- | --- | --- | --- | --- |
| RI | 0 | 0 | 0.58 | 0.90 | 1.12 | 1.24 | 1.32 | 1.41 |

计算一致性比例 CR(Consistency Ratio)：

$$CR = \frac{CI}{RI}$$

当 CR＜0.1 时，认为判断矩阵的一致性是可以接受的；当 CR≥0.1 时，应该对判断矩阵做适当的修正。

### 3.2　指标权重计算结果

对生态结构中的 6 个指标，生态过程中的 2 个指标，生态功能中的 3 个指标构成的 4 组指标集进行层次分析计算，均通过一致性检验。指标权重计算结果如表 3-3 所示。

表 3-3　土地生态环境承载力评价指标及其权重

| 目标层 | 准则层 | 要素层 | 指标层 | 指标权重 | 辅助指标层 |
| --- | --- | --- | --- | --- | --- |
| 土地生态环境承载力 | 生态结构（0.516） | 土壤 | 土壤质量等级 $S_1$ | 0.179 | *地质稳定度 $w_1$，$w_2$ |
| | | | 坡度 $S_2$ | 0.056 | |
| | | 水文 | 水域面积比例 $S_3$ | 0.106 | *水质状况 $w_3$ |
| | | 大气 | 空气质量等级 $S_4$ | 0.032 | $w_4 = 1$ |
| | | 植被 | 林地覆盖率 $S_5$ | 0.085 | $w_5 = 1$ |
| | | | 草地覆盖率 $S_6$ | 0.058 | $w_6 = 1$ |
| | 生态过程（0.248） | 活力度 | 生物量指数 $P_1$ | 0.189 | *生物多样性 $q_1$ |
| | | 连通度 | 最大斑块面积 $P_2$ | 0.059 | *斑块平均面积 $q_2$ |
| | 生态功能（0.236） | 物质供给 | 耕地面积比例 $F_1$ | 0.089 | $v_1 = 1$ |
| | | 休闲审美 | 公园面积比例 $F_2$ | 0.064 | $v_2 = 1$ |
| | | 综合功能 | 生态服务价值 $F_3$ | 0.083 | $v_3 = 1$ |
| | *响应系数 | 自然生态 | 自然保护区 $C_1$ | 1 | *保护区等面积 $r_1$ |
| | | 经济社会 | 经济技术效率 $C_2$ | 1 | $r_2 = 1$ |

注：*响应系数和辅助指标属于人类活动对土地生态环境承载力的影响，通过作用于要素或指标间接提高/降低土地生态环境承载力，而非土地生态环境承载力基础组成部分，故不参与指标权重计算。括号中数据为各准则层权重。

从表 3-3 可以看到，在"结构-过程-功能"评价模型中，生态结构、生态过程和生态功能分别占 0.516、0.248 和 0.236 的权重，生态过程和生态功能的重要程度相近，而生态结构的重要性程度约为生态过程或生态功能的 2 倍。由此可见土地生态环境承载力的基础仍然是建立在以表层土地为空间载体的生态结构上，这也佐证了土地利用变化会对生态环境、土地生态环境承载力等产生重大影响。

在指标层中，土壤质量等级、水域面积比例、林地覆盖率、生物量指数、耕地面积比例和生态服务价值占有比较大的权重，分别为 0.179、0.106、0.085、0.189、0.089 和 0.083。土壤质量等级、水域面积比例和林地覆盖率分别代表着构成区域生态系统结构最重要的三项资源——土壤、水文和植被的质量。生物量指数则是集中反映区域生态系统质量的指标，是生态过程的重要表现。耕地面积比例和生态服务价值分别代表着区域生态系统对人类经济社会活动的最重要两项支持功能——物质供给和综合功能，能够较好地代表区域生态系统的生态功能。

## 第三节　土地生态环境承载力计算

在"结构-过程-功能"土地生态环境承载力评价模型中，土地生态环境承载力由生态结构、生态过程和生态功能构成，并受到响应系数的影响。土地生态环境承载力的计算公式为

$$EC = (ES + EP + EF) \cdot RC$$

其中，EC 为总土地生态环境承载力，ES 为生态结构，EP 为生态过程，EF 为生态功能，RC 为响应系数。

在本研究中，研究区域被划分成 $n$ 个 100 m×100 m 的格网，故总土地生态环境承载力 EC 为 $n$ 个格网土地生态环境承载力 $ec_i$ 的总和，即有

$$EC = \sum_{i=1}^{n} ec_i = \sum_{i=1}^{n} [(es + ep + ef) \cdot rc]_i = \sum_{i=1}^{n} (es_i + ep_i + ef_i) \cdot rc_i$$

其中，$ec_i$ 为第 $i$ 个格网的生态环境承载力，$es_i$ 为第 $i$ 个格网的生态结构，$ep_i$ 为第 $i$ 个格网的生态过程，$ef_i$ 为第 $i$ 个格网的生态功能，$rc_i$ 为第 $i$ 个格网的响应系数。

**1. 生态结构的计算**

生态结构由土壤、水文、大气和植被的 6 个指标和 2 个辅助指标构成，分别为土壤质量等级、坡度、水域面积比例、空气质量等级、林地覆盖率、草地覆盖率和地质稳定度、水质状况。生态结构 ES 的计算公式为

$$ES = \sum_{i=1}^{n} es_i = \sum_{i=1}^{n} \sum_{j=1}^{6} S_{ij} w_{ij}$$

其中，ES 为生态结构，$es_i$ 为格网 $i$ 的生态结构，$S_{ij}$ 为第 $i$ 个格网的第 $j$ 个生态结构指标，$w_{ij}$ 为第 $i$ 个格网的第 $j$ 个生态结构辅助指标，$n$ 为格网数，6 为生态结构指标数。

**2. 生态过程的计算**

生态过程由活力度和连通度的 2 个指标和 2 个辅助指标构成，分别为生物量指数、最大斑块面积和生物多样性、斑块平均面积。生态过程 EP 的计算公式为

$$EP = \sum_{i=1}^{n} ep_i = \sum_{i=1}^{n} \sum_{k=1}^{2} P_{ik} q_{ik}$$

其中，EP 为生态过程，$ep_i$ 为格网 $i$ 的生态过程，$P_{ik}$ 为第 $i$ 个格网的第 $k$ 个生态过程指标，$q_{ik}$ 为第 $i$ 个格网的第 $k$ 个生态过程辅助指标，$n$ 为格网数，2 为生态过程指标数。

**3. 生态功能的计算**

生态功能由物质供给、休闲审美和综合功能 3 个指标构成，分别为耕地面积比例、公园面积比例和生态服务价值。生态功能 EF 的计算公式为

$$EF = \sum_{i=1}^{n} ef_i = \sum_{i=1}^{n} \sum_{l=1}^{3} F_{il} v_{il}$$

其中，EF 为生态功能，$ef_i$ 为格网 $i$ 的生态功能，$F_{il}$ 为第 $i$ 个格网的第 $l$ 个生态功能指标，$v_{il}$ 为第 $i$ 个格网的第 $l$ 个生态功能辅助指标，$n$ 为格网数，3 为生态功能指标数。

**4. 响应系数的计算**

响应系数由自然生态响应系数 $C_1$ 和经济社会响应系数 $C_2$ 构成。因为自然生态响应措施一般为设立自然保护区、森林公园和水源地保护区等，其作用范围局限于保护区空间范围内，故还需与辅助指标——自然保护区面积 $r_1$ 等结合使用。响应系数的计算公式为

$$RC = \left[\sum_{i=1}^{n}(C_{1i} - 1) r_{1i}\right]/n + C_2$$

其中，RC 为区域响应系数，$C_{1i}$ 为第 $i$ 个格网的第 1 个响应系数，即第 $i$ 个格网的自然生态响应系数，$C_2$ 为经济社会响应系数，$r_{1i}$ 为第 $i$ 个格网的响应系数辅助指标，$n$ 为格网数。因为经济社会响应系数 $C_2$ 作用于整个研究区域，故在所有格网中均相等。

## 5. 土地生态环境承载力的计算

综合上述生态结构、生态过程、生态功能和响应系数的计算公式,得到土地生态环境承载力的计算公式为

$$EC = (ES + EP + EF) \cdot RC$$
$$= \left[\left(\sum_{i=1}^{n}\sum_{j=1}^{6} S_{ij} w_{ij}\right) + \left(\sum_{i=1}^{n}\sum_{k=1}^{2} P_{ik} q_{ik}\right) + \left(\sum_{i=1}^{n}\sum_{l=1}^{3} F_{il} v_{il}\right)\right] \times$$
$$\left(\frac{\left[\sum_{i=1}^{n}(C_{1i}-1) r_{1i}\right]}{n} + C_2\right)$$

## 6. 土地生态承载状态判定

生态承载状态(ECS)由土地生态环境承载力(EC)和生态压力(EP)两部分组成。在理想的研究中,生态承载状态为土地生态环境承载力与生态压力的差。例如,在生态足迹法中,生态承载状态等于土地生态环境承载力减去生态压力:

$$ECS = EC - EP$$

当 EC>EP 时,ECS>0,生态承载状态为盈余;当 EC<EP 时,ECS<0,生态承载状态为赤字;当 EC=EP 时,ECS=0,生态承载状态为刚满载。

但是在实际研究中,尤其是采用综合分析法的土地生态环境承载力评价,难以做到各指标标准、数据处理的完全一致性,因而采用比值法更为合适。本研究采用比值法进行生态承载状态判定:

$$ECS = \frac{EC}{EP}$$

在理想状态下,生态承载状态的判定标准为:① 当 EC>EP 时,ECS>1,生态承载状态为盈余;② 当 EC<EP 时,ECS<1,生态承载状态为赤字;③ 当 EC=EP 时,ECS=1,生态承载状态为刚满载。

本研究中对人类经济社会活动负荷的估算并非采用与土地生态环境承载力口径一致的评价指标,难以自行确定承载状态的判定值,故通过分析现有的湖南省和长沙市的土地生态环境承载力研究成果来推算湘江新区的生态承载状态判定值。

# 第四章

# 湖南湘江新区土地生态环境承载力评价

## 第一节 湘江新区概况

**1. 发展背景与定位**

湖南湘江新区是我国中部地区第一个国家级新区,位于国务院已经批准的 10 个国家级综合配套改革试验区之一的湖南长株潭城市群全国资源节约型和环境友好型社会建设综合配套改革试验区范围内,是湖南长株潭城市群全国资源节约型和环境友好型社会建设综合配套改革试验区的 5 个"两型社会"试验区中最为典型的一个试验区。

湘江新区位于长沙市湘江西岸,包括岳麓区、望城区和宁乡县部分区域,核心区域为岳麓区岳麓街道等 15 个街道、望城区喻家坡街道等 8 个街道以及宁乡县金洲镇,覆盖长沙国家高新技术产业开发区、国家级宁乡经济技术开发区和国家级望城经济技术开发区 3 个国家级园区,总面积 490 km²。

湖南湘江新区发展定位为全国"两型社会"综合配套改革试点先导突破区,长株潭城市群战略整合核心承载区,长沙市提升主体功能区;湖南省产业先行先试区,长株潭产业转型示范引领区,长沙市高新产业核心集聚区;全国知名的生态文明区域,资源节约的循环集约新区,可持续发展的城市标杆;城乡统筹发展的区域城市,新型增长模式的城镇典范,环境友好的山水宜居新城。湘江新区面临着六大发展目标:一是探索创新驱动发展路径,构建具有较强竞争力的自主创新技术平台,打造全国一流的科技成果转化交易基地,建立健全富有活力的技术创新体系；二是构建现代高端产业体系，积极承接国内外产业转移，促进战略性新兴产业集群发展，推进现代服务业集聚发展；三是培育文化产业高地，提升文化产业规模化、集约化、专业化水平，推进文化体制机制创新，加快文化产业"走出去"与"引进来"步伐；四是推进生态文明建设，着力构筑生态安全屏障，加强环境基础设施建设，推行绿色低碳生产生活方式，创新生态文明建设机制；五是转变城镇化发展方式，推进产城融合发展，提升城市建设和治理水平，构建新型城乡关系；六是提升开放型经济水平，构建立体综合交通运输网络，形成高效畅通的大通关体系，打造综合性开放平台。

湖南湘江新区面临着经济发展和生态环境保护的双重发展目标，因此，以湖南湘江新区为研究区域进行土地生态环境承载力评价具有较好的代表性和很强的现实意义。

## 2. 自然条件

湖南湘江新区全境丘、冈、平原地貌均有，大部分地区海拔为 60~80 m，最低海拔约 29 m，最高点谷山海拔 362 m，次高点岳麓山海拔 295 m，地势起伏比长沙市其他四区都大，相对高度为 333 m。属暖带绿阔叶林红壤地带，并保存原生性常绿地次生林 21 处，其间还有狸、黄鼬、小灵猫、豹猫等哺乳动物，在我国城郊型地域中极为少见。拥有国家级风景名胜保护区——岳麓山风景名胜区。岳麓山在长沙市区之西，东临湘江，面积约 8 $km^2$。自然山水资源得天独厚，集长沙山、水、洲、城的城市风貌特色于一体。

湘江流经长沙市区，有湘江水系支流 289 条，其中，龙王港、靳江河是湘江 2 条一级支流，水量十分丰富，更有西湖、后湖、桃子湖、尖山湖、鹭西湖等水体镶嵌城区，更增添了城市的灵秀。橘子洲位于湘江江心，乃我国最长的江心洲岛之一。靳江河，古称"瓦官水口"。因河道经宁乡麻阳绕经楚大夫靳尚墓前故又名"靳江"，为湘江下游的支流。靳江河发源于湖南宁乡县白鹤山寨子冲，自西向东流经宁乡和望城县，然后于岳麓区的柏家洲附近汇入湘江，全长 87.5 km，流域面积 781 $km^2$。

湘江新区气候四季分明，年平均气温 16.9~17.5℃，极端最高气温为 40.6℃，极端最低气温为 -12℃。年平均降水量为 1360~1400 mm，4—7 月为雨季，是我国暖温区域的一部分。

核心区岳麓区是长沙首个全国生态示范区，是最适合人类居住的天然绿岛。它是长沙的"西大门"，集山、水、洲、城于一体，名山叠翠，秀水绕城，拥有湘江、橘子洲、岳麓山等生态资源，城区依山傍水、风景秀美，具有浓烈的山水风情。核心区拥有森林面积 4795 $hm^2$，森林覆盖率达到 48.4%，一度被人们形象地称为长沙城区的"肺"。境内有三条河流：湘江、靳江河、龙王港。全年水资源总量约 $1647 \times 10^4 \ m^3$。

湘江新区内拥有丰富的自然景观与生态资源，人均公共绿地面积达 $32 \ m^2$，全年大气质量优良率达 70%，水质达到国家Ⅱ级标准。核心区域城镇人均公共绿地面积达 $22.92 \ m^2$，高于国家生态示范区一级标准。区域内岳麓山、谷山、尖山、中塘 4 个地区物种多样、生态完备，具有相互协调、结构相对稳定的小自然生态系统。

**3. 社会经济发展**

湖南湘江新区 2014 年常住人口 85 万人，地区生产总值 970 亿元，财政总收入 167 亿元，工业增加值 2110 亿元。

湘江新区产业建设以金洲大道为轴心，以高新技术产业开发区为主体，以开发区和国家级望城经济技术开发区为两翼，以科研院校为依托，大力发展高新技术产业、文化创意产业、现代服务业和现代农业，全力建设信息产业基地、新材料产业基地、节能环保产业基地、先进制造产业基地、生物产业基地、科技创新和成果转化基地、现代农业产业基地、承接产业转移基地等。生态建设注重岳麓山风景名胜区周边生态环境、坪塘老工业环境污染和靳江河、龙王港等流域水资源环境的综合治理，开展湿地、绿地、林地生态环境资源补偿和农村环保自治模式试点，加强环保辅助设施建设。

2008 年以来，《长沙大河西先导区建设总体方案》（湘江新区原称"大河西先导区"）及产业发展规划、金融创新方案、能源资源节约方案、环境保护实施方案、统筹城乡发展方案、国土资源管理改革方案等陆续出台，标志着长沙"两型社会"综合配套改革试验迈出了坚实的一步。湘江新区将在"资源节约利用、环境保护、产业结构优化升级、科技体制、土地管理、投融资体系、财税、对外经济、统筹城乡、行政管理体制"等十大重点改革领域展开综合改革试验。湘江新区将建设成为自主创新发展聚集区、"两型社会"建设示范区、城乡一体化引领区、内陆开放型经济先行区。

## 第二节 数据来源与数据处理

**1. 主要数据来源**

本研究以湖南湘江新区的遥感影像解译数据和 2012 年的土地利用现状数据为基础，将自然保护区、水系、水质状况、空气优良天数、夜间灯光数据等进行

## 第四章 湖南湘江新区土地生态环境承载力评价

空间处理,一并纳入研究当中使用。本研究使用的主要数据来源有:
① 湖南湘江新区 2012 年遥感影像;
② 湖南湘江新区 2012 年土地利用现状数据;
③ 湖南湘江新区高程 DEM 数据;
④ 湖南湘江新区 2012 年重要河流断面水质数据;
⑤ 中国土壤质量数据库;
⑥ 全球夜间灯光数据(NTL);
⑦ 湖南湘江新区 2012 年自然保护区、水系、全年空气优良天数等数据;
⑧《中国统计年鉴》《长沙统计年鉴》等。

其中,湘江新区 2012 年遥感图像数据来源于美国地理空间数据云网站(http://www.gscloud.cn/);2012 年土地利用现状数据、主要河流断面水质数据、自然保护区、水系、全年空气优良天数等数据由湘江新区管委会提供;全球夜间灯光数据(NTL)从美国国家环境信息官网(http://ngdc.noaa.gov/ngdc.html)获得;中国土壤质量数据库由中国科学院地理所提供;《中国统计年鉴》《长沙统计年鉴》从政府信息公开网站上获取。

**2. 数据预处理**

本研究中的数据预处理工作主要为遥感影像解译工作、土地利用现状数据的分类整理工作以及其他非空间化数据资料的整理与空间化处理。

2.1 遥感影像解译

湖南湘江新区 2012 年遥感影像解译工作主要包括影像融合、配准、解译,遥感地类再分类、监督分类等工作,使用软件 ERDAS Imagine 9.2 和 ArcGIS 9.2 完成。

遥感数据不同波段对于地物信息的反映程度和侧重点也有所不同,要保证识别地物的有效性,就应该选取含有地物相关信息量较大、波段间相关性小,且是研究需要提取和识别的土地类型光谱特征差异较大的波段组合。本研究选取 TM5、4、3 波段作为影像处理的波段组合,并以红、绿、蓝三种颜色生成假彩色合成图像。

遥感影像解译主要是根据影像的色调、纹理、结构、饱和度、形状、分布特征等信息进行识别和判读土地利用类型。将配准好的遥感影像图打开,用 Viewer 当中的 AOI 工具根据以上判读标准选取具有代表性的训练区,打开 Classifier-Signature Editor,将建设用地、耕地、水体、植被和其他用地的训练区逐个添加,每添加一种,计算机会自动计算其特征值。

本研究采用最大似然算法进行监督分类。经过监督分类的识别处理,将由

5类用地构成遥感影像导入ArcGIS,同时导入同一坐标系下的湘江新区土地利用现状数据,使用Arc Toolbox里面的extract by mask工具,用掩膜运算进行图像裁剪,得到预处理完成的土地利用分类图。

### 2.2 土地利用现状数据分类

在获得的湖南湘江新区2012年土地利用现状原始数据中,土地利用被分成采矿用地、茶园、城市、村庄、风景名胜及特殊用地、港口码头用地、公路用地、沟渠、灌木林地、果园、旱地、河流水面、湖泊水面、建制镇、坑塘水面、裸地、内陆滩涂、农村道路、其他草地、其他林地、其他园地、人工牧草地、设施农用地、水工建筑用地、水浇地、水库水面、水田、铁路用地和有林地29类用地类型。根据本研究需要,在参考《土地利用现状分类》(GB/T 21010—2007)的基础上,将这29种土地利用类型重新分类如表4-1所示。

表 4-1  2012年土地利用现状类型分类

| 用地类型分类 | 林地 | 草地 | 耕地 | 水域 | 建设用地 |
| --- | --- | --- | --- | --- | --- |
| 原土地利用现状类型 | 茶园、风景名胜及特殊用地、灌木林地、果园、其他林地、其他园地和有林地 | 人工牧草地、其他草地和裸地 | 旱地、坑塘水面、沟渠、农村道路、设施农用地、水浇地和水田 | 河流水面、湖泊水面、内陆滩涂和水库水面 | 采矿用地、城市、村庄、港口码头用地、公路用地、建制镇、水工建筑用地和铁路用地 |

土地生态环境承载力评价以土地的生态功能为核心关注点,故本研究根据生态功能大小将土地利用类型初步划分为林地、草地、农田、水域和建设用地五大类。其中,林地包括其他林地、其他园地、风景名胜及特殊用地、灌木林地和有林地等7类用地;草地包括人工牧草地、其他草地和裸地3类用地;耕地包括旱地、坑塘水面、水浇地和水田等7类用地;水域包括河流水面、湖泊水面、内陆滩涂和水库水面4类用地;建设用地包括采矿用地、城市、村庄、港口码头用地、公路用地和建制镇等8类用地。

### 2.3 其他数据初步处理

其他数据预处理工作主要为湘江新区风景名胜区、森林公园、主要水系、水库、空气质量等数据的整理工作。

湖南湘江新区拥有6个省级或以上的风景名胜区/森林公园,分别为:岳麓山风景名胜区、凤凰山国家森林公园、天际岭国家森林公园、黑麋峰森林公园、青竹湖森林公园和青羊湖森林公园(表4-2),总面积达12 788 hm$^2$。

# 第四章　湖南湘江新区土地生态环境承载力评价

表 4-2　湖南湘江新区主要风景名胜区和森林公园

| 风景区/公园名称 | 级别 | 建园时间 | 总面积/hm² |
|---|---|---|---|
| 岳麓山风景名胜区 | 国家级 | 2012 年 01 月 | 3520 |
| 凤凰山国家森林公园 | 国家级 | 2009 年 12 月 | 2159 |
| 天际岭国家森林公园 | 国家级 | 1992 年 07 月 | 407 |
| 黑麋峰森林公园 | 省级 | 2000 年 06 月 | 4079 |
| 青竹湖森林公园 | 省级 | 2009 年 12 月 | 805 |
| 青羊湖森林公园 | 省级 | 2009 年 12 月 | 1819 |

湖南湘江新区拥有包括湘江在内的 4 条主要水系和 4 座主要水库：湘江、沩水河、八曲河和靳江河；古冲水库、石冲水库、观音岩水库和泉水冲水库（表 4-3）。

表 4-3　湖南湘江新区主要水系和水库

| | |
|---|---|
| 主要水系 | 湘江 |
| | 沩水河 |
| | 八曲河 |
| | 靳江河 |
| 水库 | 古冲水库 |
| | 石冲水库 |
| | 观音岩水库 |
| | 泉水冲水库 |

## 第三节　土地生态环境承载力的各指标评价

**1. 指标评价标准**

指标评价标准分成两类：① 与现有典型研究成果、评价标准共有的指标，参考现有指标标准成果；② 目前尚没有明确评价标准的指标，则根据指标的性质或研究区域的实际情况进行划定。

与现行标准共有的指标的参考依据主要为：① 联合国可持续发展委员会、联合国经济合作与发展组织、欧盟相关标准；② 国家生态市、国家环保模范城市考核指标、考核要求；③ 发达国家某些指标现状值；④ 长株潭"两型社会"建设标准；⑤ 现有典型学术研究成果中的指标标准。

土地生态环境承载力指标体系涉及大量相互关联、相互影响、相互制约的因素，各指标性质不同、单位不同，而且数量级存在明显的差异，不能直接进行比较，要想将它们纳入统一的评价体系，应该进行标准化处理。因此，在度量评价前必须消除原始数据间因量纲不同造成的数量差异，进行无量纲处理，按照特定的运算方式变换为新值，以达到不同指标的数据处理值处在同一数值变化范围内，从而可以进行比较。

不同指标的原始数据和评价标准存在很大的差别，故对指标数据进行标准化，处理成范围为 0~1 的数据值。为避免不可还原的人为处理或数据失真，本研究不采用人为划定指标评价分值的方法或传统的 Z-scores 法进行标准化变化，而根据具体指标的性质或数据情况进行标准化处理。

本研究采用的各项指标数据经过空间化处理后可以分成 4 种空间精度：① 空间精度≤30 m，为高程 DEM 数据、遥感影像解译数据和土地利用现状数据，对应的指标为坡度、水域面积比例、林地覆盖率、草地覆盖率、耕地面积比例、公园面积比例和生态服务价值；② 空间精度为 1000 m，主要为中国土壤质量数据和全球夜间灯光数据，对应土地生态环境承载力评价的指标为土壤质量等级；③ 空间精度为 4000 m，为衡量区域生态系统生态过程的 4 个指标：生物量指数、生物多样性、最大斑块面积和斑块平均面积；④ 空间精度≥10 000 m，为地质稳定度、河流主要断面水质数据、空气优良天数数据，对应的指标为地质稳定度、水质状况和空气质量等级（表 4-4）。

表 4-4 指标评价标准及标准化处理方法

| 数据处理 | | 指标 |
|---|---|---|
| 公式类型 | 线性 | 土壤质量等级、地质稳定度、水域面积比例、水质状况、空气质量等级、林地覆盖率、草地覆盖率、生物量指数、生物多样性、耕地面积比例、公园面积比例和生态服务价值 |
| | 对数 | 坡度、最大斑块面积和斑块平均面积 |
| 空间精度 | ≤30 m | 坡度、水域面积比例、林地覆盖率、草地覆盖率、耕地面积比例、公园面积比例和生态服务价值 |
| | 1000 m | 土壤质量等级 |
| | 4000 m | 生物量指数、生物多样性、最大斑块面积和斑块平均面积 |
| | ≥10 000 m | 地质稳定度、水质状况和空气质量等级 |

在数据处理和指标评价标准上，根据指标的性质和数据特点选择合适的处理方法，分成线性和对数型两种：① 线性处理，为简单的比例关系或线性划分等级的数据，对应的指标为土壤质量等级、地质稳定度、水域面积比例、水质状况、空气质量等级、林地覆盖率、草地覆盖率、生物量指数、生物多样性、耕地面积比例、公园面积比例和生态服务价值；② 对数型，数据分布与评价得分等级不呈简单线性关系的数据，对应的指标为坡度、最大斑块面积和斑块平均面积。

## 2. 生态结构指标评价

土地生态环境承载力评价中,生态结构包括 6 个指标和 2 个辅助指标:土壤质量等级、坡度、水域面积比例、空气质量等级、林地覆盖率、草地覆盖率和地质稳定度、水质状况。

### 2.1 土壤质量等级

土壤质量等级反映的是土壤的使用质量和肥力状况等,是林地、草地、农田等承载能力的基础。本研究中采用美国制的土壤质地分类标准,将土壤质量划分为 1~13 级,从黏土到沙土,土壤质量依次下降(表 4-5)。

表 4-5 美国制的土壤质地分类标准

| 代码 | 土壤类别 |
| --- | --- |
| 1 | 黏土(重) |
| 2 | 粉质黏土 |
| 3 | 黏土 |
| 4 | 粉质黏壤土 |
| 5 | 黏壤土 |
| 6 | 淤泥 |
| 7 | 淤泥质壤土 |
| 8 | 砂质黏土 |
| 9 | 壤土 |
| 10 | 砂质黏壤土 |
| 11 | 砂壤土 |
| 12 | 壤质砂 |
| 13 | 沙土 |

土壤质量等级数据范围为 1~13,采用如下公式进行标准化处理:

$$Y = \frac{13-(X-1)}{13} = \frac{(14-X)}{13}$$

其中,$Y$ 为土壤质量等级的标准化数据,$X$ 为美国制的土壤质地等级,13 为土壤质地等级级数。

采用 1000 m×1000 m 的格网处理,结果如图 4-1 所示。湘江新区的土壤质量等级在空间上比较分散,高质量的土壤主要集中在西南部区域和东部湘江沿线,东南部土壤质量较低。

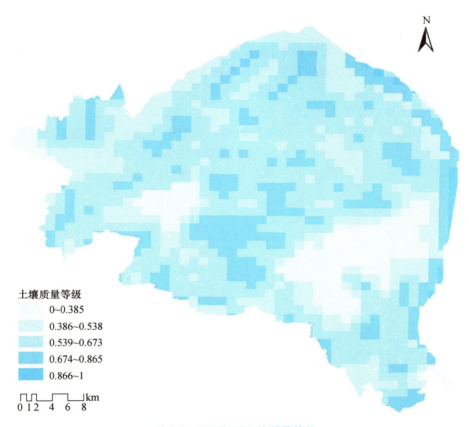

图 4-1　湘江新区土壤质量等级

### 2.2　坡度

坡度反映的是影响土壤植被覆盖的重要因素，可以通过对高程 DEM 数据进行处理后获得。本研究中参考现有的生态适宜性评价、土地生态环境承载力评价研究成果中关于坡度评价标准（表 4-6），认为坡度大小与对生态承载的贡献程度呈非线性关系，故采用对数型标准化方法进行处理。

表 4-6　坡度与生态适宜性

| 坡度 | ≤5° | 5°～10° | 10°～15° | 15°～25° | ≥25° |
| --- | --- | --- | --- | --- | --- |
| 生态适宜性分值 | 5 | 4 | 3 | 2 | 1 |

资料来源：王玉国等，2012。

采用 100 m×100 m 的格网进行处理，坡度数据范围为 0°～63.1°，采用如下公式进行标准化处理：

$$Y = \lg\left(\frac{(63.1-X)\times 9}{63.1}+1\right)$$

其中，$Y$ 为坡度的标准化数据，$X$ 为 100 m×100 m 的格网平均坡度，63.1 为格网最大坡度值。

如图 4-2 所示，湘江新区坡度的空间差异较小，大多数地区的坡度都较小，因而全区的坡度得分均较高，坡度较大的地区主要在西南部山体、森林区域。

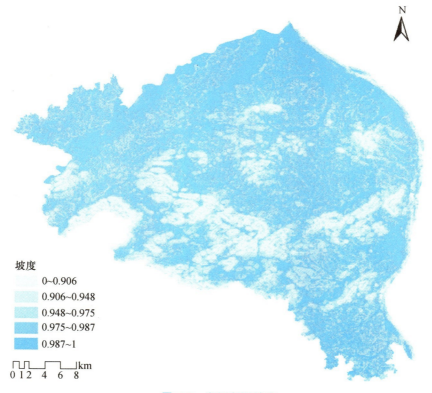

图 4-2　湘江新区坡度

### 2.3　地质稳定度

地质稳定度反映土壤的稳定程度，直接影响土壤要素的所有指标，是土地生态环境承载力评价的辅助指标，即土壤质量等级和坡度指标均需与地质稳定度相乘才能纳入土地生态环境承载力分值的计算。

采用 1000 m×1000 m 的格网进行平均化计算，地质稳定度数据范围为 1～10，采用如下公式进行标准化处理：

$$Y = \frac{X}{10}$$

其中，$Y$ 为地质稳定度的标准化数据，$X$ 为格网平均稳定度，10 为格网最大地质稳定度等级。

如图 4-3 所示，湘江新区主要可以分成高地质稳定度和低地质稳定度两类，东部和西部建成区及其附近区域为低地质稳定度地区，而其他地区大多属于高地质稳定度地区。

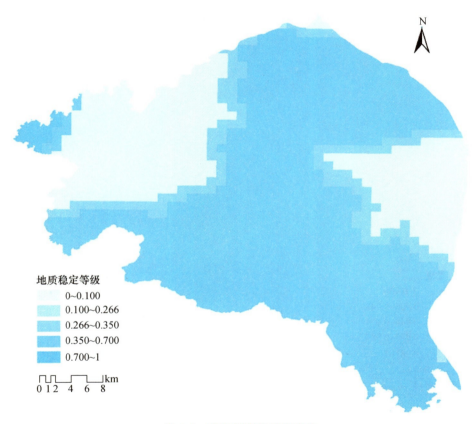

图 4-3 湘江新区地质稳定度

### 2.4 水域面积比例

水域面积比例反映水资源的丰富程度，是生态结构的重要组成部分，也是土地生态环境承载力的重要资源基础。

采用 100 m×100 m 的格网进行平均化计算，水域面积数据范围为 0~10 000，采用如下公式进行标准化处理：

第四章　湖南湘江新区土地生态环境承载力评价

$$Y = \frac{X}{10\,000}$$

其中，$Y$ 为水域面积比例的标准化数据，$X$ 为格网水域面积，10 000 为 100 m×100 m 格网的面积。

如图 4-4 所示，湘江新区的水域面积主要沿着 6 条水系分布，湘江沿线的水域面积比例均较高，其他 5 条水系的水域面积比例较低。

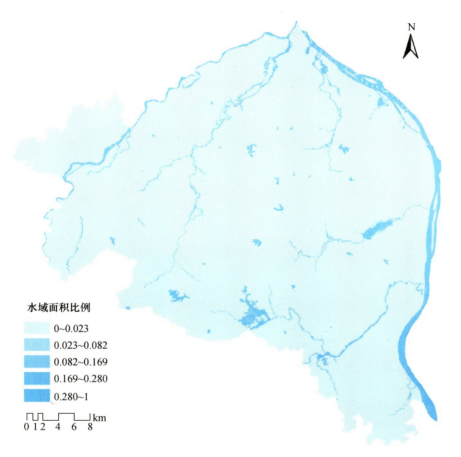

图 4-4　湘江新区水域面积比例

### 2.5　水质状况

水质状况反映的水资源的质量，对人类来说，水质状况越好使用价值越高。它是直接影响水文要素的指标，是土地生态环境承载力评价的辅助指标，即水域面积比例指标需与水质状况相乘才能纳入土地生态环境承载力分值的计算。

采用 100 m×100 m 的格网进行平均化计算,水质状况数据范围为 1～5,分别代表Ⅰ类水质、Ⅱ类水质、Ⅲ类水质、Ⅳ类水质和 Ⅴ 类水质,采用如下公式进行标准化处理:

$$Y = \frac{(5+1)-X}{5} = \frac{6-X}{5}$$

其中,$Y$ 为水质状况的标准化数据,$X$ 为格网平均水质等级,5 为格网最高水质等级。

如图 4-5 所示,湘江新区总体水质状况一般,Ⅲ、Ⅳ 类水质较为普遍,水质不连续,同一水系的水质状况也不尽相同。

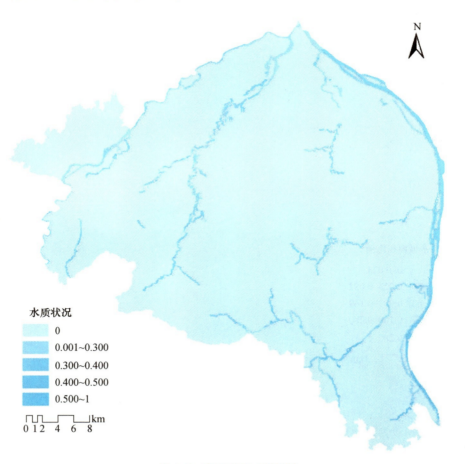

图 4-5 湘江新区水质状况

## 2.6 空气质量等级

空气质量等级反映区域的大气要素的质量,由于大气在全区域的丰度是相同的,故只需要空气质量一个指标就可以反映大气资源的数量和质量。空气质量等级采用全年的空气优良天数来衡量,湘江新区 2012 年全年的空气优良天数为 91 天。

采用 100 m×100 m 的格网进行平均化计算,全年空气优良天数为 91 天,采用如下公式进行标准化处理:

$$Y = \frac{X}{365}$$

其中,$Y$ 为空气质量等级的标准化数据,$X$ 为格网的全年空气优良天数,365 为全年的总天数。

如图 4-6 所示,湘江新区全区的空气质量是相同的,全年的空气优良天数为 91 天,对应的空气质量等级标准值为 0.249。

图 4-6 湘江新区空气质量等级

## 2.7 林地覆盖率

林地覆盖率反映森林资源的丰富程度,是生态结构的重要组成部分,也是土地生态环境承载力的重要资源基础。

采用 100 m×100 m 的格网进行平均化计算,林地覆盖面积数据范围为 0~10 000,采用如下公式进行标准化处理:

$$Y = \frac{X}{10\,000}$$

其中,$Y$ 为林地覆盖率的标准化数据,$X$ 为格网林地面积,10 000 为 100 m×100 m 格网的面积。

如图 4-7 所示,湘江新区的林地面积主要分布在中部、东部和南部区域,北部和西部的森林覆盖率较低,岳麓区虽然是湘江新区的主要建成区,但是由于存在岳麓山等风景名胜区、森林公园资源,故林地覆盖率也较高。

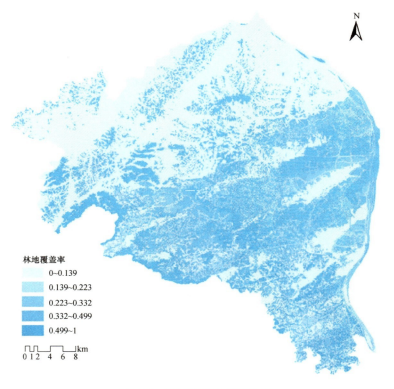

图 4-7 湘江新区林地覆盖率

## 2.8 草地覆盖率

草地覆盖率反映是草地资源的丰富程度,是生态结构的重要组成部分,也是土地生态环境承载力的重要资源基础。

采用 100 m×100 m 的格网进行平均化计算,草地覆盖面积数据范围为 0~10 000,采用如下公式进行标准化处理:

$$Y = \frac{X}{10\,000}$$

其中,$Y$ 为草地覆盖率的标准化数据,$X$ 为格网草地面积,10 000 为 100 m×100 m 格网的面积。

如图 4-8 所示,湘江新区的草地资源并不丰富,集中分布在西南片区的一个小区域范围内,东部和西部也有零星的分布。

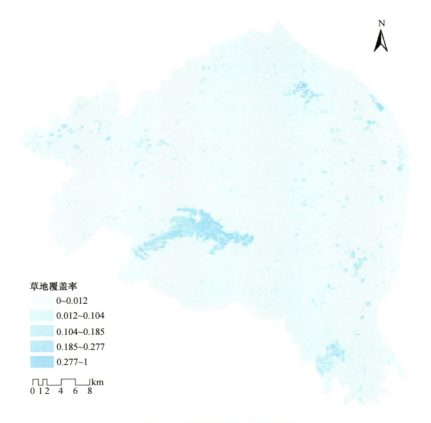

图 4-8 湘江新区草地覆盖率

## 3. 生态过程指标评价

### 3.1 生物量指数

生物量指数反映生态系统中各类生物资源的丰富程度,例如林木、灌木、草地等生物资源,是生态系统活力度的重要基础和集中体现。本研究参考国家环境保护标准《生态环境状况评价技术规范》(HJ 192—2015)中生物丰度指数的计算方法,将不同土地利用类型的生物量当量划分如表4-7所示。

表4-7 不同土地利用类型的生物量当量

| 土地类型 | 林地 | 草地 | 耕地 | 水域 | 建设用地 |
| --- | --- | --- | --- | --- | --- |
| 生物量当量 | 1 | 0.6 | 0.4 | 0.3 | 0.1 |

由于生物量指数是反映生态系统活力度的指标,太小的空间范围无法恰当地构建结构和功能较完整的生态系统。故必须在保证足够大的空间范围进行衡量才有意义,本研究将生物量指数的评价格网设置为 4000 m×4000 m 的格网单元。格网单元的生物量计算方法为

$$\text{格网生物量} = \text{林地面积} \times 1 + \text{草地面积} \times 0.6 \\ + \text{耕地面积} \times 0.4 + \text{水域面积} \times 0.3 \\ + \text{建设用地面积} \times 0.1$$

采用 4000 m×4000 m 的格网进行平均化计算,生物量数据范围为 3031~908001,采用如下公式进行标准化处理:

$$Y = \frac{X}{908\,001}$$

其中,$Y$ 为生物量指数的标准化数据,$X$ 为格网生物量,908 001 为 4000 m×4000 m 格网的最大生物量。

如图4-9所示,湘江新区生物量主要分布西南部、东部和南部区域,北部和西部区域的生物量较少。

### 3.2 生物多样性

生物多样性反映生态系统中生物资源种类多少,生物资源种类越多,则生态系统的活力也越高。生物多样性对生态系统活力度的贡献是建立在生物量的基础上的,如果没有生物量基础,一个生态系统的生物多样性再高也难以形成高的活力度,故生物多样性为辅助指标,即将生物量指数与生物多样性相乘可以得到生态系统的活力度。本研究采用土地利用类型种类数来衡量生物多样性。

由于生物多样性是反映生态系统活力度的辅助指标,太小的空间范围无法

第四章　湖南湘江新区土地生态环境承载力评价　63

图 4-9　湘江新区生物量指数

恰当地构建结构和功能较完整的生态系统。故必须在保证足够大的空间范围进行衡量才有意义,本研究将生物多样性的评价格网设置为 4000 m×4000 m 的格网单元。采用 4000 m×4000 m 的格网进行平均化计算,生物多样性数据范围为 4~22,采用如下公式进行标准化处理:

$$Y = \frac{X}{22}$$

其中,$Y$ 为生物多样性的标准化数据,$X$ 为格网地类种数,22 为 4000 m×4000 m 格网的最大地类种数。

如图 4-10 所示,湘江新区生物多样性普遍较高,生物多样性最高的区域集中分布在东部和北部。

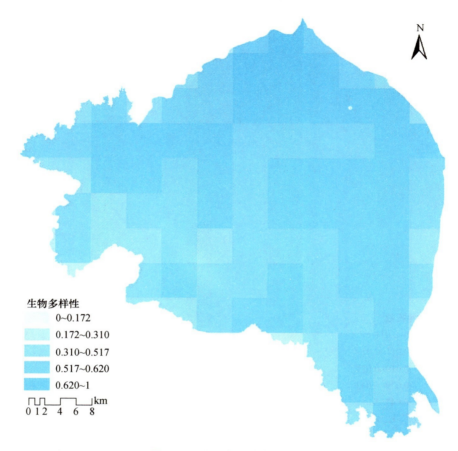

图 4-10　湘江新区生物多样性

### 3.3　最大斑块面积

最大斑块面积是生态系统连通度的集中体现。最大斑块面积越大,即生态系统内各种生物通过最大斑块进行高效交流的强度越大,生态系统的连通度就越高。生态系统的各种相互作用强度会随着最大斑块面积的增加而增加,但并非呈线性关系,相互作用强度的增加会随着最大斑块面积的增加而减缓,故采用对数型处理方法进行计算。

由于最大斑块面积是反映生态系统连通度的指标,太小的空间范围无法恰当地构建结构和功能较完整的生态系统。故必须在保证足够大的空间范围进行衡量才有意义,本研究将最大斑块面积的评价格网设置为 4000 m×4000 m 的格网单元。采用 4000 m×4000 m 的格网进行平均化计算,最大斑块面积数据范

第四章　湖南湘江新区土地生态环境承载力评价　65

围为 8172～4 121 066，采用如下公式进行标准化处理：

$$Y = \frac{\lg X}{\lg 4\,121\,066}$$

其中，$Y$ 为最大斑块面积的标准化数据，$X$ 为格网最大斑块面积，4 121 066 为所有 4000 m×4000 m 格网的最大斑块面积中的最大值。

如图 4-11 所示，湘江新区最大斑块面积普遍较大且空间差异相对小，其中，北部和西南部的最大斑块面积较大。

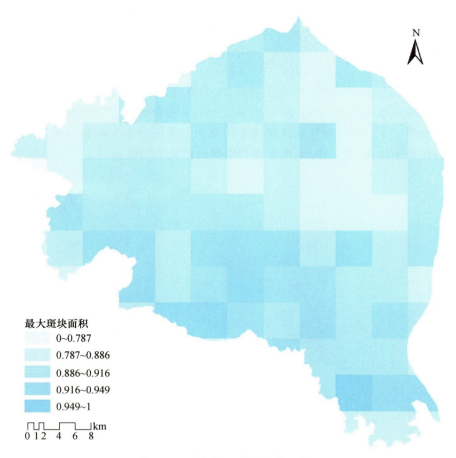

图 4-11　湘江新区最大斑块面积

### 3.4　斑块平均面积

斑块平均面积是反映生态系统连通度的辅助指标，斑块平均面积越大，则生态系统的破碎化程度越低，相应的生态系统连通度则越高。生态系统的连通度主要取决于最大斑块面积,最大斑块是生态系统各种相互作用的主要载体,而斑块平均面积是衡量生态系统连通度的辅助指标,将斑块平均面积与斑块最大面积相乘可以得到生态系统的连通度。由于每一个格网的面积都是相同的,故本研究采用格网内斑块数目的倒数来衡量斑块平均面积。

由于斑块平均面积是反映生态系统连通度的辅助指标,太小的空间范围无法恰当地构建结构和功能较完整的生态系统。故必须在保证足够大的空间范围进行衡量才有意义,本研究将斑块平均面积的评价格网设置为 4000 m×4000 m 的格网单元。采用 4000 m×4000 m 的格网进行平均化计算,斑块数目数据范围为 9~6141,采用如下公式进行标准化处理:

$$Y = 1 - \frac{\lg(X-(9-1))}{\lg(6141-(9-1))} = 1 - \frac{\lg(X-8)}{\lg 6133}$$

其中,$Y$ 为斑块平均面积的标准化数据,$X$ 为格网斑块数目,9 为 4000 m×4000 m 格网的最小斑块数目,6141 为 4000 m×4000 m 格网的最大斑块数目。

如图 4-12 所示,湘江新区斑块平均面积在空间分布上两极分化,西部和北部的斑块平均面积大,中部、中东部和南部的斑块平均面积小。

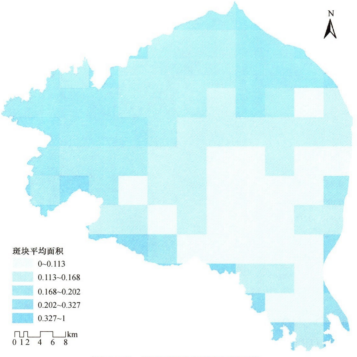

图 4-12　湘江新区斑块平均面积

## 4. 生态功能指标评价

### 4.1 耕地面积比例

耕地面积比例是反映生态系统的物质供给功能的重要指标,生态系统的物质供给功能包括粮食供给、木材供给、水资源供给等,而其中最受关注的粮食供给的生产基础就是耕地。耕地面积比例越高,则生态系统的物质供给功能越强。

采用 100 m×100 m 的格网进行平均化计算,耕地面积数据范围为 0～10 000,采用如下公式进行标准化处理:

$$Y = \frac{X}{10\,000}$$

其中,$Y$ 为耕地面积比例的标准化数据,$X$ 为格网耕地面积,10 000 为 100 m×100 m 格网的面积。

如图 4-13 所示,湘江新区耕地主要分布在全区南半部分,北半部分也有少部分区域有分布,总体的耕地面积比例较高。

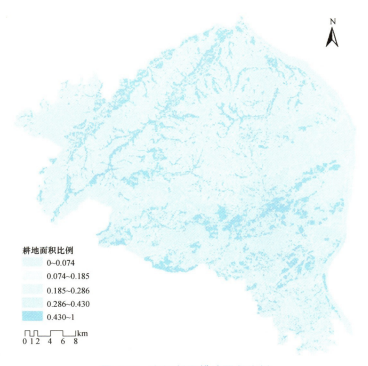

图 4-13　湘江新区耕地面积比例

### 4.2 公园面积比例

公园面积比例是反映生态系统的休闲审美功能的重要指标,这里的公园包括风景名胜区、森林公园和湿地。公园面积比例越高,则生态系统的休闲审美供给功能越强。

采用 100 m×100 m 的格网进行平均化计算,公园面积数据范围为 0~10 000,采用如下公式进行标准化处理:

$$Y = \frac{X}{10\,000}$$

其中,$Y$ 为公园面积比例的标准化数据,$X$ 为格网公园面积,10 000 为 100 m×100 m 格网的面积。

如图 4-14 所示,湘江新区公园面积比例并不高,主要零星分布在区域的北半部分,其中以东部岳麓山及其附近最为集中。

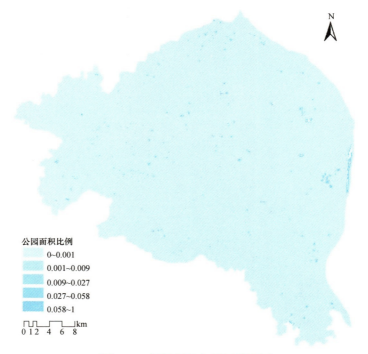

图 4-14 湘江新区公园面积比例

### 4.3 生态服务价值

生态服务价值是反映生态功能的综合指标,包括气体调节、气候调节、水源涵养、土壤形成与保护、废物处理、生物多样性保护、食物生产、原材料和娱乐文化等功能,是生态系统功能的重要部分。本研究参考国内外生态服务价值研究成果,将不同土地利用类型的生态服务价值标准划分如表 4-8 所示。

表 4-8 湘江新区不同土地利用类型的生态服务价值

| 土地类型 | 林地 | 草地 | 耕地 | 水域 | 建设用地 |
| --- | --- | --- | --- | --- | --- |
| 气体调节 | 2552 | 583 | 889 | 0 | 0 |
| 气候调节 | 1969 | 656 | 1583 | 335 | 0 |
| 水源涵养 | 2333 | 583 | 1067 | 14 863 | 22 |
| 土壤形成与保护 | 2844 | 1422 | 2597 | 7 | 15 |
| 废物处理 | 955 | 955 | 2918 | 13 258 | 7 |
| 生物多样性保护 | 2377 | 794 | 1263 | 1815 | 248 |
| 食物生产 | 73 | 218 | 1779 | 73 | 7 |
| 原材料 | 1896 | 36 | 178 | 7 | 0 |
| 娱乐文化 | 933 | 29 | 18 | 3165 | 7 |
| 生态服务价值/(元·hm$^{-2}$·a$^{-1}$) | 15 935 | 5280 | 12 296 | 33 525 | 306 |
| 当量因子 | 21.85 | 7.24 | 16.86 | 45.97 | 0.01 |

资料来源:郭荣中,杨敏华,2014.

根据不同土地利用类型的生态服务价值标准,格网单元的生态服务价值计算方法为:

$$\text{格网生态服务价值} = \text{林地面积} \times 21.85 + \text{草地面积} \times 7.24 + \text{耕地面积} \times 16.86 + \text{水域面积} \times 45.97 + \text{建设用地面积} \times 0.01$$

采用 100 m×100 m 的格网进行平均化计算,生态服务价值数据范围为 0~459 095,采用如下公式进行标准化处理:

$$Y = \frac{X}{459\ 095}$$

其中,$Y$ 为生态服务价值的标准化数据,$X$ 为格网生态服务价值,459 095 为 100 m×100 m 格网的最大生态服务价值。

如图 4-15 所示,湘江新区生态服务价值主要分布在区域的南半部分,其中,生态服务价值高的主要集中在西南部和中南部。

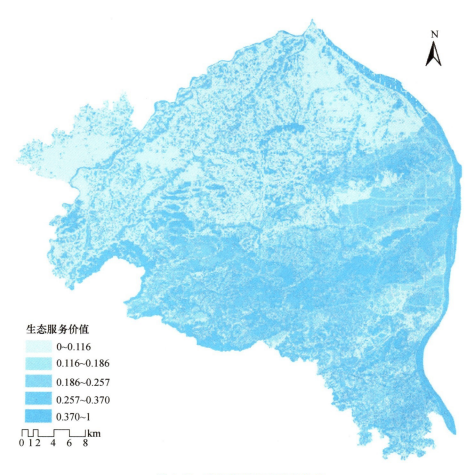

图 4-15　湘江新区生态服务价值

## 5. 响应系数的计算

### 5.1　自然生态响应系数

建立自然保护区、森林公园、水源地保护区等有利于保护区范围内的生态环境保护。土地生态环境承载力的自然生态响应系数,主要是指通过划定保护区、实行生态保护措施等响应行为对自然生态环境进行保护,进而提高区域的土地生态环境承载力。在本研究中,选取自然保护区为自然响应的作用区域,包括自然保护区、主要的风景名胜区和森林公园。

参考现有对自然保护区的生态保护效应的研究成果,本研究将自然生态响

第四章　湖南湘江新区土地生态环境承载力评价　　71

应系数设为 1.2。

如图 4-16 所示,湘江新区的自然生态响应系数在 5 个自然保护区(风景名胜区或森林公园)中为 1.2,其他区域则为 0。

图 4-16　湘江新区自然生态响应系数

5.2　经济社会响应系数

经济社会响应系数是区域的经济技术水平对土地生态环境承载力的提升作用的衡量指标,本书采用经济技术效率作为经济社会响应系数。参考柯布-道格拉斯生产函数的概念,将经济技术效率定义为单位人口和单位建设用地面积的经济产出效率。本研究将湘江新区的相对经济技术效率定义为湘江新区(以长沙市代替湘江新区)经济技术效率与全国平均经济技术效率的比值。假设相对

经济技术效率对土地生态环境承载力有 10% 的提升作用,则折算系数为 0.1。湘江新区的经济社会响应系数的计算公式为

$$经济社会响应系数 = 相对经济技术效率 \times 折算系数$$

即

$$C_2 = \sqrt{\frac{\text{GDP}_{湘江新区} \times 人口_{湘江新区}^{-1} \times 建成区面积_{湘江新区}^{-1}}{\text{GDP}_{全国} \times 人口_{全国}^{-1} \times 建成区面积_{全国}^{-1}}} \times 0.1$$

2012 年,长沙市 GDP 为 6399.91 亿元,人口为 714.66 万人,建成区规模为 315.81 km²;全国 GDP 为 518 942.1 亿元,人口为 135 404 万人,建成区规模为 45 566 km²(表 4-9)。

表 4-9 湘江新区经济社会响应系数

| 项目 | 长沙市 | 全国 | *湘江新区 | 湘江新区/全国 |
| --- | --- | --- | --- | --- |
| GDP/亿元 | 6399.91 | 518 942.1 | 6399.91 | 0.012 33 |
| 人口/万人 | 714.66 | 135 404 | 714.66 | 0.005 28 |
| 建成区/km² | 315.81 | 45 566 | 315.81 | 0.006 93 |
| GDP/(人口·建成区面积) | 0.028 36 | 0.000 08 | 0.028 36 | 354.500 00 |
| [GDP/(人口·建成区面积)]^{0.5} | 0.168 39 | 0.009 17 | 0.168 39 | 18.361 2 |
| 折算系数 |  |  | 0.1 |  |
| $C_2$ |  |  | 1.836 12 |  |

注:* 以长沙市的数据代替湘江新区的数据。

因为经济技术效率对区域整体都有提高作用,因此,湘江新区的经济社会响应系数计算结果如图 4-17 所示。

由图可知,湘江新区区域整体的经济社会响应系数都是一样的,均为 1.836 12,即湘江新区拥有相对于全国平均的 1.836 12 倍经济技术效率,对生态环境承载力的提升作用为 1.836 12 倍。

## 6. 土地生态环境承载力评价及结果分析

### 6.1 土地生态环境承载力评价

(1) 生态结构评价

在获得上述 13 个生态环境承载力指标和 4 个辅助指标的标准化结果后,由生态结构(ES)的计算公式可知第 $i$ 个格网的生态结构 $\text{es}_i$ 为

$$\text{es}_i = \sum_{j=1}^{6} S_{ij} w_{ij}$$

第四章　湖南湘江新区土地生态环境承载力评价

图 4-17　湘江新区经济社会响应系数

其中，$S_{ij}$ 为第 $i$ 个格网的第 $j$ 个生态结构指标，$w_{ij}$ 为第 $i$ 个格网的第 $j$ 个生态结构辅助指标，6 为生态结构指标数。

计算得到湘江新区的生态结构评价结果，如图 4-18 所示。湘江新区生态结构分值较高的区域为东北部、中部、西南部和东南部，西部和中东部的生态结构分值较低。

(2) 生态过程评价

根据生态过程(EP)的计算公式可知第 $i$ 个格网的生态过程 $ep_i$ 为

$$ep_i = \sum_{k=1}^{2} P_{ik} q_{ik}$$

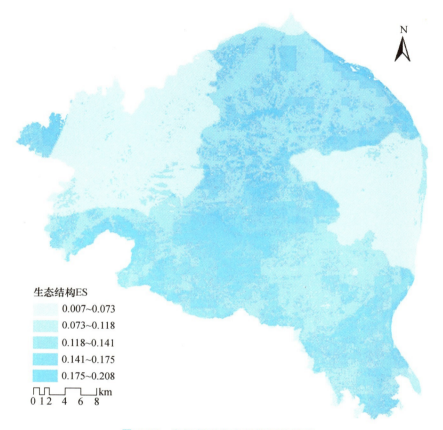

图 4-18 湘江新区生态结构评价结果

其中，$P_{ik}$ 为第 $i$ 个格网的第 $k$ 个生态过程指标，$q_{ik}$ 为第 $i$ 个格网的第 $k$ 个生态过程辅助指标，2 为生态过程指标数。

计算得到湘江新区的生态过程评价结果，如图 4-19 所示。湘江新区生态过程分值较高的区域为东北部、西部和西南部，中部和南部的生态过程分值较低。

（3）生态功能评价

根据生态功能（EF）的计算公式可知第 $i$ 个格网的生态功能 $\mathrm{ef}_i$ 为：

$$\mathrm{ef}_i = \sum_{l=1}^{3} F_{il} v_{il}$$

其中，$F_{il}$ 为第 $i$ 个格网的第 $l$ 个生态功能指标，$v_{il}$ 为第 $i$ 个格网的第 $l$ 个生态功能辅助指标，3 为生态功能指标数。

计算得到湘江新区的生态功能评价结果，如图 4-20 所示。湘江新区生态功

第四章　湖南湘江新区土地生态环境承载力评价　75

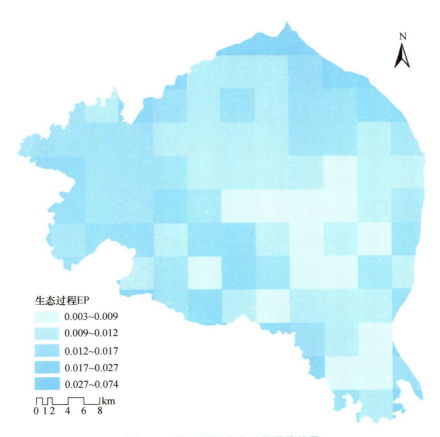

图 4-19　湘江新区生态过程评价结果

能分值的差异较小,总体来看,区域北半部分的生态功能较低,而南半部分的生态功能较高。

(4) 响应系数评价

根据响应系数(RC)的计算公式可知第 $i$ 个格网的响应系数 $rc_i$ 为:

$$rc_i = (C_{1i} - 1)r_{1i} + C_{2i}$$

其中,$C_{1i}$ 为第 $i$ 个格网的自然生态响应系数,$C_{2i}$ 为第 $i$ 个格网的经济社会响应系数,$r_{1i}$ 为第 $i$ 个格网的第 $l$ 个响应系数辅助指标。

计算得到湘江新区的响应系数评价结果,如图 4-21 所示。湘江新区响应系数可以分成两个区域:一是有自然保护区的区域,响应系数为自然生态响应和经济社会响应的共同作用,为 2.076;二是无自然保护区的区域,响应系数仅有经济社会响应,为 1.836。

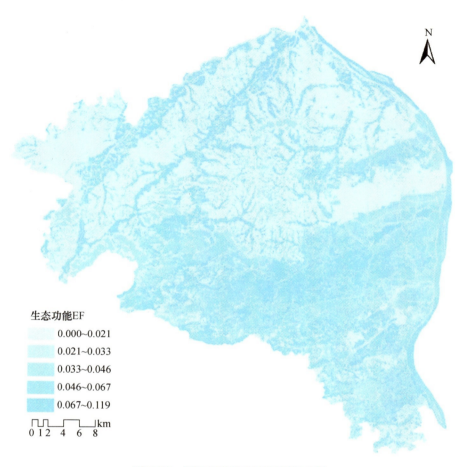

图 4-20　湘江新区生态功能评价结果

(5) 土地生态环境承载力评价

生态环境承载力由生态结构、生态过程和生态功能组成,并受到响应系数的影响。其分值为生态结构、生态过程和生态功能之和乘以响应系数。根据上述生态结构、生态过程、生态功能和响应系数的评价结果,第 $i$ 个网格的土地生态环境承载力 $ec_i$ 为:

$$ec_i = (es_i + ep_i + ef_i)rc_i$$
$$= \left[\left(\sum_{j=1}^{6} S_{ij}\ w_{ij}\right) + \left(\sum_{k=1}^{2} P_{ik}\ q_{ik}\right) + \left(\sum_{l=1}^{3} F_{il}\ v_{il}\right)\right] \times$$
$$\left[(C_{1i} - 1)\ r_{1i} + C_{2i}\right]$$

第四章　湖南湘江新区土地生态环境承载力评价 | 77

图 4-21　湘江新区响应系数评价结果

其中，$es_i$ 为第 $i$ 个格网的生态结构，$ep_i$ 为第 $i$ 个格网的生态过程，$ef_i$ 为第 $i$ 个格网的生态功能，$rc_i$ 为第 $i$ 个格网的响应系数；$S_{ij}$ 为第 $i$ 个格网的第 $j$ 个生态结构指标，$w_{ij}$ 为第 $i$ 个格网的第 $j$ 个生态结构辅助指标，6 为生态结构指标数，$P_{ik}$ 为第 $i$ 个格网的第 $k$ 个生态过程指标，$q_{ik}$ 为第 $i$ 个格网的第 $k$ 个生态过程辅助指标，2 为生态过程指标数，$F_{il}$ 为第 $i$ 个格网的第 $l$ 个生态功能指标，$v_{il}$ 为第 $i$ 个格网的第 $l$ 个生态功能辅助指标，3 为生态功能指标数；$C_{1i}$ 为第 $i$ 个格网的自然生态响应系数，$C_{2i}$ 为第 $i$ 个格网的经济社会响应系数，$r_{1i}$ 为第 $i$ 个格网的第 $l$ 个响应系数辅助指标。

　　计算得到湘江新区的生态环境承载力评价结果，如图 4-22 所示。湘江新区土地生态环境承载力的空间差异显著，可以分成三类共 5 个区域：① 第一类，土地生态环境承载力分值为 0.03～0.20，分布在中东部区域和西北部区域，也是湘江新区的建成区集中区域；② 第二类，土地生态环境承载力分值为 0.20～0.35，分布在东北部区域和东南部区域；③ 第三类，土地生态环境承载力分值为 0.35～0.58，集中分布在西南部区域，是湘江新区林地等生态资源的集中区域。

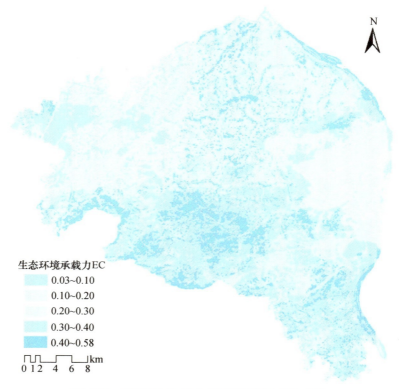

图 4-22　湘江新区土地生态环境承载力评价结果

### 6.2　土地生态环境承载力总值

在获得湘江新区 124 114 个 100 m×100 m 格网的土地生态环境承载力标准化评价分值后，对这 124 114 个格网的土地生态环境承载力标准分值按下列公式进行加和：

$$EC = \sum_{i=1}^{n} ec_i \times (100 \times 100)$$

其中，EC 为湘江新区土地生态环境承载力总值，$ec_i$ 为第 $i$ 个格网的土地生态环境承载力标准分值，$n$ 为格网数 124 114，100×100 为格网单元的面积。

计算得到湘江新区的土地生态环境承载力总值约为 $3.369\,63 \times 10^8$。格网的土地生态环境承载力平均标准分值为 0.271 49。

(1) 土地生态环境承载力格局划分

在 100 m×100 m 格网中,土地生态环境承载力的平均标准分值为 0.271 49,而格网的土地生态环境承载力标准分值的范围为 0.03~0.58。将湘江新区的土地生态环境承载力空间分布划分成三类区域:第一类,低土地生态环境承载力区,由土地生态环境承载力标准分值为 0.03~0.18 的格网构成;第二类,中土地生态环境承载力区,由土地生态环境承载力标准分值为 0.18~0.36 的格网构成;第三类,高土地生态环境承载力区,由土地生态环境承载力标准分值为 0.36~0.58 的格网构成。土地生态环境承载力空间分布格局划分如图 4-23 所示。

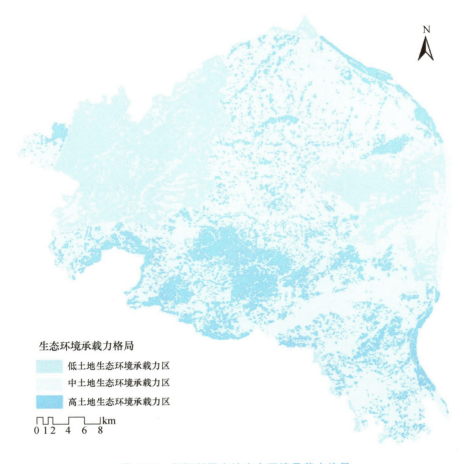

图 4-23 湘江新区土地生态环境承载力格局

如图 4-23 所示,湘江新区土地生态环境承载力格局分成三类区域:第一类,低土地生态环境承载力区,分布在中东部区域和西北部区域,是湘江新区的建成区集中区域;第二类,中土地生态环境承载力区,分布在中北部区域、东北部区域和东南部区域;第三类,高土地生态环境承载力区,集中分布在西南部区域,是湘江新区林地等生态资源的集中区域。

如表 4-10 所示,湘江新区目前大部分区域都属于中土地生态环境承载力区,面积达 $7.45241\times10^8$ m²,占全区面积的 $60.87\%$;高土地生态环境承载力区和低生态环境承载力区面积分别为 $2.14239\times10^8$ m² 和 $2.64922\times10^8$ m²,占比分别为 $17.49\%$ 和 $21.64\%$,比例相对较小。

表 4-10　湘江新区土地生态环境承载力格局划分

| 土地生态环境承载力格局 | 面积/m² | 面积占比/(%) | 划分标准 | 格网数 |
| --- | --- | --- | --- | --- |
| 低土地生态环境承载力区 | $2.64922\times10^8$ | 21.64 | 0.03～0.18 | 27 439 |
| 中土地生态环境承载力区 | $7.45241\times10^8$ | 60.87 | 0.18～0.36 | 75 119 |
| 高土地生态环境承载力区 | $2.14239\times10^8$ | 17.49 | 0.36～0.58 | 21 556 |
| 合计 | $12.24402\times10^8$ | 100 | 0～1 | 124 114 |

(2) 土地生态环境承载力结构分析

① 构成结构分析。

土地生态环境承载力由生态结构、生态过程、生态功能和响应系数构成。湘江新区的土地生态环境承载力构成结构如表 4-11 所示:

表 4-11　湘江新区土地生态环境承载力构成结构

| 湘江新区土地生态环境承载力 | $3.36963\times10^8$ | 生态结构 | $1.20974\times10^8$ |
| --- | --- | --- | --- |
| | | 生态过程 | $0.16436\times10^8$ |
| | | 生态功能 | $0.44415\times10^8$ |
| | | 响应系数 | $1.55138\times10^8$ |

如图 4-24 所示,湘江新区的土地生态环境承载力主要由生态结构和响应系数构成,占比分别为 $35.9\%$ 和 $46.04\%$;而生态过程和生态功能对土地生态环境承载力的贡献程度较小,占比分别为 $4.88\%$ 和 $13.18\%$。

② 指标结构分析。

土地生态环境承载力由生态结构、生态过程、生态功能和响应系数组成,而生态结构由土壤质量等级、坡度、水域面积比例、空气质量等级、林地覆盖率和草地覆盖率 6 个指标构成,生态过程由生物量指数和最大斑块面积 2 个指标构成,生态功能由耕地面积比例、公园面积比例和生态服务价值 3 个指标构成,响应系数由自然保护区和经济技术效率 2 个指标构成。因此,土地生态环境承载

# 第四章 湖南湘江新区土地生态环境承载力评价

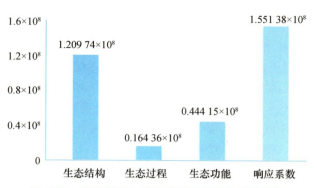

图 4-24 湘江新区土地生态环境承载力构成结构

力的指标结构由土壤质量等级、水域面积比例、林地覆盖率、生物量指数、生态服务价值和经济技术效率等 13 个指标构成。湘江新区的土地生态环境承载力指标结构如表 4-12 所示。

表 4-12 湘江新区土地生态环境承载力指标结构

| | | | |
|---|---|---|---|
| 湘江新区土地生态环境承载力（$3.36963 \times 10^8$） | 生态结构（$1.20974 \times 10^8$） | 土壤质量等级 | $5.68282 \times 10^7$ |
| | | 坡度 | $3.01111 \times 10^7$ |
| | | 水域面积比例 | $0.08380 \times 10^7$ |
| | | 空气质量等级 | $0.98431 \times 10^7$ |
| | | 林地覆盖率 | $2.26569 \times 10^7$ |
| | | 草地覆盖率 | $0.06969 \times 10^7$ |
| | 生态过程（$0.16436 \times 10^8$） | 生物量指数 | $0.52768 \times 10^7$ |
| | | 最大斑块面积 | $1.11593 \times 10^7$ |
| | 生态功能（$0.44415 \times 10^8$） | 耕地面积比例 | $1.37331 \times 10^7$ |
| | | 公园面积比例 | $0.00516 \times 10^7$ |
| | | 生态服务价值 | $2.06299 \times 10^7$ |
| | 响应系数（$1.55138 \times 10^8$） | 自然保护区 | $0.31103 \times 10^7$ |
| | | 经济技术效率 | $1.52027 \times 10^8$ |

湘江新区 $3.36963 \times 10^8$ 的土地生态环境承载力总值中：① 生态结构总值为 $1.20974 \times 10^8$，其中，土壤质量等级为 $5.68282 \times 10^7$，坡度为 $3.01111 \times 10^7$，水域面积比例为 $0.08380 \times 10^7$，空气质量等级为 $0.98431 \times 10^7$，林地覆盖率为 $2.26569 \times 10^7$，草地覆盖率为 $0.06969 \times 10^7$；② 生态过程总值为 $0.16436 \times 10^8$，其中，生物量指数为 $0.52768 \times 10^7$，最大斑块面积为 $1.11593 \times 10^7$；③ 生态功能总值为 $0.44415 \times 10^8$，其中，耕地面积比例为 $1.37331 \times 10^7$，公园面积比例为 $0.00516 \times 10^7$，生态服务价值为 $2.06299 \times 10^7$；④ 响应系数总值为

$1.551\,38\times10^8$,其中,自然保护区为 $0.311\,03\times10^7$,经济技术效率为 $1.520\,27\times10^7$。

如图 4-25 所示,湘江新区的土地生态环境承载力主要由土壤质量等级、坡度、林地覆盖率、最大斑块面积、耕地面积比例、生态服务价值和经济技术效率构成,占比分别为 16.86%、8.94%、6.72%、3.31%、7.04%、6.12% 和 45.12%;而水域面积比例、空气质量等级、草地覆盖率、生物量指数、公园面积比例和自然保护区对土地生态环境承载力的贡献程度较小,占比分别为 0.25%、2.92%、0.21%、1.57%、0.02% 和 0.92%。

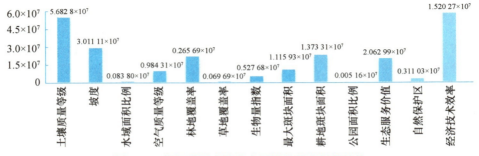

图 4-25  湘江新区土地生态环境承载力指标结构

③ 不同土地利用类型的土地生态环境承载力。

土地是土地生态环境承载力的空间载体,不同土地利用类型的土地生态环境承载力存在差异。通过将某一种土地利用类型面积比例为 95%~100% 的格网视为该种土地利用类型的格网,进行采样统计,以所有该种土地利用类型的格网土地生态环境承载力指标值的平均值作为该种土地利用类型的土地生态环境承载力标准值。统计结果如表 4-13 所示。

表 4-13  湘江新区不同土地利用类型的土地生态环境承载力标准值统计

| 用地类型 | 土地生态环境承载力标准值 | 采样标准(地类面积比例) | 格网样本数 |
| --- | --- | --- | --- |
| 水域 | 0.460 07 | 95%~100% | 598 |
| 林地 | 0.407 49 | 95%~100% | 4550 |
| 耕地 | 0.367 44 | 95%~100% | 4256 |
| 草地 | 0.322 69 | 95%~100% | 76 |
| 建设用地 | 0.144 79 | 95%~100% | 3098 |

根据地类面积比例范围为 95%~100% 的采样标准对 124 114 个格网进行筛选,共获得水域、林地、耕地、草地和建设用地的格网单元数目分别为 598、

# 第四章 湖南湘江新区土地生态环境承载力评价

4550、4256、76 和 3098 个。

如图 4-26 所示,不同土地利用类型的土地生态环境承载力标准值差别很大。水域、林地、耕地、草地和建设用地的土地生态环境承载力标准值分别为 0.460、0.407、0.367、0.323 和 0.145。水域的土地生态环境承载力最高,林地、耕地和草地次之,建设用地的土地生态环境承载力最低,五类土地利用类型的土地生态环境承载力大小排序与 Costanza 等(1997)关于不同土地利用类型的生态服务价值的研究结论一致。

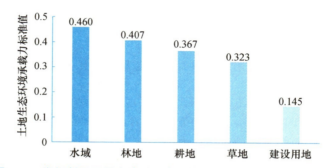

图 4-26 湘江新区不同土地利用类型的土地生态环境承载力标准值

## 第四节 湘江新区生态承载状态判定与潜力分析

### 1. 生态压力评价

生态压力是人类经济社会活动给区域生态系统带来的压力,是土地生态环境承载力承载对象对区域生态系统的反作用。土地生态环境承载力与生态压力的比值大小可以用来衡量区域生态系统所处的生态承载状态。

人类经济社会活动负荷的大小由其活动的空间范围和活动强度决定,故选取能够反映人类经济社会活动的主要空间范围的指标——建设用地面积比例和道路面积比例作为活动空间范围的评价指标,选取夜间灯光平均稳定值作为人类经济社会活动强度的评价指标。其中,开发强度属于辅助指标,因为开发强度依赖于活动空间范围,没有真实的活动存在,开发强度也就无从谈起。此外,由于区域生态系统是开放的系统,故区域经济社会活动压力并非都由本区域生态系统所承载,可以通过贸易手段等进行转移,例如进口粮食、木材和能源等资源。故构建贸易系数来反映区域的贸易水平,贸易系数同样属于辅助指标。综合上述,构建生态压力评价指标体系如表 4-14 所示。

表 4-14  生态压力评价指标体系

| 目标层 | 准则层 | 要素层 | 指标层 | 指标权重 |
|---|---|---|---|---|
| 生态压力 | 经济社会活动负荷 | 空间范围 | 建设用地面积比例 $ep_1$ | 1* |
| | | | 道路面积比例 $ep_2$ | 1* |
| | | 开发强度 | 夜间灯光平均稳定值 $cop$ | — |
| | 贸易系数 | 贸易 | 贸易系数 $tc$** | 1 |

注：* 建设用地面积比例和道路面积比例的权重均为 1，因为它们同属于空间范围指标，且在空间上不存在重叠关系，建设用地面积中已经将道路面积剔除。
** 贸易系数属于辅助指标。

生态压力的计算方法为：

$$生态压力 = \frac{(建设用地面积比例 + 道路面积比例) \times 开发强度}{贸易系数}$$

式中，建设用地面积比例和道路面积比例之和为人类经济社会活动总的空间范围，开发强度为人类经济社会活动的强度，两者的乘积再除以贸易系数即为人类经济社会活动负荷，用来反映生态压力的大小。

## 2. 生态压力指标评价

### 2.1 建设用地面积比例

建设用地面积比例反映的是人类经济社会活动的空间范围，是衡量人类经济社会活动的空间范围的主要指标，也是生态压力的最主要来源。

采用 100 m×100 m 的格网进行平均化计算，建设用地面积数据范围为 0～10 000，采用如下公式进行标准化处理：

$$Y = \frac{X}{10\,000}$$

其中，$Y$ 为建设用地面积比例的标准化数据，$X$ 为格网建设用地面积，10 000 为 100 m×100 m 格网的面积。

如图 4-27 所示，湘江新区的建设用地面积主要分布在东部和西北部，即岳麓区建成区、高新区建成区和宁乡县建成区，南部区域也有零星的分布。

### 2.2 道路面积比例

道路面积比例是反映人类经济社会活动空间范围的次要指标，是建设用地面积比例指标的补充，也是生态压力的来源之一。

由于道路的数据为线形数据，只有长度值而没有面积，故本研究采用不同等级道路进行分类，并将其长度乘以相对应等级道路的路宽。参考《城市规划定额指标暂行规定》和《城市规划原理》(第四版)中的标准，将不同等级道路的路宽标

第四章 湖南湘江新区土地生态环境承载力评价

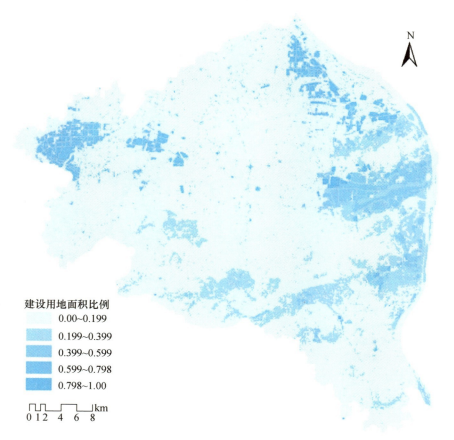

图 4-27 湘江新区建设用地面积比例

准确定如表 4-15 所示。

表 4-15 不同等级道路的路宽

| 道路等级 | 一级 | 二级 | 三级 | 四级 | 五级 | 六级 |
| --- | --- | --- | --- | --- | --- | --- |
| 路宽/m | 55 | 45 | 30 | 23 | 12 | 8 |

资料来源：参考《城市规划定额指标暂行规定》和《城市规划原理》(第四版)。

本研究将湘江新区的道路分成一级、二级、三级、四级、五级和六级道路 6 个等级，6 个等级的道路在湘江新区的分布如图 4-28 所示。

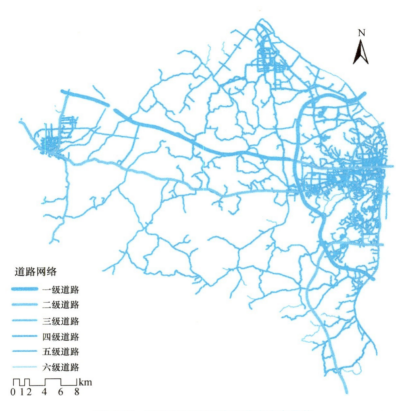

图 4-28 湘江新区不同等级道路分布网络

道路面积的计算方法为：道路面积＝道路长度×路宽。采用 100 m×100 m 的格网进行平均化计算，道路面积数据范围为 0～10 000，采用如下公式进行标准化处理：

$$Y = \frac{X}{10\,000}$$

其中，$Y$ 为道路面积比例的标准化数据，$X$ 为格网道路面积，10 000 为 100 m× 100 m 格网的面积。

如图 4-29 所示，湘江新区的道路面积集中分布在岳麓区建成区，由岳麓区建成区向北、向西和向南方向也有零星的分布。

2.3 开发强度

开发强度是反映人类经济社会活动强度的指标，也是生态压力评价的辅助指标。本研究将夜间灯光数据作为反映开发强度的指标数据。根据现有的经验

# 第四章 湖南湘江新区土地生态环境承载力评价

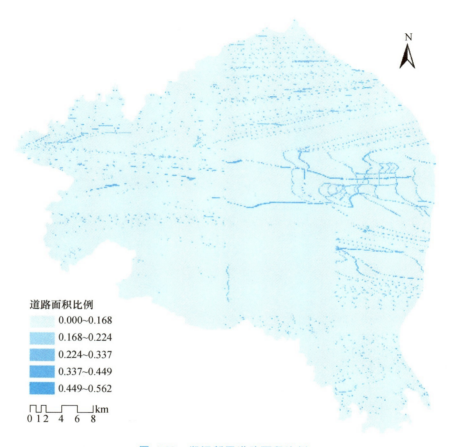

图 4-29 湘江新区道路面积比例

(舒松 等,2011),一般将夜间灯光平均稳定值 50 作为建设用地与非建设用地的分界点。夜间灯光稳定强度与开发强度并非是简单的线性对应关系,故本研究采用对数型方法进行处理。

采用 100 m×100 m 的格网进行平均化计算,夜间灯光平均稳定值范围为 0~255,采用如下公式进行处理:

$$Y = \lg X$$

其中,$Y$ 为开发强度数据,$X$ 为格网夜间灯光平均稳定值。

如图 4-30 所示,湘江新区开发强度主要分布在东部的岳麓区建成区,宁乡县建成区也有分布,并且以岳麓区建成区和宁乡县建成区为两个中心点,对外辐射,开发强度逐渐衰减。

88　生态优先原则下的土地利用规划技术研究

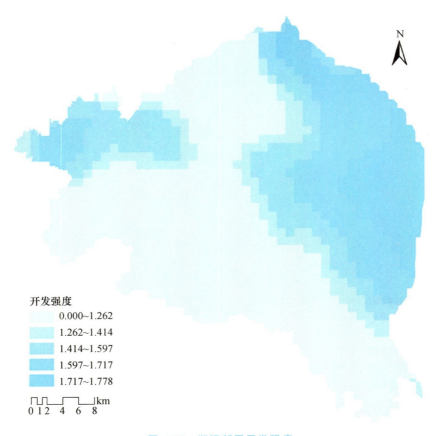

图 4-30　湘江新区开发强度

### 2.4　贸易系数

贸易系数是反映贸易水平高低的指标,即反映贸易手段对区域人类经济社会活动负荷的缓解作用的指标。贸易是由于资源或需求的空间分布不均衡而产生的,本研究将土地生态环境承载力的贸易视为土地产出——土地生态环境承载力的"进(出)口"和经济产出 GDP 的"出(进)口",并假定在全国范围内土地生态环境承载力的贸易是均衡的,故将贸易系数定义为单位土地面积的经济产出。即单位土地面积的相对经济产出越大,则会从其他地方"进口"土地生态环境承载力,并"出口"经济产出到其他地方。假设贸易水平对生态压力有 10% 的缓解作用,即折算系数为 0.1。湘江新区的贸易系数的计算公式为:

$$贸易系数 = 相对单位土地面积的经济产出 \times 折算系数$$

即有,

## 第四章 湖南湘江新区土地生态环境承载力评价

$$贸易系数 = \sqrt{\frac{\text{GDP}_{湘江新区} \times 土地面积_{湘江新区}^{-1}}{\text{GDP}_{全面} \times 土地面积_{全国}^{-1}}} \times 0.1$$

2012年长沙市GDP为6399.91亿元，土地面积为11815.96 km²。2012年全国GDP为518942.1亿元，土地面积为9634057 km²。据此计算湘江新区的贸易系数如表4-16所示。

表 4-16 湘江新区的贸易系数

| 项目 | 长沙市 | 全国 | *湘江新区 | 湘江新区/全国 |
|---|---|---|---|---|
| GDP/亿元 | 6399.91 | 518942.1 | 6399.91 | 0.01233 |
| 土地面积/km² | 11815.96 | 9634057 | 11815.96 | 0.00123 |
| GDP/土地面积 | 0.54163 | 0.05387 | 0.54163 | 10.05530 |
| 折算系数 | | | 0.1 | |
| 贸易系数 | | | 1.00553 | |

注：* 以长沙市的数据代替湘江新区的数据。

因为贸易系数对整个区域的生态压力都有缓解作用，因此，湘江新区的贸易系数计算结果如图4-31所示。湘江新区区域整体的贸易系数都是一样的，均为1.00553，即湘江新区拥有相对于全国平均的1.00553倍的贸易系数，对生态压力的缓解作用为1.00553倍。

### 3. 生态压力评价结果

在获得上述2个生态压力指标和2个辅助指标的评价结果后，根据生态压力(EP)的计算公式得到第$i$格网的生态压力$ep_i$：

$$ep_i = \frac{(ep_{1i} + ep_{2i})wp}{tc}$$

式中，$ep_{1i}$为第$i$个格网的建设用地面积比例，$ep_{2i}$为第$i$个格网的道路面积比例，$wp$为开发强度，$tc$为贸易系数。

得到湘江新区的生态压力评价结果如图4-32所示。湘江新区生态压力的空间差异显著，可以分成三类：第一类，生态压力分值为0.73~1.00，分布在中东部区域、东北部区域和西北部区域，也是湘江新区的建成区集中区域；第二类，生态压力分值为0~0.24，分布在第一类区域之外的区域；第三类，生态压力分值为0.24~0.73，零星分布在第二类区域中。

在获得湘江新区124114个100 m×100 m的格网的生态压力标准化评价分值后，对这124114个格网的生态压力标准分值按下列公式进行加和：

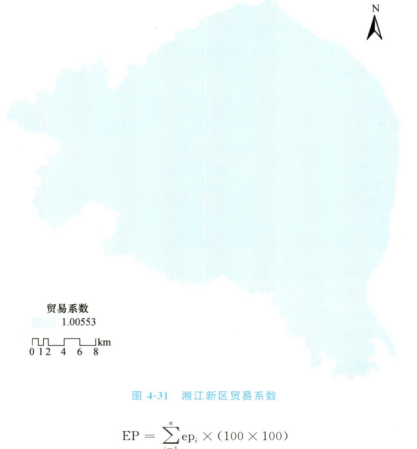

图 4-31 湘江新区贸易系数

$$EP = \sum_{i=1}^{n} ep_i \times (100 \times 100)$$

其中，EP 为湘江新区生态压力总值，$ep_i$ 为第 $i$ 个格网的生态压力标准分值，$n$ 为格网数，等于 124 114，100×100 为格网单元的面积。

计算得到湘江新区的生态压力总值约为 $2.139\,60 \times 10^8$。格网的生态压力平均标准分值为 0.172 39。

4. 生态承载状态判定

生态承载状态（ECS）由生态环境承载力（EC）和生态压力（EP）两部分组成。本研究采用比值法进行生态承载状态判定：

$$ECS = \frac{EC}{EP}$$

第四章　湖南湘江新区土地生态环境承载力评价 | 91

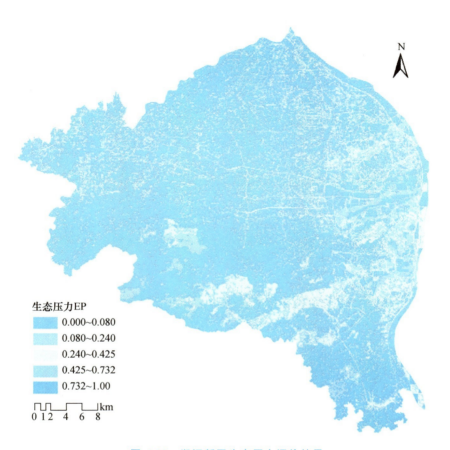

图 4-32　湘江新区生态压力评价结果

其中，ECS 为区域生态承载状态，EC 为生态环境承载力，EP 为生态压力。

对于格网来说，第 $i$ 个格网的生态承载状态

$$\mathrm{ecs}_i = \frac{\mathrm{ec}_i}{\mathrm{ep}_i}$$

其中，$\mathrm{ecs}_i$ 为第 $i$ 个格网的生态承载状态，$\mathrm{ec}_i$ 为第 $i$ 个格网的生态环境承载力，$\mathrm{ep}_i$ 为第 $i$ 个格网的生态压力。根据上式对湘江新区的生态承载状态值进行计算，其中：① 所有 $\mathrm{ec}_i > 0$ 且 $\mathrm{ep}_i = 0$ 的格网赋值为 10；② $\mathrm{ecs}_i > 10$ 的格网赋值为 10。得到湘江新区的生态承载状态值评价结果如图 4-33 所示。

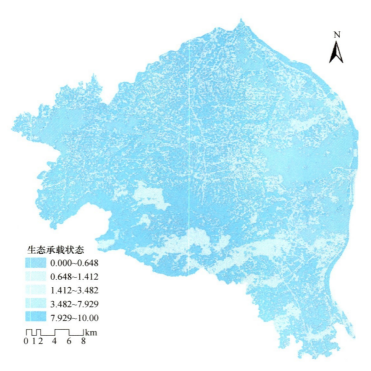

图 4-33　湘江新区生态承载状态评价结果

如图 4-33 所示,湘江新区生态承载状态值低的区域主要为中东部、西北部和东北部,即岳麓区、宁乡县和望城区的建成区,与土地生态环境承载力的低值区域和生态压力的高值区域基本一致。而远离建成区的土地生态环境承载力高值区域的生态承载状态值均较高。值得一提的是,西北部宁乡县东部区域属于土地生态环境承载力中值区域,但因为其生态压力值不高,故生态承载状态值也不算很低;而岳麓区建成区南部区域,虽然也属于土地生态环境承载力中值区域,但因为生态压力较高,因而生态承载状态值较低。

本研究通过分析现有的湖南省和长沙市的土地生态环境承载力研究成果来推算湘江新区的生态承载状态判定值,以划定合理的生态承载状态判定标准。李茂林等(2007)采用生态足迹法对湖南省的生态承载状态进行分析,发现湖南省 2004 年的生态足迹为 1.272 32 $hm^2$/人,土地生态环境承载力为 0.585 67 $hm^2$/人,生态赤字为 0.686 65 $hm^2$/人,赤字比例达 117.24%,而张颖等(2008)采用本地生态足迹法同样对湖南省 2004 年的土地生态环境承载力进行研究,结论为:生态足迹为 1.639 03 $hm^2$/人,土地生态环境承载力为 0.698 80 $hm^2$/

人,生态赤字为 1.024 08 hm²/人,赤字比例高达 146.55%。曾晓霞等(2014)对湘江城市段 6 个城市的土地生态环境承载力研究得出了类似的结论,2011 年湘江城市段 6 个城市的生态承载状态均为赤字,其中,长沙市为生态赤字最小的城市。而在采用生态足迹修正模型对长沙市同年(2011 年)的土地生态环境承载力研究中,曾晓霞等(2015)却得出长沙市 2011 年土地生态环境承载力为 2.70 hm²/人,生态足迹为 3.13 hm²/人,生态赤字为 0.43 hm²/人,赤字比例仅为 15.93%的结论。

以上关于湖南省和长沙市的土地生态环境承载力研究在结论上存在较大的差异,主要是由于传统的生态足迹法的分析框架局限于容易定量化处理的一些粮食、能源等物质消耗,对难以定量化的其他影响因素和土地生态产出功能则考虑不足,故常常会得出生态赤字比例较高的结论。纵观全国,并没有出现整体生态赤字的现象,而长沙市、湘江新区也没有看到明显的生态赤字现象的产生,可以认为湘江新区的生态承载状态是承载盈余的。综合在湘江新区的实地调研经验和当地生态专家意见,本研究将湘江新区 2012 年的生态承载状态假定为承载盈余 30%。设湘江新区 2012 年生态承载状态恰好为满载的判定值为 $X$,则有

$$\frac{3.369\,63\times10^8/2.139\,60\times10^8}{X}=1+30\%=1.3$$

求解上述公式,得 $X=1.211\,45$。假设 $X^*(1\pm10\%)$ 范围为生态承载状态满载范围,即 $X=[1.090\,31,1.332\,60]$ 则有:① 当 $ecs_i<1.090\,31$ 时,湘江新区的生态承载状态为生态盈余;② 当 $1.090\,31\leqslant ecs_i\leqslant 1.332\,60$ 时,湘江新区的生态承载状态为生态满载;③ 当 $ecs_i>1.332\,60$ 时,湘江新区的生态承载状态为生态赤字。

根据这一标准,将湘江新区划分为生态盈余区、生态满载区和生态赤字区三类区域。① 生态赤字区,生态承载状态值为 0~1.090 31,分布在中东部区域、西北部区域和东北部区域,是湘江新区的建成区集中区域;② 生态满载区,生态承载状态值为 1.090 31~1.322 60,面积很小,主要零星分布在西北部区域;③ 生态盈余区,生态承载状态值为 1.332 60~10,分布在生态赤字区以外的区域,以中部、西南部和东南部最为密集(图 4-34)。

如表 4-17 所示,湘江新区目前大部分区域都属于生态盈余区,面积达 8.893 36×10⁸ m²,占全区面积的比例为 72.63%;生态满载区和生态赤字区面积分别为 0.472 03×10⁸ m² 和 2.878 63×10⁸ m²,占比分别为 3.86% 和 23.51%,相对较少。

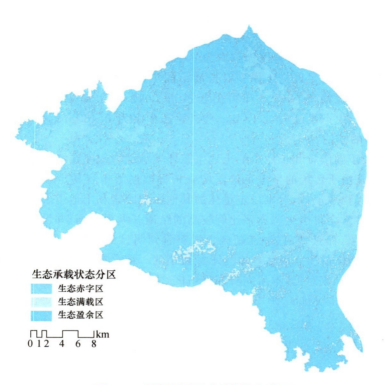

图 4-34　湘江新区生态承载状态分区

表 4-17　湘江新区生态承载状态分区统计

| 生态承载状态分区 | 面积/m² | 面积占比/(%) | 划分标准 | 格网数 |
| --- | --- | --- | --- | --- |
| 生态赤字区 | 2.878 63×10⁸ | 23.51 | 0～1.090 31 | 28 889 |
| 生态满载区 | 0.472 03×10⁸ | 3.86 | 1.090 3～1.332 60 | 4742 |
| 生态盈余区 | 8.893 36×10⁸ | 72.63 | 1.332 60～10 | 90 483 |
| 合计 | 12.244 02×10⁸ | 100 | 0～10 | 124 114 |

**5. 土地生态环境承载力潜力分析**

本研究中推算的湘江新区 2012 年的生态承载状态为生态盈余,盈余比例为 30%,即存在 30% 的土地生态环境承载力潜力。这 30% 的土地生态环境承载力潜力是兼顾生态保护和经济发展双重目标的"两型社会"建设中人类经济社会活动的最大增长空间。

人类经济社会活动对土地生态环境承载力潜力的占用有两种形式:① 空间

占用,通过建设用地扩张来增大人类经济社会活动的空间范围,导致建设用地扩张区域的土地生态环境承载力下降,生态压力上升,生态承载状态变差;② 强度提高,通过扩大已有建设用地空间范围的开发强度以增加人类经济社会活动负荷,仅仅导致生态压力上升,但是生态状态也会变差。

针对"空间占用"和"强度提高"这两种土地生态环境承载力潜力占用形式,本研究采用两种方案对目前 30% 的土地生态环境承载力潜力的挖潜(消耗)进行分析:① 仅为空间占用,分析土地生态环境承载力潜力空间分别为 30%、20%、10% 和 0 时湘江新区的生态承载状态;② 仅为强度提高,分析土地生态环境承载力潜力空间分别为 30%、20%、10% 和 0% 时湘江新区的生态承载状态。

## 5.1 土地生态环境承载力潜力的空间占用分析

由于空间占用即建设用地扩张,是以侵占其他土地利用类型为代价的,建设用地面积增加的会导致水域、林地、草地和耕地等面积的变化,进而影响生物量、生物多样性、最大斑块面积、斑块平均面积和生态服务价值等,致使"结构-过程-功能"土地生态环境承载力评估模型中的大多数指标的格网分值都产生变化,很难确定一个一定土地生态环境承载力潜力水平的空间格局情况。因此,采用近似处理的简便方法进行处理,以表 4-13 中的不同土地利用类型的承载力标准值,采用线性规划法(汤洁等,2009)对一定土地生态环境承载力潜力水平的空间格局进行模拟。

因为建设用地的扩张是以其他土地利用类型用地的减少为代价的,因此一定土地生态环境承载力潜力水平条件下的线性规划有以下约束条件:

$$\begin{cases} S_1 + S_2 + S_3 + S_4 + S_5 = 100\% \\ \left(\sum_{i=1}^{m}\sum_{j=1}^{5} S_{ij} w_{ij}\right) + \left(\sum_{i=m+1}^{n} \text{ec}_i\right) = \text{EC} \\ \sum_{i=1}^{n} \frac{(S_{5i} + \text{ep}_{2i})wp}{tc} = \text{EP} \\ \frac{\text{EC}}{\text{EP}} = 1.3X \text{ 或 } \frac{\text{EC}}{\text{EP}} = 1.2X \text{ 或 } \frac{\text{EC}}{\text{EP}} = 1.1X \text{ 或 } \frac{\text{EC}}{\text{EP}} = 1.0X \\ S_1 \geqslant 0 \\ S_2 \geqslant 0 \\ S_3 \geqslant 0 \\ S_4 \geqslant 0 \\ S_5 \geqslant 0 \end{cases}$$

式中,$S_1$、$S_2$、$S_3$、$S_4$ 和 $S_5$ 分别为林地面积比例、草地面积比例、耕地面积比例、建设用地面积比例;EC 为生态环境承载力,EP 为生态压力,$X$ 为生态承载状态判定值；$S_{ij}$ 为第 $i$ 个格网中第 $j$ 种土地利用类型用地的面积比例，$w_{ij}$ 为第 $i$ 个格网中第 $j$ 种土地利用类型用地对应的生态环境承载力标准值，$ec_i$ 为第 $i$ 个格网的生态环境承载力，$ep_{2i}$ 为道路面积比例，$wp$ 为开发强度，$tc$ 为贸易系数，$n$ 为湘江新区格网总数，$m$ 为建设用地扩张占用的格网数。

目标函数为

$$F(S_5) = \sum_{i=1}^{n}(S_{5i} - S'_{5i}) = \max$$

式中，$F(S_5)$ 为扩张的建设用地面积比例总指标值，$S_{5i}$ 为第 $i$ 个格网扩张后的建设用地面积比例指标值，$S'_{5i}$ 为第 $i$ 个格网扩张前的建设用地面积比例指标值，$n$ 为格网总数。

分别按照土地生态环境承载力潜力水平为 30％、20％、10％和 0 的约束条件，求解建设用地扩张的最大面积，即空间最大占用潜力，得到建设用地面积比例分布图（图 4-35）。

如图 4-35 所示，随着土地生态环境承载力潜力水平的降低，建设用地面积有了明显的扩张，主要扩张范围集中在西部宁乡县建成区东部区域。这是因为为了获得一定土地生态环境承载力潜力水平约束下的最大空间占用，建设用地扩张优先侵占土地生态环境承载力低的地区，而宁乡县建成区东部区域的土地生态环境承载力较低，故最先被占用。其他区域的建设用地扩张相对没有那么明显，主要体现在面积比例的提高而非新的空间占用上。在土地生态环境承载力 30％、20％、10％和 0 的潜力水平下，建设用地实际面积分别扩张了 0、0.111 28×10⁸、0.247 38×10⁸ 和 0.401 47×10⁸，增加比例分别 0、7.67％、17.05％和 27.67％。

分别按照土地生态环境承载力潜力水平为 30％、20％、10％和 0 的约束条件，求解建设用地扩张的最大面积，即空间最大占用潜力，得到土地生态环境承载力格局图（图 4-36）。

如图 4-36 所示，建设用地的扩张减少了林地、草地和水域等生态用地的面积，使土地生态环境承载力也出现了一定程度的下降。不过建设用地面积扩张主要是通过增加生态压力来影响生态承载状态，从而导致土地生态环境承载力潜力水平下降的。因此，对土地生态环境承载力的削弱作用并不是非常明显，在图 4-36 中土地生态环境承载力分布没有非常明显的变化。在土地生态环境承载力 30％、20％、10％和 0 的潜力水平下，土地生态环境承载力分别为 3.369 63×10⁸、3.332 97×10⁸、3.291 04×10⁸ 和 3.253 49×10⁸，分别下降了 0、1.09％、2.33％和 3.45％。

分别按照土地生态环境承载力潜力水平为 30％、20％、10％和 0 的约束条

# 第四章 湖南湘江新区土地生态环境承载力评价

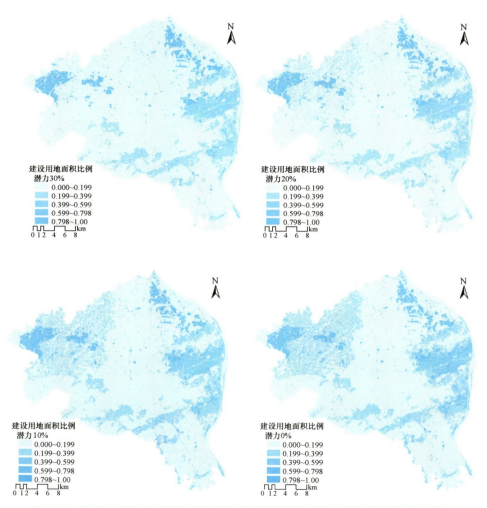

图 4-35 不同土地生态环境承载力潜力水平下空间占用的建设用地面积比例分布

件,求解建设用地扩张的最大面积,即空间最大占用潜力,得到生态压力变化图(图 4-37)。

如图 4-37 所示,随着土地生态环境承载力潜力水平的降低和建设用地的扩张,生态压力有了明显的提高,主要集中在西部宁乡县建成区东部区域。建设用地的扩张增大了人类经济社会活动的空间范围,致使其空间范围内的人类经济社会活动负荷增加,生态压力加大,从而导致生态承载状态变差。在土地生态环境承载力潜力水平为 30%、20%、10% 和 0 的约束条件下,生态压力分别为

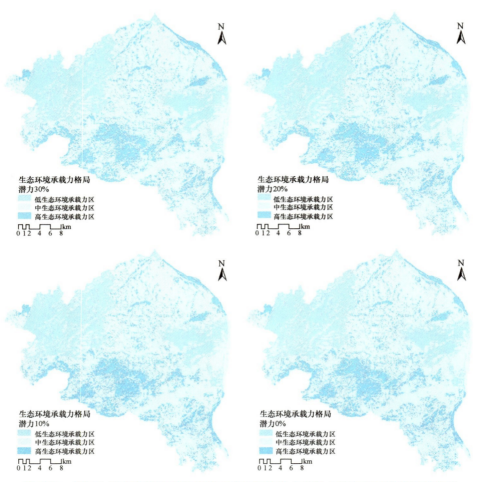

图 4-36 不同土地生态环境承载力潜力水平下空间占用的土地生态环境承载力格局

2.139 60×10$^8$、2.292 70×10$^8$、2.469 66×10$^8$ 和 2.685 67×10$^8$，分别增加了 0、7.16％、15.43％和 25.52％。

分别按照土地生态环境承载力潜力水平为 30％、20％、10％和 0 的约束条件，求解建设用地扩张的最大面积，即空间最大占用潜力，得到生态承载状态变化图（图 4-38）。

如图 4-38 所示，随着土地生态环境承载力的下降和生态压力的增加，生态承载状态的空间分布也发生了显著变化。湘江新区北部和中东部的生态赤字区面积变大，其中，以宁乡县建成区东部区域的生态赤字面积增加最为严重。生态

第四章　湖南湘江新区土地生态环境承载力评价 | 99

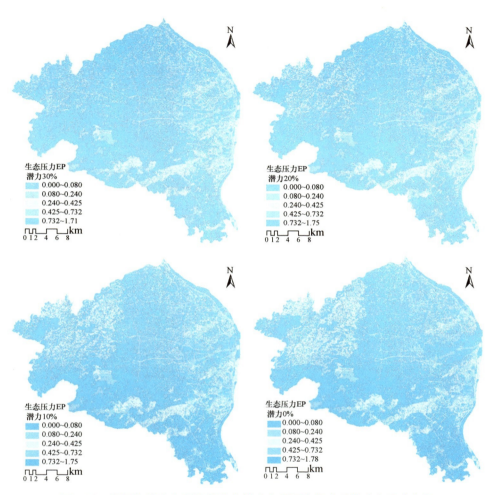

图 4-37　不同土地生态环境承载力潜力水平下空间占用的生态压力变化

满载区的面积变化很小，主要为生态赤字区对生态盈余区的侵占。在土地生态环境承载力潜力水平为 30%、20%、10% 和 0 的约束条件下，生态承载状态分别为 1.574 89、1.453 73、1.332 59 和 1.211 45，分别下降了 0、7.69%、15.39% 和 23.08%。

将空间占用中不同土地生态环境承载力潜力水平下的建设用地面积、土地生态环境承载力、生态压力和生态承载状态的变化情况统计如下（表 4-18）。

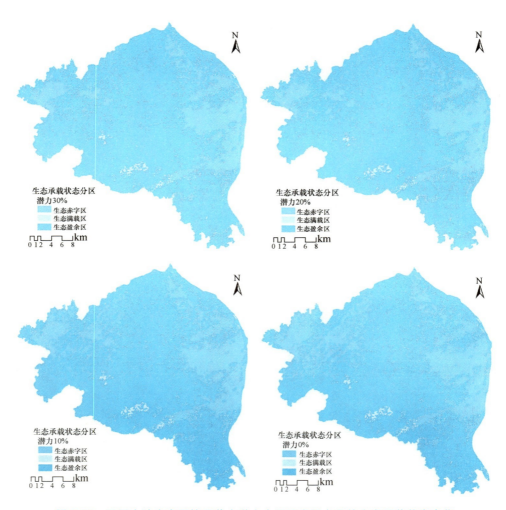

图 4-38 不同土地生态环境承载力潜力水平下空间占用的生态承载状态变化

表 4-18 土地生态环境承载力潜力水平为 30%、20%、10% 和 0 的约束条件下空间占用情况

| 土地生态环境承载力潜力水平 | | 30% | 20% | 10% | 0 |
|---|---|---|---|---|---|
| 空间占用（建设用地扩张） | 实际面积/m² | $1.45094\times10^8$ | $1.56223\times10^8$ | $1.69832\times10^8$ | $1.85241\times10^8$ |
| | 面积变化/m² | 0 | $0.11128\times10^8$ | $0.24738\times10^8$ | $0.40147\times10^8$ |
| | 变化比例/(%) | 0 | 7.67 | 17.05 | 27.67 |
| | 强度面积/m² | $2.10486\times10^8$ | $2.24255\times10^8$ | $2.41812\times10^8$ | $2.62924\times10^8$ |
| | 面积变化/m² | 0 | $0.13769\times10^8$ | $0.31326\times10^8$ | $0.52438\times10^8$ |
| | 变化比例/(%) | 0 | 6.54 | 14.88 | 24.91 |

（续表）

| 土地生态环境承载力潜力水平 | | 30% | 20% | 10% | 0 |
|---|---|---|---|---|---|
| 生态环境承载力 | 总值 | $3.36963\times10^8$ | $3.33297\times10^8$ | $3.29104\times10^8$ | $3.25349\times10^8$ |
| | 变化比例/(%) | 0 | −1.09 | −2.33 | −3.45 |
| 生态压力 | 总值 | $2.13960\times10^8$ | $2.29270\times10^8$ | $2.46966\times10^8$ | $2.68567\times10^8$ |
| | 变化比例/(%) | 0 | 7.16 | 15.43 | 25.52 |
| 生态承载状态 | 总值 | 1.57489 | 1.45373 | 1.33259 | 1.21145 |
| | 变化比例/(%) | 0 | −7.69 | −15.39 | −23.08 |

如表4-18所示，随着土地生态环境承载力潜力水平的下降，建设用地面积比例、土地生态环境承载力、生态压力和生态承载状态均发生了不同程度的变化。当土地生态环境承载力潜力水平从30%下降至0时，建设用地面积比例的变化最大，增幅高达27.67%；而建设用地扩张直接导致了生态压力的大幅增加，增加了25.52%；土地生态环境承载力因为仅受到部分间接影响，因而变化较小，仅下降了3.45%；受生态压力增加和土地生态环境承载力下降的影响，生态承载状态也降低了23.08%。

如果将建设用地面积扩张按强度大小进行折算，即建设用地实际面积乘以开发强度，则土地生态环境承载力潜力水平为30%、20%、10%和0的约束条件下，建设用地强度面积分别为$2.10486\times10^8\ m^2$、$2.24255\times10^8\ m^2$、$2.41812\times10^8\ m^2$和$2.62924\times10^8\ m^2$，增加比例分别为0、6.54%、14.88%和24.91%，小于建设用地实际面积扩张的比例。

综合上述分析可以知道，空间占用即建设用地扩张通过增大人类经济社会活动的空间范围，直接加大了区域的生态压力，也通过间接影响小幅度降低了土地生态环境承载力，从而导致生态承载状态变差，降低了土地生态环境承载力的潜力水平。

5.2 土地生态环境承载力潜力的强度提高分析

强度提高是在原有的人类经济社会活动空间范围上提高开发强度而增加人类经济社会活动负荷的一种方式，它不会导致土地利用类型的改变，因而也不会影响"结构-过程-功能"土地生态环境承载力评价模型中的绝大部分指标。强度提高意味着更高的活动强度、更多的人口、更多的消耗，使得生态压力有所增加，而人类经济社会活动负荷的提高也会给水资源、生态环境带来更大的压力，即土地生态环境承载力评价中的辅助指标的分值会发生改变。一方面是水质变差、大气污染等生态环境效应的出现，导致土地生态环境承载力下降；另一方面是强度提高也会带来经济技术效率的提升，使得土地生态环境承载力有所上升。综合上述正、负向的影响，本书采用近似处理的简便方法，假定强度的提高不对土地生态环境承载力产生影响，采用线性规划法对一定土地生态环境承载力潜力水平的空间格局进行模拟。

因为强度提高仅仅影响生态压力的大小，所以一定土地生态环境承载力潜力水平条件下的线性规划有以下约束条件：

$$\begin{cases} \sum_{i=1}^{n} \mathrm{ec}_i = \mathrm{EC} \\ \sum_{i=1}^{n} \frac{(S_{5i} + \mathrm{ep}_{2i})wp_i}{tc} = \mathrm{EP} \\ \frac{\mathrm{EC}}{\mathrm{EP}} = 1.3X \text{ 或 } \frac{\mathrm{EC}}{\mathrm{EP}} = 1.2X \text{ 或 } \frac{\mathrm{EC}}{\mathrm{EP}} = 1.1X \text{ 或 } \frac{\mathrm{EC}}{\mathrm{EP}} = 1.0X \end{cases}$$

式中，EC 为生态环境承载力，EP 为生态压力，$X$ 为生态承载状态判定值；$\mathrm{ec}_i$ 为第 $i$ 个格网的生态环境承载力，$S_{5i}$ 为第 $i$ 个格网中的建设用地面积比例，$\mathrm{ep}_{2i}$ 为道路面积比例，$wp_i$ 为第 $i$ 个格网的开发强度，$tc$ 为贸易系数，$n$ 为湘江新区格网总数。

目标函数为

$$F(wp_i) = \sum_{i=1}^{n} (wp_i - wp_i')S_{5i} = \max$$

式中，$F(wp_i)$ 为总的建设用地开发强度，$wp_i$ 为第 $i$ 个格网提高后的开发强度，$wp_i'$ 为第 $i$ 个格网提高前的开发强度，$S_{5i}$ 为第 $i$ 个格网的建设用地面积比例，$n$ 为格网总数。

分别按照土地生态环境承载力潜力水平为 30%、20%、10% 和 0 的约束条件，求解开发强度提高的最大占用潜力，得到开发强度变化图（图 4-39）。

如图 4-39 所示，开发强度有了明显的提高。当土地生态环境承载力潜力水平从 30% 逐渐下降到 0 时，开发强度从东部和西部的"密集中心"分别向西和向东扩张，最终实现了"连接"。在土地生态环境承载力潜力水平为 30%、20%、10% 和 0 的约束条件下，开发强度分别提高了 0、8.33%、18.18% 和 30.00%。

由于开发强度既对土地生态环境承载力产生有限的负向间接影响，同时又存在正向间接影响，故本研究假定开发强度提升不影响土地生态环境承载力大小，在此不进行土地生态环境承载力变化分析。

分别按照土地生态环境承载力潜力水平为 30%、20%、10% 和 0 的约束条件，求解开发强度提高的最大占用潜力，得到生态压力变化图（图 4-40）。

如图 4-40 所示，随着开发强度的提高，在原有的活动空间范围内，人类经济社会活动的强度提升，即人类经济社会活动负荷增大，生态压力也在原有空间范围内有了不同程度的增加。生态压力的增加主要集中在东部岳麓区建成区及其

# 第四章 湖南湘江新区土地生态环境承载力评价

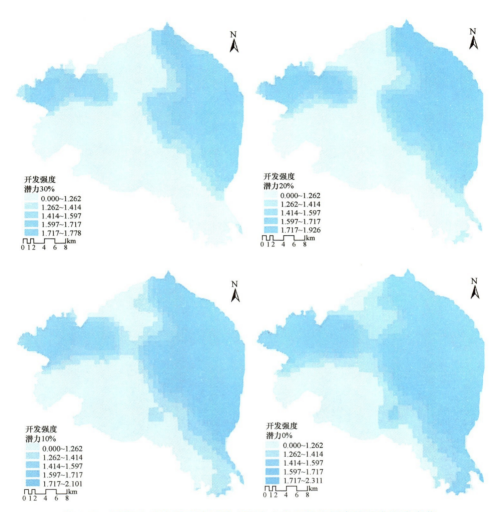

图 4-39 不同土地生态环境承载力潜力水平下强度提高的开发强度变化

附近,有相当比例的格网的生态压力从 0.425～0.732 档增大到了 0.732～1.75 档,生态压力加大。在土地生态环境承载力潜力水平为 30%、20%、10% 和 0 的约束条件下,生态压力分别为 $2.13960 \times 10^8$、$2.31790 \times 10^8$、$2.52862 \times 10^8$ 和 $2.78148 \times 10^8$,分别增加了 0、8.33%、18.18% 和 30.00%。

分别按照土地生态环境承载力潜力水平为 30%、20%、10% 和 0% 的约束条件,求解开发强度提高的最大占用潜力,得到生态承载状态变化图(图 4-41)。

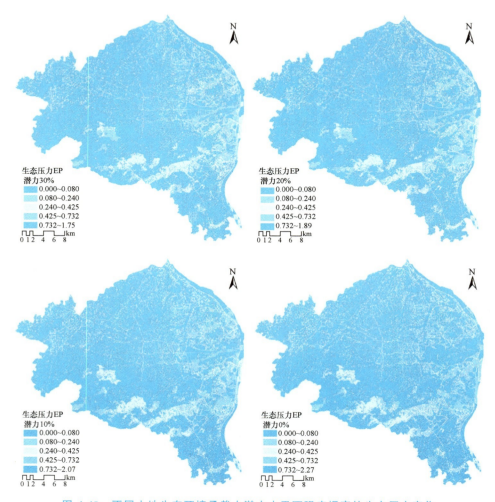

图 4-40　不同土地生态环境承载力潜力水平下强度提高的生态压力变化

如图 4-41 所示,随着生态压力的加大,生态承载状态的空间分布也发生了变化。在保持原有空间范围的基础上,生态赤字区的面积有所扩大,主要为西部宁乡县建成区和东部岳麓区建成区两个"核心点"之间零星生态赤字区的增加。除了生态赤字区对生态盈余区的侵占,生态满载区的面积也有所下降。在土地生态环境承载力潜力水平为 30％、20％、10％ 和 0 的约束条件下,生态承载状态分别为 1.57489、1.45373、1.33259 和 1.21145,分别下降了 0、7.69％、15.39％和 23.08％。

第四章　湖南湘江新区土地生态环境承载力评价

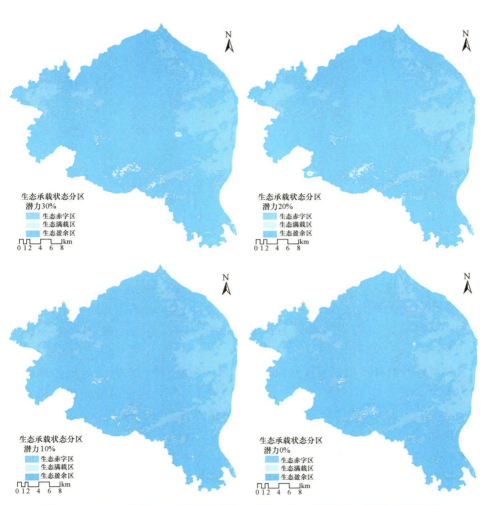

图 4-41　不同土地生态环境承载力潜力水平下强度提高的生态承载状态变化

将强度提高中不同土地生态环境承载力潜力水平下的开发强度、土地生态环境承载力、生态压力和生态承载状态的变化情况统计如下（表 4-19）。

表 4-19　土地生态环境承载力 30%、20%、10% 和 0% 潜力水平下强度提高情况

| 土地生态环境承载力潜力水平 | | 30% | 20% | 10% | 0 |
|---|---|---|---|---|---|
| 开发强度（建设用地扩张） | 实际面积/m² | $1.45094 \times 10^8$ | | | |
| | 面积变化/m² | 0 | | | |
| | 变化比例/(%) | 0 | | | |
| | 强度面积/m² | $2.10486 \times 10^8$ | $2.28027 \times 10^8$ | $2.48757 \times 10^8$ | $2.73632 \times 10^8$ |
| | 面积变化/m² | 0 | $0.17541 \times 10^8$ | $0.38270 \times 10^8$ | $0.63146 \times 10^8$ |
| | 变化比例/(%) | 0 | 8.33 | 18.18 | 30.00 |
| 生态承载力 | 总值 | $3.36963 \times 10^8$ | | | |
| | 变化比例/(%) | 0 | | | |
| 生态压力 | 总值 | $2.13960 \times 10^8$ | $2.31790 \times 10^8$ | $2.52862 \times 10^8$ | $2.78148 \times 10^8$ |
| | 变化比例/(%) | 0 | 8.33 | 18.18 | 30.00 |
| 生态承载状态 | 总值 | 1.57489 | 1.45373 | 1.33259 | 1.21145 |
| | 变化比例/(%) | 0 | −7.69 | −15.39 | −23.08 |

如表 4-19 所示，随着土地生态环境承载力潜力水平的下降，开发强度、生态压力和生态承载状态均发生了不同程度的变化。当土地生态环境承载力潜力水平从 30% 下降至 0 时，开发强度提高了 30.00%；而开发强度的提高直接导致了生态压力的大幅增加，增加了 30.00%；土地生态环境承载力同时受到正、负向的间接影响，忽略不计；受生态压力加大的影响，生态承载状态也降低了 23.08%。

如果将开发强度的提高按建设用地强度面积进行折算，则土地生态环境承载力潜力水平为 30%、20%、10% 和 0 的约束条件下，建设用地强度面积分别为 $2.10486 \times 10^8$ m²、$2.28027 \times 10^8$ m²、$2.48757 \times 10^8$ m² 和 $2.73632 \times 10^8$ m²，分别增加了 0 m²、$0.17541 \times 10^8$ m²、$0.38270 \times 10^8$ m² 和 $0.63146 \times 10^8$ m²，增加比例分别为 0、8.33%、18.18% 和 30.00%，大于空间占用形式中建设用地强度面积增加的比例。将两者相除，得到强度提高形式的建设用地强度面积增加效率为空间占用形式的 1.20434 倍。

综合上述分析可以知道，强度提高通过提升人类经济社会活动的强度，直接加大了区域的生态压力，在土地生态环境承载力不变的情况下，导致生态承载状态变差，降低了土地生态环境承载力的潜力水平。

## 第五节　主要研究结论

本研究基于区域生态学视角，从生态结构、生态过程和生态功能三个方面来

# 第四章 湖南湘江新区土地生态环境承载力评价

构建区域土地生态环境承载力的评价模型——"结构-过程-功能"土地生态环境承载力评价模型,并将人类经济社会活动对生态系统的反馈作用——响应系数纳入评价模型。以湖南湘江新区为实证研究区域,利用"结构-过程-功能"土地生态环境承载力评价模型对湘江新区的建设用地面积比例、土地生态环境承载力、生态压力、生态承载状态进行分析。主要结论如下:

(1) 湖南湘江新区的土地生态环境承载力总值为 $3.36963\times10^8$,100 m×100 m 格网的土地生态环境承载力平均标准值为 0.271 49。在构成结构上,土地生态环境承载力主要由生态结构和生态功能构成,并受到响应系数的影响。其中,生态结构总值为 $1.20974\times10^8$,生态过程总值为 $0.16436\times10^8$,生态功能总值为 $0.44415\times10^8$,响应系数总值为 $1.55138\times10^8$。在指标结构上,湘江新区的土地生态环境承载力主要由土壤质量等级、坡度、林地覆盖率、最大斑块面积、耕地面积比例、生态服务价值和经济技术效率构成,占比分别为 16.86%、8.94%、6.72%、3.31%、7.04%、6.12% 和 45.12%。湖南湘江新区高土地生态环境承载力区、中土地生态环境承载力区和低土地生态环境承载力区的面积分别为 $2.14239\times10^8$ m²、$7.45241\times10^8$ m²、和 $2.64922\times10^8$ m²,分别占全区面积的 17.49%、60.87% 和 21.64%。

(2) 不同土地利用类型的土地生态环境承载力标准值差别很大。水域、林地、耕地、草地和建设用地的土地生态环境承载力标准值分别为 0.460、0.407、0.367、0.323 和 0.145。

(3) 湖南湘江新区的生态压力总值约为 $2.13960\times10^8$,100 m×100 m 格网的生态压力平均标准分值为 0.172 39。

(4) 根据估算结果,2012 年湖南湘江新区的生态承载状态为生态盈余,生态承载状态的判定值为 $\frac{EC}{EP}=1.21145$。湖南湘江新区生态盈余区、生态满载区和生态赤字区的面积分别为 $8.89336\times10^8$ m²、$0.47203\times10^8$ m² 和 $2.87863\times10^8$ m²,分别占全区面积的 72.63%、3.86% 和 23.51%。

(5) 湖南湘江新区土地生态环境承载力目前还存在 30% 的潜力空间:① 采用空间占用的形式进行利用,可以增加建设用地实际面积 $0.40147\times10^8$ m² 或强度面积 $0.52438\times10^8$ m²,分别增加 27.67% 和 24.91%;② 采用强度提高的方式进行利用,可以增加建设用地强度面积 $0.63146\times10^8$ m²,增加百分比为 30.00%。在土地生态环境承载力潜力利用上,强度提高形式的建设用地强度面积增加效率为空间占用形式的 1.204 34 倍。

# 参 考 文 献

Abernethy V D, 2001. Carrying capacity: The tradition and policy implications of limits [J]. Ethics in Science and Environmental Politics, 2001: 9-18.

Aldrich P R, Hamrick J L, 1998. Reproductive dominance of pasture trees in a fragmented tropical forest mosaic [J]. Science, 281: 103-105.

Brovkin V, Sitch S, Bloh W V, et al., 2004, Role of land cover changes for atmospheric $CO_2$ increase and climate change during the last 150 years [J]. Global Change Biology, 10(8): 1253-1266.

Brush S, 1975. The concept of carrying capacity for systems of shifting cultivation [J]. American Anthropologist, 77(4): 799-811.

Camerio R, Antbony F C, Wallace E D, 1960. Slash and Burn Agriculture: A Closer Look at its Implications for Settlement Patterns [M]. Philadelphia: University of Pennsylvania Press.

Christian C Young, 1998. Defining the range: the development of carrying capacity in management practice [J]. Journal of the History of Biology, 31(1): 61-83.

Cohen J, 1995. How many people can the earth support? [M]. New York: W. W. Norton & Co.

Cohen J, 1997, Population, economics, environment and culture: an introduction to human carrying capacity [J]. Journal of Applied Ecology, 34(6): 1325-1333.

Costanza R, Arge R, Groot R, et al., 1997. The value of the world's ecosystem services and natural capital [J]. Nature, 387: 253-260.

Daily G C, Ehrlich P R, 1992. Population, sustainability, and earth's carrying capacity: A framework for estimating population sizes and lifestyles that could be sustained without undermining future generations [J]. Biosciencs, 42: 761-771.

Daily G C, 1997. Nature's Services: Societal Dependence on Natural Ecosystems [M]. Washington D C: Island Press.

David Tilman, 1999. The ecological consequences of changes in biodiversity: A search for general principles [J]. Ecology, 80(5): 1455-1474.

Ehrlich P R, 1971. The Population Bomb [M]. New York: Ballantine Books.

Harding G, 1986. Cultrural carrying capacity: A biological approach to human problems [J]. Bioscience, 36(9): 599-606.

Irmi Seidl, Clem A Tisdell, 1999. Carrying capacity reconsidered: from Malthus's population theory to cultural carrying capacity [J]. Ecological Economics, 31: 395-408.

Lobo G, 2001. Ecosystem functions classification. Ecological Economics and Environmental Management Centre (ECOMAN) [D].

Malthus T R, 1798. An Essay on the Principle of Population [M]. London: Pickering.

Marc L Imhoff, William T Lawrence, Christopher D Elvidge, et al., 1997. Using nighttime DMSP/OLS images of city lights to estimate the impact of urban land use on soil resources in the United States [J]. Remote Sensing of Environment, 59(1): 105-117.

Mathis Wackernagel, Larry Onisto, Patricia Bello, et al., 1999. National natural capital accounting with the ecological footprint concept [J]. Ecological Economics, 29: 375-390.

Mathis Wackernagel, Rees W, 1995. Our Ecological Footprint: Reducing Human Impact on the Earth [M]. Philadelphia, PA: New Society Publishers.

Mcleod S R, 1997. Is the concept of carrying capacity useful in varaiable environments? [J]. Oikos, 79: 529-542.

Moberg F, Folke C, 1999. Ecological goods and services of coral reef ecosystems [J]. Ecological Economics, 29(2): 215-233.

Odum E P, 1953. Fundamentals of Ecology [M]. Philadelphia: W B Saunders.

Ojima D S, Moran E F, McConnell W, et al., 2005. Global land project: science plan and implementation strategy [R]. Paris: ICSU.

Penelope Lamarque, Ulrike Tappeiner, Catherine Turner, et al., 2011. Stakeholder perceptions of grassland ecosystem services in relation to knowledge on soil fertility and biodiversity[J]. Regional Environment Change,11:791-804.

Petra Lindemann-Matthies,Dominique Keller,Xuefei Li,et al.,2014. Attitudes toward forest diversity and forest ecosystem services-a cross-cultural comparison between China and Switzerland[J]. Journal of Plant Ecology,7(1):1-9.

Raymond Pearl,Lowell J Reed,1920. On the rate of growth of population of the United States since 1790 and its mathematical representation[J]. Proceeding of the National Academy of Sciences,6(6):275-288.

Rudolf S de Groot,Matthew A Wilson,Roelof M J Boumans,2002. A typology for the classification,description and valuation of ecosystem functions,goods and services[J]. Ecological Economics,41:393-408.

Sehimel D,Enting I G,Heimann M,et al.,1995. $CO_2$ and the Carbon Cycle[M]. Cambridge:Cambridge University Press.

Stuart L Pimm,1984. The complexity and stability of ecosystems[J]. Nature,307:321-326.

Tansley A G,1935. The use and abuse of vegetational concepts and terms[J]. Ecology,16(3):284-307.

Turner M G,Gardner R H,Dale V H,et al.,1987. Predicting the spread of disturbance in heterogeneous landscape[J]. Oikos,55:121-129.

白钰,曾辉,李贵才,等,2009. 基于宏观贸易调整方法的国家生态足迹模型[J]. 生态学报,29(9):4827-4835.

毕东苏,郑广宏,顾国维,等,2005. 城市生态系统承载理论探索与实证:以长江三角洲为例[J]. 长江流域资源与环境,14(4):465-469.

陈成忠,林振山,陈玲玲,2006. 生态足迹与土地生态环境承载力非线性动力学分析[J]. 生态学报,26(11):3812-3816.

陈春阳,陶泽兴,王焕炯,等,2012. 三江源地区草地生态系统服务价值评估[J]. 地理科学进展,31(7):978-984.

迟妍妍,张惠远,饶胜,等,2013. 珠江三角洲土地利用变化对特征大气污染物扩散的影响[J]. 生态环境学报,22(10):1682-1687.

崔耀平,刘纪远,张学珍,等,2015. 京津唐城市群土地利用变化的区域增温效应模拟[J]. 生态学报,35(4):993-1003.

封志明,1993. 土地承载力研究的源起与发展[J]. 自然资源,(6):74-79.

傅伯杰,张立伟,2014. 土地利用变化与生态系统服务:概念、方法与进展[J]. 地理科学进展,33(4):441-446.

高长波,张世喜,莫创荣,等,2005. 广东省生态可持续发展定量研究:生态足迹时间维动态分析[J]. 生态环境,14(1):57-62.

高吉喜,2001. 可持续发展理论探索:土地生态环境承载力理论、方法与应用[M]. 北京:中国环境科学出版社.

高吉喜,2013. 区域生态学基本理论探索[J]. 中国环境科学,33(7):1252-1262.

高洁宇,2013. 基于生态敏感性的城市土地承载力评估[J]. 城市规划,37(3):39-42.

高鹭,张宏业,2007. 土地生态环境承载力的国内外研究进展[J]. 中国人口·资源与环境,17(2):19-26.

高阳,冯喆,王羊,等,2011. 基于能值改进生态足迹模型的全国省区生态经济系统分析[J]. 北京大学学报(自然科学版),47(6):1089-1096.

苟延农,张晓青,李新运,等,2012. 基于经济文化强省建设目标的山东综合人口承载力预测[J]. 中国人口·资源与环境,22(9):129-134.

郭慧敏,张彦军,刘庆芳,等,2014. 黄土高原半干旱区土壤呼吸对土地利用变化的响应[J]. 自然资源学报,29(10):1686-1695.

郭荣中,杨敏华,2014. 长株潭地区生态系统服务价值分析及趋势预测[J]. 农业工程学报,30(5):238-246.

何丹,金凤君,周璟,2011. 基于 Logistic-CA-Markov 的土地利用景观格局变化:以京津冀都市圈为例[J]. 地理科学,31(8):903-910.

何海军,温家声,张锦炜,等,2015. 海南红树林湿地生态系统服务价值评估[J]. 生态经济,31(4):145-149.

何绍颐,1983. 人与生物圈计划(MAB)简介[J]. 生态科学,(02):126-127.

胡道生,宗跃光,许文雯,2011. 城市新区景观生态安全格局构建——基于生态网络分析的研究[J]. 城市发展研究,18(6):37-43.

胡世辉,章力建,2010. 西藏工布自然保护区生态系统服务价值评估与管理[J]. 地理科学进展,29(2):217-224.

黄鹭新,杜澍,2009. 城市复合生态系统理论模型与中国城市发展[J]. 国际城市规划,24(1):30-36.

贾亚男,袁道先,2003.土地利用变化对水城盆地岩溶水水质的影响[J].地理学报,58(6):831-838.

金悦,陆兆华,檀菲菲,等,2015.典型资源型城市土地生态环境承载力评价:以唐山市为例[J].生态学报,35(14):1-11.

景跃军,陈英姿,2006.关于资源承载力的研究综述及思考[J].中国人口·资源与环境,16(5):11-14.

黎晓亚,马克明,傅伯杰,等,2004.区域生态安全格局:设计原则与方法[J].生态学报,24(5):1055-1062.

李爱梅,唐蓉,杨海真,2013.城镇土地生态环境承载力评价方法构建与应用[J].环境污染与防治,35(3):89-94.

李超,杜哲,陈亚恒,等,2015.环京津地区土地生态服务价值时空分异特征[J].土壤通报,46(1):42-47.

李飞,宋玉祥,刘文新,等,2010.生态足迹与土地生态环境承载力动态变化研究:以辽宁省为例[J].生态环境学报,19(3):718-723.

李广泳,姜翠红,李敏,等,2013.北京山区沟域土地生态环境承载力评价:以房山区蒲洼沟域为例[J].广东农业科学,(5):212-215.

李婧华,陈海山,华文剑,2013.大尺度土地利用变化对东亚地表能量、水分循环及气候影响的敏感性试验[J].大气科学学报,36(2):184-191.

李茂林,刘春莲,李琼,2007.基于生态足迹分析的可持续发展能力定量评价:以湖南省为例[J].安徽农业科学,35(22):6703-6706.

李雪梅,邓小文,2011.滨海新区湿地生态系统服务价值变化研究[J].城市发展研究,18(3):48-52.

李仲来,刘来福,张耀星,1997.内蒙古察哈尔丘陵啮齿动物种群数量的波动和演替[J].兽类学报,17(2):118-124.

刘东,封志明,杨艳昭,2012.基于生态足迹的中国土地生态环境承载力供需平衡分析[J].自然资源学报,27(4):614-624.

刘志佳,黄河清,2014.土地资源对珠三角地区人口增长的约束分析[J].生态环境学报,23(12):2003-2009.

刘智慧,周忠发,郭宾,2015.贵州省重点生态功能区生态敏感性评价[J].生态科学,33(6):1135-1141.

鲁春霞,谢高地,肖玉,等,2004.青藏高原生态系统服务功能的价值评估

[J]. 生态学报,24(12):2749-2756.

栾勇,陈绍辉,尹忠东,等,2008. 珠海市城市生态环境质量评价及问题分析[J]. 水土保持研究,15(1):186-189.

马世骏,王如松,1984. 社会—经济—自然复合生态系统[J]. 生态学报,4(1):1-9.

孟旭光,吕宾,安翠娟,2006. 应重视和加强土地承载力评价研究[J]. 中国国土资源经济,(2):38-48.

闵庆文,谢高地,胡聃,等,2004. 青海草地生态系统服务功能的价值评估[J]. 资源科学,26(3):56-60.

欧阳志云,郑华,2009. 生态系统服务的生态学机制研究进展[J]. 生态学报,29(11):6183-6188.

庞丙亮,崔丽娟,马牧源,等,2014. 若尔盖高寒湿地生态系统服务价值评价[J]. 湿地科学,12(3):273-278.

裴欢,房世峰,覃志豪等,2013. 旱区绿洲生态脆弱性评价方法及应用研究:以吐鲁番绿洲为例[J]. 武汉大学学报(信息科学版),38(5):528-532.

任平,任志远,李晶,2007. 基于面向对象技术的生态系统服务功能价值计算方法[J]. 陕西师范大学学报(自然科学版),35(3):109-112.

舒松,余柏蒗,吴健平,等,2011. 基于夜间灯光数据的城市建成区提取方法评价与应用[J]. 遥感技术与应用,26(2):169-176.

孙树婷,周忠发,李世江,2014. 基于层次分析和状态空间的石漠化地区土地生态环境承载力[J]. 湖北农业科学,53(8):1786-1796.

孙晓芳,岳天祥,2012. 中国未来土地利用变化对地上植被生物量的影响[J]. 应用生态学报,23(8):2225-2232.

谭君,李世平,2012. 铜川市土地利用变化对生态系统服务价值的影响分析[J]. 水土保持研究,19(6):131-136.

汤洁,毛子龙,王晨野,等,2009. 基于碳平衡的区域土地利用结构优化——以吉林省通榆县为例[J]. 资源科学,31(1):130-135.

唐剑武,叶文虎,1998. 环境承载力的本质及其定量化初步研究[J]. 中国环境科学,18(3):227-230.

王兵,鲁绍伟,尤文忠,等,2010. 辽宁省森林生态系统服务价值评估[J]. 应用生态学报,21(7):1792-1798.

王家骥,姚小红,李京荣,等,2000. 黑河流域土地生态环境承载力估测[J].

环境科学研究,13(2):44-48.

王开运,邹春静,张桂莲,等,2007. 土地生态环境承载力复合模型系统与应用[M]. 北京:科学出版社:9-10.

王祺,蒙吉军,毛熙彦,2014. 基于邻域相关的漓江流域土地利用多情景模拟与景观格局变化[J]. 地理研究,33(6):1073-1084.

王顺久,杨志峰,丁晶,2004. 关中平原地下水资源承载力综合评价的投影寻踪方法[J]. 资源科学,26(6):104-110.

王晓东,蒙吉军,2014. 土地利用变化的环境生态效应研究进展[J]. 北京大学学报(自然科学版),50(6):1133-1140.

王玉国,尹小玲,李贵才,2012. 基于土地生态适宜性评价的城市空间增长边界划定:以深汕特别合作区为例[J]. 城市发展研究,19(1):76-82.

魏丽波,刘养洁,2013. 太原市相对资源承载力与可持续发展研究[J]. 中国人口·资源与环境,23(11):54-57.

吴人坚,王寿兵,胡聃,等,2012. 中国区域发展生态学[M]. 南京:东南大学出版社:128-129.

吴宜进,廖乐,袁绍英,2013. 基于信息熵的武汉市城市生态系统演化分析研究[J]. 长江流域资源与环境,22(1):21-26.

谢高地,曹淑艳,鲁春霞,等,2011. 中国生态资源承载力研究[M]. 北京:科学出版社:8-10.

熊建新,陈端吕,谢雪梅,2012. 基于状态空间法的洞庭湖区土地生态环境承载力综合评价研究[J]. 经济地理,32(11):138-142.

熊兴,江源,任斐鹏,等,2010. 东江下游河网区土地利用变化及其对水体的生态影响[J]. 自然资源学报,25(8):1320-1331.

徐琳瑜,康鹏,刘仁志,2013. 基于突变理论的工业园区环境承载力动态评价方法[J]. 中国环境科学,33(6):1127-1136.

荀斌,于德永,杜士强,2012. 快速城市化地区土地生态环境承载力评价研究:以深圳市为例[J]. 北京师范大学学报(自然科学版),48(1):74-80.

颜磊,许学工,谢正磊,等,2009. 北京市域生态敏感性综合评价[J]. 生态学报,29(6):3117-3125.

杨庆媛,2010. 土地利用变化与碳循环[J]. 中国土地科学,24(10):7-12.

杨正勇,唐克勇,杨怀宇,等,2013. 上海地区池塘养殖生态服务价值的时空差异分析[J]. 中国生态农业学报,21(2):217-226.

杨志峰,隋欣,2005.基于生态系统健康的土地生态环境承载力评价[J].环境科学学报,25(5):586-594.

杨智杰,崔纪超,谢锦升,等,2010.中亚热带山区土地利用变化对土壤性质的影响[J].地理科学,30(3):475-480.

姚亮,王如松,尹科,等,2014.城市生态系统灵敏度模型评述[J].生态学报,34(1):23-32.

叶海荣,王松良,杨建洲,等,2007.闽东南地区相对资源承载力的时空动态[J].经济地理,27(2):265-274.

叶延琼,章家恩,陈丽丽,2014.佛山市顺德区土地利用变化及社会经济发展对生态系统服务的影响[J].生态科学,33(5):872-878.

尹海伟,徐建刚,陈昌勇,等,2006.基于GIS的吴江东部地区生态敏感性分析[J].地理科学,26(1):64-69.

游巍斌,何东进,巫丽芸,等,2012.山岳旅游地生态服务价值时空分异及其与环境因子关系:以武夷山风景名胜区为例[J].山地学报,30(1):113-120.

于术桐,黄贤金,程绪水,2010.土地利用变化的水环境效应研究进展[J].长江流域资源与环境,19(2):177-181.

岳书平,张树文,闫业超,2007.东北样带土地利用变化对生态服务价值的影响[J].地理学报,62(8):879-886.

曾晓霞,刘云国,黄磊,等,2015.基于能值定理的生态足迹模型修正研究:以长沙市为例[J].中国环境科学,35(1):312-320.

曾晓霞,刘云国,曾光明,等,2014.湘江城市段能值生态足迹及驱动力分析[J].湖南大学学报(自然科学版),41(12):115-122.

张富刚,王业侨,张漾文,等,2010."生态省"目标导向下城乡系统土地生态环境承载力评估:以海南省为例[J].中国生态农业学报,18(1):198-202.

张林波,2009.城市土地生态环境承载力理论与方法研究:以深圳为例[M].北京:中国环境科学出版社:39-40.

张林波,李文华,刘孝富,等,2009.承载力理论的起源、发展与展望[J].生态学报,29(2):878-888.

张鹏岩,王开泳,张伟,等,2013.不同收入水平的城市居民生活消费生态足迹测算与对比:以河南省开封市为例[J].地理科学进展,32(9):1394-1400.

张颖,张畅,2008.基于本地生态足迹方法对湖南省资源利用状况的评价[J].统计与决策,264(12):43-45.

赵国松,刘纪远,匡文慧,等,2014. 1990—2010 年中国土地利用变化对生物多样性保护重点区域的扰动[J]. 地理学报,69(11):1640-1650.

赵红丽,卢玉文,2011. 基于生态足迹的新疆兵团人口承载力探讨[J]. 人口与经济,187(4):85-89.

赵慧霞,吴绍洪,姜鲁光,2007. 生态阈值研究进展[J]. 生态学报,27(1):338-345.

赵锐锋,陈亚宁,李卫红,等,2009. 塔里木河干流区土地覆被变化与景观格局分析[J]. 地理学报,64(1):95-106.

赵锐锋,姜朋辉,陈亚宁,等,2012. 塔里木河干流区土地利用/覆被变化及其生态环境效应[J]. 地理科学,32(2):244-250.

赵先贵,肖玲,兰叶霞,等,2005. 陕西省生态足迹和土地生态环境承载力动态研究[J]. 中国农业科学,38(4):746-753.

赵雪雁,2006. 甘肃省土地生态环境承载力评价[J]. 干旱区研究,23(3):506-512.

周锐,王新军,苏海龙,等,2014. 基于生态安全格局的城市增长边界划定:以平顶山新区为例[J]. 城市规划学刊,217(4):57-63.

周涛,史培军,2006. 土地利用变化对中国土壤碳储量变化的间接影响[J]. 地球科学进展,21(2):138-143.

朱晓丽,李文龙,薛中正,等,2012. 基于生态安全的高寒牧区土地生态环境承载力评价[J]. 草业科学,29(2):198-203.

## 第三部分

## 基于元胞自动机的区域土地利用模拟与生态格局优化研究

# 第五章

# 基于元胞自动机的区域土地利用模拟与生态格局优化研究综述

## 第一节 生态用地规划布局研究进展综述

**1. 生态用地及生态规划的发展**

国内外对于生态用地研究的内容主要集中在以下三个方面:生态用地的数量与结构、生态用地的规划、生态用地的保护和管理等,其中生态用地的规划是生态用地研究中最重要的内容。

目前,国外尚没有将生态用地作为一项独立和专门的类型,但在土地利用分类中有生态用地的内涵。比如美国土地管理局负责美国西部 12 个州的国有土地利用规划,规划对象大部分是国家公园、国家森林、自然保护区等,实际进行的就是生态用地规划。国内自石元春院士于 2001 年考察宁夏回族自治区时提出生态用地后,许多学者对其概念进行了定义,虽然未能形成统一的定论,但大多数人认为生态用地应是农用地、建设用地以外的土地类型,是维护区域生态环境的载体和基石(曾招兵,2008)。

生态规划的思想最早缘于由 Grorge Marsh 在其 1864 年出版的著作中提出的观点:合理地规划人类活动,使之与自然协调而不是破坏自然。Marsh 提出的这个规划原则至今仍是生态规划的重要基本思想。后由苏格兰规划学家、生物学家 Pattrick Geddes 对人类活动和环境的关系进行了更加深入的探讨,提出规划应建立在充分认识自然环境条件的基础上,根据自然生态潜力与制约制定规划方案,并构建了"调查—分析—确立规划方案"的经典规划程序,为生态规划的指导思想、实施方法的建立奠定了基础(曾招兵,2008)。之后随着生态学的逐渐成熟,自联合国发表的报告《我们共同的未来》提出可持续发展的理念后,生态规划受到越来越多学者的关注,相关理论研究也繁荣起来,并开始应用于实践,在规划实践中进一步完善了生态规划的理论与方法。

20世纪初期,美国开始从区域整体的角度解决城市环境恶化和城市拥挤的问题,田纳西流域规划提出为流域及附近区域自然资源开发和流域保护提供保障的要求,开辟了"反规划"思想应用的先河。20世纪60年代美国景观设计师McHarg从景观生态学的角度提出了城市与区域土地利用生态规划方法的基本思路,并通过案例研究,较全面地探讨了生态规划的工作流程及应用方法(张泉,叶兴平,2009)。景观生态学是研究景观单元的结构与组成、空间分布及其与生态学过程相互作用的综合性学科。强调空间异质性、生态学过程和尺度以及它们相互之间的关系是景观生态学研究最突出的特点。其主要概念和理论包括:尺度及其有关概念,格局与过程,空间异质性和斑块性,等级理论,边缘效应,缀块动态理论,斑块—廊道—基质模式,种—面积关系和岛屿生物地理学理论,复合种群理论,以及景观连接度、中性模型和渗透理论(邬建国,2000)。

在研究侧重方向上,景观生态学分欧洲、北美两大学派。首先,欧洲学派注重学科的实用性,因此它与规划、管理部门和政府有着密切联系;北美学派虽也有应用层面,但其更加关注景观格局和功能等基本问题,并未都结合到具体的应用层面。其次,欧洲学派主要侧重于人类活动主导的景观;对原始状态的景观也有很大的研究热情,对保障区域生态安全有着更加深入的探讨(陈昌笃,马世俊,1991),其中以Forman和Godron所推崇的斑廊基的景观格局理论最具代表性。Forman认为,自然植被斑块大集中,以廊道或小型斑块分散渗入人类活动区,通过确立景观的异质性来实现生态保护,以集中和分散相结合的原则为基础实现土地利用格局的优化。因此他建议:第一,森林景观中减少小斑块的分布,砍伐地应当考虑渐进式的集聚的分布而不是四处分散;应该保留砍伐地集中区域的小片森林斑块和景观廊道,以避免受侵蚀,保证生物的迁徙。第二,应识别并保护大斑块原始森林区,避免在这些大斑块内部选取砍伐区域;保留源区之间的廊道联系将是长期维系景观格局的关键(Franklin et al.,1987)。生态规划发展至今,尽管不同的学者和规划工作者在进行实际规划过程中有着各自的特点,并非采用同一方法,但总的来说还是以McHarg的方法步骤为基础。

McHarg生态规划方法可以分为5个步骤(图5-1):第一,确立规划范围与规划目标;第二,广泛搜集规划区域的自然生态与社会经济资料,包括气候、水文、地理、地质、土壤、植被、生物多样性、土地利用现状、人口数量与结构、交通情

## 第五章 基于元胞自动机的区域土地利用模拟与生态格局优化研究综述

况、地域文化特色、人的价值观调查等,并将这些信息进行归纳整理;第三,根据规划目标综合分析,提取在第二步资料中的主要信息,并反映到空间地理信息上;第四,对各主要因素及各种用地类型进行适宜性评价,确定适宜性等级;第五,根据各类用地适宜性的图层进行综合分析得出区域用地综合适宜性结果。此方法的核心在于,根据区域自然环境的资源禀赋,对其进行生态适宜性分析,以确定土地利用方式与发展规划,从而使自然的利用与开发及人类其他活动与自然特征、自然过程协调统一起来。

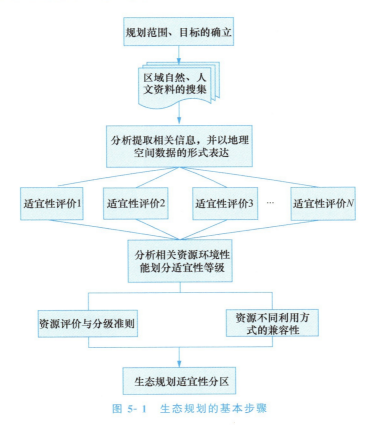

图 5-1 生态规划的基本步骤

McHarg 的生态规划方法对于不同要素在生态适宜性影响大小上并未作区分,Lewis 在其建立的环境资源分析方法的框架中试图区分主要因素和次要因素在规划中的作用,他主要在 McHarg 方法的基础上进行了改进。首先分析区域环境中产生主要影响的自然资源要素有哪些,具有辅助影响的要素又有哪些,再根据主、辅影响的资源的特征对区域进行划分,在生态区划的基础上进行适宜性分析,提出规划方案(Arsanjani et al.,2013)。

生态用地规划的方法最初还是来源于 McHarg 提出的生态规划方法论。McHarg 所提出的以土地适宜性分析为依据，通过生态因子的层层叠加来确定土地利用格局的模式奠定了现代生态用地规划布局的基础，而后许多生态学家、规划学家也做了大量的探索。德国科学家 Vester 及 Von Hesler 将系统规划与生物控制论相结合，建立城市与区域规划的灵敏度模型（sensitivity model），灵敏度模型重点关心的是系统结构与功能的时间动态，对空间关系与空间格局的动态过程则难以反映出来（Arsanjani et al.,2013）。苏联学者 Ruzicka 和 Miklos 经过 20 余年的研究，发展并完善了一套景观生态规划体系（LANDEP），该体系包括 4 个部分：区域景观生态系统的基础研究、景观生态评价、景观生态规划与设计及生态管理建议（王仰麟，1995）。Forman 强调景观空间格局对过程的控制和影响作用，提出基于景观利用的格局优化生态用地布局的途径。景观生态学的发展为生态用地规划提供了新的理论依据，水平生态过程与景观的空间格局都成为规划过程中的研究对象，"城市生态规划"理论也由此发展而来（Santé et al.,2010）。

国内对于生态用地规划布局的探索开始于 20 世纪 90 年代。王仰麟运用 LANDEP 规划框架模型对渭南地区进行了景观生态规划和设计（王仰麟，1995）。俞孔坚在吸收 Forman 理论的基础上，提出"最小—最大约束途径"，以最小生态用地量追求生态功能最大化，试图基于景观生态学理论对区域生态安全格局进行分析（俞孔坚，1999）。曾招兵（2008）以上海市青浦区为研究对象，对研究区域的生态用地景观格局现状进行了分析和评价，并根据现状的景观格局指数提出了布局优化对策。刘孝富等（2010）在 GIS 技术支持下，试图结合区域生态服务价值评估的方法构建城市最小生态用地空间分析模型，以深圳市为例，以保留城市面积 30%、40%、50% 和 60% 生态用地的 4 种情景，分析最小生态用地空间分布的合理性。胡海龙（2011）提出运用多智能体和蚁群算法相结合的方法构建生态用地选址模型，并应用到长沙市生态用地选址过程中，结果显示该方法比传统选址方法更加科学、合理。

由于生态用地提出的时间并不长，有关生态用地规划布局的研究还比较少，而生态用地作为维持区域可持续发展的重要主体，其布局的科学合理性有着重大意义。在区域发展过程中，各类土地之间的相互作用对于生态用地产生的影响不容忽视，单凭生态用地自身资源环境状况来进行布局显然不能满足生态功能最优的要求，综合考虑土地利用变化对生态用地分布的影响，合理布局生态用地以保证区域土地生态安全。

## 第五章　基于元胞自动机的区域土地利用模拟与生态格局优化研究综述

## 2. 基于元胞自动机的土地利用模拟的研究

### 2.1 元胞自动机的产生及其基本原理

元胞自动机（Cellular Automata，CA）是由应用数学家 Von Neumann 于 1948 年首次提出的，是用来模拟具有自我复制功能、在时间和空间都离散的动力系统（周成虎 等，1999）。

长期以来从事地理空间和城市研究的学者普遍认为城市功能多样化造成了当代城市在物理形态上的不规则，而这种不规则问题只能由城市规划解决。1961 年，Jacobs 提出城市的空间分布并非无规则可循，自然生长的城市更能体现地理空间的变化规律。Batty 等通过大量实例研究证明了城市地理空间形态的确存在着分形规律。元胞自动机以简单局部行为发展为全局结构的动态过程特征与地理空间扩展过程的相似性引起了地理学、环境学、景观学等地学学科的重视，目前元胞自动机已在城市空间扩展、土地类型演变、景观更替等复杂的地理现象中取得了大量有意义的成果。

### 2.2 元胞自动机应用于土地利用变化模拟预测的优势

目前应用于土地利用模拟的方法模型有很多，Agarwal 等的统计表明，就土地利用的时间、空间和人类选择复杂性，目前已有 19 个模型公开发表（Arsanjani et al.，2013）。根据模型模拟方法，土地利用研究模型可以分为以下六大类：基于方程的模型、系统模型、统计分析模型、专家模型、元胞自动机模型和主体模型（杨国清 等，2007），其各自的特点如表 5-1 所示。

表 5-1　不同类型土地利用模拟模型的优缺点

| 模型类别 | 主要形式 | 优点 | 缺点 |
| --- | --- | --- | --- |
| 基于方程的模型 | 线性规划模型 | 较易实现定量分析 | 对研究对象的复杂性模拟不足 |
| 系统模型 | 系统动力学模型 | 在处理人与自然环境相互作用的定性分析上有优势 | 对于这种相互作用难以定量表达且在空间模拟处理上存在不足 |
| 统计分析模型 | 回归分析、空间统计分析等 | 定量化分析得到很好的实现，并在分析空间相互作用方面有独特优势 | 社会因素难以在模型中量化，时空尺度的差异性被平均化所掩盖 |
| 专家模型 | 人工智能、基于规则的知识系统等 | 将定性分析转变为定量数据，满足土地利用变化的复杂性要求 | 建模困难 |

(续表)

| 模型类别 | 主要形式 | 优点 | 缺点 |
| --- | --- | --- | --- |
| 元胞自动机模型 | CA-Markov 模型、CLUE 系列模型等 | 自下而上的模型原理在模拟土地利用变化的生态过程和空间分布上优势明显 | 在考虑自上而下的决策影响时受到制约 |
| 主体模型 | 多智能体模型 | 综合了土地利用主体决策行为和环境相互作用 | 模型构建需要面向对象，对编程技能要求较高 |

由表 5-1 可知，元胞自动机作为具有时空特征的离散动力学模型，其清晰的建模过程、空间变化的细致呈现，对于同样具有时空特性的地理复杂系统有着显著优势，主要集中在以下三个方面：

① 元胞自动机自下而上的建模方式，符合复杂的地理过程，适合于模拟具有时空特性的空间复杂系统。地理过程的形成是每个地理单元互相影响的整体结果，时空特性是空间复杂系统的基本特征，其研究方法在空间上要求具备发展性，在时间上要求具备动态性，元胞自动机不仅能够模拟和预测系统的长期行为，还能反映系统的动态行为过程，是天然的空间动力学模型，在模拟地理空间现象时，其在时空动态变化的直观、高效、生动的特点是其他动态模型无法企及的。因此元胞自动机应用于地理过程模拟有其内在的合理性。

② 元胞自动机模型的灵活性和开放性为其在地理学领域的广泛应用提供了坚实基础。元胞自动机并不是一个确切的数理模型，它提供的是一个模型架构。一方面，针对不同的研究问题可以对模型的组成进行灵活的改变，也可以与其他模型相结合对模型进行相应的扩展，从而完善元胞自动机的模拟结果；另一方面，可以根据不同研究的专业规律来"因地制宜"地制定转换规则，将各种发展成熟的专业模型集成进来。正因如此，元胞自动机在土地利用演变模拟、城市空间扩展、生态环境动态演化、景观更替等方面都有成功应用。

③ 元胞自动机所具备的离散空间结构，使其易与遥感、地理信息系统等空间数据信息实现交互处理和集成。遥感影像以及地理信息系统的栅格数据结构与二维空间元胞自动机模型的离散网格结构在形式上是一致的。因此在利用元胞自动机模型进行地理过程模拟研究时，可以直接利用现有的 RS、地理信息系统等地理空间数据进行模型实现，所得的模拟结果也可以直接导入空间数据库，在地理空间分析软件平台支持下显示和进一步分析，从而完成与遥感、地理信息系统在数据分析和显示上的集成。

### 2.3 基于元胞自动机的动态城市模型的发展

Tobler 在 1979 年首先提出了应用元胞自动机构建地理空间模型，20 世纪 80 年代，Couclelis 将元胞自动机应用于不同的城市动态格局的形成中，证实了

## 第五章　基于元胞自动机的区域土地利用模拟与生态格局优化研究综述

元胞自动机在模拟城市复杂系统中的优势,奠定了元胞自动机在地理学应用的理论框架,将元胞自动机的方法引入了城市规划的研究领域(汪锐良,2013)。到了 20 世纪 90 年代,第一个基于元胞自动机的城市扩展模拟模型出现,Batty 对于城市元胞自动机的广泛适用性做了深入分析(Santé et al., 2010)。之后随着元胞自动机城市概念模型研究的不断深入,计算机技术的迅速发展为城市元胞自动机的付诸实践提供了充分的条件,加之元胞自动机与地理信息系统的兼容性,城市元胞自动机在模拟真实世界的城市空间发展和土地利用变化上的大量成功案例掀起了了地理元胞自动机研究学术热潮。

城市元胞自动机的基本原理是通过局部规则模拟出全局的、复杂的城市发展模式,其主要是通过扩展 Von Neumann、Ulam、Conway 和 Wolfram 等学者的标准元胞自动机形成的(黎夏 等,2007)。目前对于城市元胞自动机的研究主要集中在转换规则定义、模型参数确立以及与其他模型相结合三个方面。

在转换规则定义的研究中,为使模拟结果更加接近实际,会引入各种空间变量因子,常见的空间变量有与城市中心的距离、与道路的距离、与铁路的距离、坡度、高程、土壤类型、景观格局指数、城镇适宜性、人口密度、区域级别等。同时在如何定义转换规则的方法上,各国学者进行了许多探索性实践,White 和 Engelen 最先提出要计算元胞的转换概率,Wu 和 Webster 提出利用层次分析法来确定转换概率值;而元胞状态转变和不转变的两种结果可以概括为二元因变量,吴启焰根据这一特性提出了逻辑回归的方法来提取转换规则;而后在黎夏和刘小平的研究中不断将人工智能的模型引入元胞自动机,如神经网络、决策树、遗传算法等,大大提高了城市元胞自动机的模拟精度。

在模型参数的确立上,研究集中在元胞空间的构成、邻域的定义、增长程度的控制三个方向。由于城市空间单元往往不像元胞自动机中的元胞那样属于规则结构,某种程度上降低了模拟的准确性,Stevens 和 Dragicevic 所设计的 iCity 软件基于不规则的空间结构扩展了传统的元胞自动机城市模拟模型(Stevens, 2007),在辅助城市规划空间决策上起到了积极作用。研究中常用摩尔型邻域进行计算,其他的研究考虑距离的影响,邻域半径从 2～9 不等,Kocabas 和 Dragicevic 证明了邻域的类型和半径选择会对模型结果产生显著影响(Santé et al., 2010)。对于增长程度的控制实际就是从全局总量的角度对城市元胞自动机模拟的结果进行约束,目前获取这一参数的途径主要有 4 个:一是根据历史地理空间数据和人口数据进行推算预测;二是根据每个时间步长城市功能发展的变化特点计算动态的增长率;三是通过元胞自动机与其他模型集成得出;四是采用已有规划预期数据。

在与其他模型相结合的应用上,与 Markov 模型、CLUE-S 模型以及与多智能体的结合是研究的主流。

CA-Markov 模型的工作原理是以预测基期的土地利用为初始状态,以基期和之前土地利用转移面积及适宜性图集表述的元胞适宜的土地利用类型为依据,对土地类型进行重新分配,直至达到马尔科夫链预测的土地利用面积。自从美国克拉克大学实验室开发了 IDRISI 软件对这一模型进行功能实现后,CA-Markov 模型在模拟预测地理空间变化上得到了广泛应用。Yikalo 等运用 CA-Markov 模型成功研究了生态系统与土地利用的关系(Yikalo H et al.,2010);Arsanjani 等运用 Logistic-CA-Markov 模型基于 1996 年和 2006 年土地利用数据对德黑兰地区的土地利用变化进行模拟,得到 2006 年模拟结果与真实情况的符合度高达 89%,使得该研究所预测的 2016 年德黑兰的土地利用空间格局具有较高可信度,预测显示未来的新郊区将会在德黑兰西部集中发展(Jokar et al.,2013)。杨国清等以 TM 遥感影像为数据源,在利用 CA-Markov 模型对广州市 1990—2000 年土地利用空间格局变化分析的基础上,对广州市 2010 年土地利用格局进行了预测(杨国清 等,2007)。

CLUE-S 模型的框架包括非空间模块和空间分配模块:非空间模块以自然、社会和经济分析为基础计算区域各模拟年度土地利用需求;空间分配模块以各种栅格化空间数据库为基础,依据土地利用类型概率、各土地类型的竞争力以及土地利用规则对各模拟年份的土地利用需求进行空间分配。CLUE-S 模型自推出以来,在国际上已有较多应用案例。Verburg 等运用 CLUE-S 模型对欧洲大陆的土地利用变化情况进行了 4 种发展情景下的模拟(Verburg et al.,2008)。Overmars 等以菲律宾吕宋岛东北部的卡格扬河流域为研究区,通过归纳法和演绎法分别得到了研究区各土地利用类型的概率分布适宜图,运用 CLUE-S 模型模拟该区的土地利用格局,并比较了两种方法的模拟结果(王丽艳 等,2010)。国内对 CLUE-S 模型的应用开始于 2004 年,摆万奇等分别基于 1967 年和 1987 年土地利用空间数据运用 CLUE-S 模型模拟了 1987 年和 2000 年大渡河上游的土地利用空间状况,并用 1987 年、2000 年的土地利用现状图进行了验证,Kappa 值分别高达 0.86 和 0.89;在此基础上,用 2000 年数据预测了三种不同情景方案下的 2010 年土地利用空间格局。段增强等引入了动态计算的邻域分析因子对 CLUE-S 模型进行了改进,应用改进后的模型(CLUE-SII)对北京市海淀区 1991—2001 年土地利用变化情况进行了多方案模拟,结果表明,邻域因子对城镇用地变化具有重要作用,模拟方案获得了较好的模拟结果:整图符合比达到 77%,其中城镇用地符合比达到 82%(段增强 等,2004)。

虽然元胞自动机和实际地理空间自下而上的演化过程相一致,但其在模拟过程中较多地侧重自然环境要素的影响,复杂的空间决策行为及人文因素稍欠考虑。而多智能体的引入是对元胞自动机模型进行地理模拟中的这种缺陷进行弥补,以探讨微观个体的决策行为如何形成复杂的宏观空间格局。Semboloni 等以组成城镇的居民、二三产业从业者、城镇开发者等为智能主体,模拟其决策或活动等非线性行为,建立起一个多智能体系统,以微观与宏观相结合的方式,分析城镇用地空间变化趋势,模拟和预测城镇用地的演变结果。Ligtenberg 等(2001)首次将政府主导规划因素引入研究,提出基于多智能体和元胞自动机相结合的土地利用规划模型。Castella 等将过程导向的 Agent-based Models(ABM)模型与 CLUE-S 模型相结合,模拟了越南山区的土地利用格局变化。黎夏把多智能体与元胞自动机相结合的模型运用于海珠区的居民、房地产商、政府等多智能体之间的作用与反馈关系研究,模拟土地利用空间演变规律,模拟精度达到 78.6%,效果明显优于一般元胞自动机模拟结果(刘小平等,2006)。全泉等(2011)利用元胞自动机模型和多智能体模型相结合的方法,模拟了上海市 2005 年的城市扩展动态,Kappa 系数的平均值达到 0.75 以上,在模型较高可信度的基础上预测 2010 年和 2020 年上海城市扩展的动态演化结果,结果显示城镇用地以向东部和南部扩张最为明显。

以上所述均是在地理研究领域,学者为优化元胞自动机进行土地利用动态模拟所做的诸多尝试,实践也证明不同城市发展类型、不同土地利用类型的模拟应该"因地制宜",有针对性地选择模型参数以及是否选择结合其他模型,这样才能保证模拟预测结果科学、合理、有效。

**3. 研究进展评述**

研究方法上,第一,元胞自动机模型在城市发展和土地利用变化模拟预测中已有广泛的应用,但地理过程模拟模型在转换规则定义的方法上没有形成统一的观点。多因素综合评价模型和逻辑回归模型对于城市模拟这种复杂过程过于简单,而人工智能模型的引入也存在着转换规则物理意义不清晰、运行量大的问题(黎夏 等,2010)。第二,元胞自动机模型无法将宏观因素的影响纳入考虑范围,而城市土地利用变化很大程度上都依赖于区域宏观社会、经济、政策及文化的影响,目前的研究尚未对这一问题进行很好的解决。第三,生态用地空间布局还是以生态适宜性评价分析为主流方法,缺乏生态网络完整性的考虑,同时城镇建设发展过程中的阻隔加剧了生态斑块破碎化,使得生态规划的效果大打折扣。

研究内容上,从以上研究进展分析可知,基于元胞自动机的地理过程模拟结果大部分都是用来分析土地利用变化规律和未来变化趋势的,很少利用模拟预测结果进行进一步的空间分析研究;而生态用地规划空间格局的分析研究较少考虑各类用地之间的相互作用对生态用地发展的影响,且大都基于区域现状,对未来的土地利用的变化只能通过数量和结构来进行预测,空间格局上缺乏预判。本章运用元胞自动机模型在模拟人与生态环境相互作用过程上的优势,以其土地利用动态模拟结果为基础,分析远期土地利用变化规律,并基于预测的土地利用格局对生态用地布局进行优化,综合考虑土地利用空间变化对生态用地造成的影响,以提升生态用地的可持续发展水平,降低规划失效的发生率,为生态用地规划提供新思路。

## 第二节 研究意义、思路方法与研究内容

### 1. 研究意义

本研究中对土地生态环境承载力的评价可以了解区域的土地生态环境承载力状况,对生态承载状态的研究可以为生态保护政策提供指导性目标和空间发展建议,对土地生态环境承载力潜力消耗的空间和强度分析可以为城市发展提供更优的选择。研究意义主要体现为:

(1) 探索生态用地规划方法,促进生态用地可持续发展

生态用地作为自然环境中的生态价值主体,对于改善区域自然生态环境、维持生态系统平衡和资源的可持续利用起着决定性作用,生态用地的合理规划和保护是解决目前我国生态环境问题的关键。而快速城镇化带来的城市的蔓延扩张使生态用地岌岌可危,为保证人类与生态环境的可持续发展,对于自然资源的开发使用应当保持在其承受范围之内,如何合理开发土地资源,如何规划和保护生态用地日益受到人们的关注。因此掌握土地利用变化规律和未来发展动向,明确规划目标和生态底线,科学布局生态用地是研究区域生态安全和可持续发展的关键所在。

(2) 研究土地利用变化规律,加强生态用地规划前瞻性和有效性

目前国内大部分生态用地的规划布局均建立在现状分析的基础上,很少利用土地利用变化的空间预测结果进行用地布局。事实上,生态用地在城市发展过程中并不是被隔离的区域,只要划定就能完全不受到其他类型用地的干扰。生态用地周边土地利用类型的转变也会对其生态效用的发挥产生影响,比如水域周边的植被转变为耕地、裸地就有可能引发水土流失和水质污染,水生态环境将会变得脆弱敏感,因此在生态用地规划中对于其周边土地利用类型转变规律的预判就显得尤为重要。在土地利用变化模拟预测结果的参考下进行生态用地的布局优化,有利于减小因周边用地类型转变的负面效应,使生态用地的规划布局更具前瞻性和实用价值。

## 第五章　基于元胞自动机的区域土地利用模拟与生态格局优化研究综述

（3）为适用"资源节约型、环境友好型"社会的土地利用规划方法提供借鉴

近年来，我国快速城市化问题日益凸显，城市建设用地过度扩张带来的生态用地退化严重影响了人民生活质量和水平的提升。党的十七大会议之后，中央提出构建"资源节约型、环境友好型"社会。生态用地规划也因此成为构建"两型社会"的重要内容。2007 年 12 月，长株潭城市群被国家确定为"两型社会"综合配套改革试验区并被赋予先行先试的政策创新特权，湖南湘江新区核心区作为"两型社会"综合配套改革试验区的核心区探索资源节约、环境友好的发展道路。本章选择湖南湘江新区核心区为研究实例，探究其土地利用变化规律，模拟、预测其未来空间形态，并在此基础上优化生态用地布局，为适用"两型社会"的土地利用规划提供理论借鉴，对于实现"两型社会"的全面、协调、可持续发展具有突出的现实意义（郭谦，2013）。

**2. 研究思路**

在总结前人研究成果的基础上，基于元胞自动机，构建土地利用模拟预测模型，探究研究区土地利用变化规律，并根据模拟预测结果进行生态用地优化，提出生态用地规划的空间布局方案和实施建议。主要包括：

（1）基于 RS、GIS 的土地利用数据库的构建

处理 Landsat TM 的遥感影像图，经过目视解译、监督分类、精度评价后结合 GIS 得到土地利用现状数据，再将相关规划图件导入 GIS 进行数字化，构建两个不同年份土地利用数据库。

（2）基于 CA-Markov 模型的土地利用变化模拟研究

根据已有空间变量求得各类用地转变概率的逻辑回归模型，在已有规划政策约束下构建元胞自动机转换规则，利用 CA-Markov 模型计算土地利用类型转移矩阵，基于以上三项工作构建土地利用变化模拟预测模型，并根据两个不同年份的土地数据分析土地利用转变规律，对未来土地利用状况进行预测。

（3）基于土地利用预测的生态用地优化研究

基于生态用地适宜性评价结果和建设用地扩张预测结果，应用最小累积阻力模型对区域生态用地进行布局优化，利用景观指数来评定优化结果，并根据优化结果对研究区生态用地提出规划建议。

**3. 研究内容与研究方法**

（1）研究内容

① 通过文献分析进行国内外相关研究的回顾和综述。国外土地利用动态演变模拟研究起步早，理论研究也比较完善和深入，对国外相关研究的学习与借

鉴有助于理论上的创新；国内研究主要集中在操作实践，本研究在借鉴相关研究方法的基础上，针对研究的不足和存在的问题，确立研究方向和方法。

② 构建基于元胞自动机的生态用地优化模型。从建立转换规则、计算土地利用转移矩阵、土地利用变化模拟预测到生态用地布局优化，逐步解释模型原理。

③ 以湖南湘江新区核心区为实例进行模型实践，根据2001—2010年湖南湘江新区核心区土地利用转移数量和空间分布结果来分析其土地利用转移规律，并对基于预测结果优化的生态用地布局进行评定，依据优化结果提出规划建议。

（2）研究方法

综合运用遥感技术、地理信息系统技术、景观生态学方法、统计学方法构建基于元胞自动机的生态用地预测优化模型，对湖南湘江新区核心区的土地利用变化进行模拟预测，在预测结果的基础上优化生态用地布局，具体方法如下所述：

① 遥感技术。主要用于对土地利用/覆被信息的获取，使用的技术包括图像融合技术、图像配准技术、遥感解译技术等。

② 地理信息系统技术。主要运用地理信息系统的空间分析技术与动态演变模拟技术，获取各类用地的空间变量值，叠加分析得到不同用地类型的适宜性分布图，深入研究土地利用变化的时空规律，从而有助于更科学、准确地分析土地利用变化趋势和规划方向。

③ 景观生态学方法。应用景观生态学的研究方法，用景观指数表征土地利用分布的空间特征，反映优化前后的景观格局变化。

④ 统计学方法。运用多元逻辑回归分析来探究空间变量与用地类型之间的关系，研究相同空间变量对于不同用地的影响。

在具体研究中，基础数据的来源主要为遥感影像数据、高程数据以及现有规划数据。首先对遥感影像数据预处理后进行遥感解译，运用GIS技术根据高程数据生成坡度，将相关规划图件数字化后，构建湖南湘江新区核心区土地利用数据库。然后基于土地利用空间数据计算所得空间变量得到各类用地适宜性的逻辑回归模型，生成土地利用变化模拟元胞自动机的转换规则；基于两期土地利用现状数据，在Markov算法下获取土地利用转换概率矩阵。接下来基于CA-Markov模型进行土地利用变化模拟，并比照真实情况判断模拟精度，如果模拟精度良好则进行下一步土地利用变化预测。再根据土地利用变化预测结果和生态用地适宜性对区域生态用地布局进行优化，运用景观格局指数对生态用地布局优化前后的情况进行测度，评价优化效果。最后根据生态用地布局优化结果得出研究结论和规划建议。研究技术路线如图5-2所示。

## 第五章 基于元胞自动机的区域土地利用模拟与生态格局优化研究综述

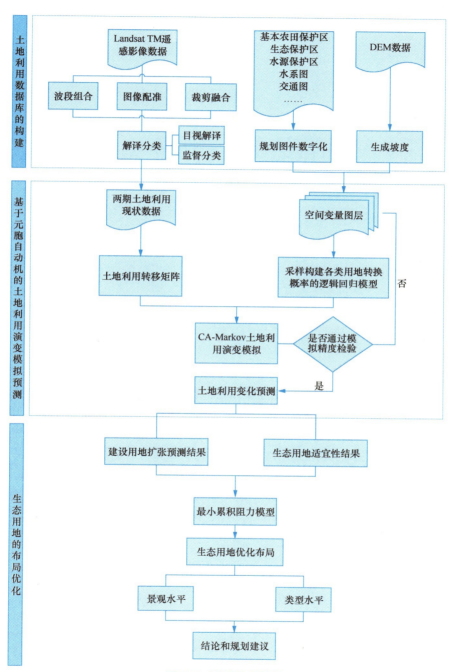

图 5-2 研究技术路线

# 第六章

# 基于元胞自动机的土地利用模拟和生态格局优化模型构建

## 第一节　土地利用模拟模型构建技术框架

由于生态用地不仅受到区域生态环境本身的资源禀赋影响，在规划过程中更重要的是考虑与其他用地的相互作用，特别是在进行模拟预测研究时，更应考虑人为因素（区位性因素、生产性因素、政策性因素等）导致的生态用地类型与其他用地类型的转变。因此本研究中生态用地预测优化模型主要分为两个部分：一是土地利用变化模拟预测部分，二是基于预测结果进行的生态用地优化部分。前者主要基于逻辑回归模型得出的各单元土地利用类型转换概率来预测未来土地利用类型的分布情况，获取未来土地类型的组合方式，使生态用地的预测是基于动态演变结果而非静态现状分析得出；后者主要基于最小累积阻力模型对生态用地的布局进行优化，使得预测出来的生态用地区域分布更加紧凑、科学、合理。

具体模型构成如图 6-1 所示。

# 第六章 基于元胞自动机的土地利用模拟和生态格局优化模型构建

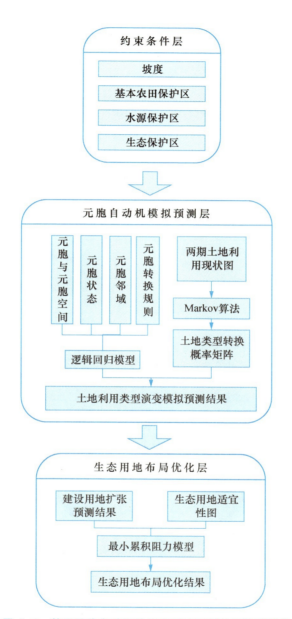

图 6-1 基于元胞自动机的生态用地预测优化模型构成

## 第二节　生态用地预测优化模型构建

### 1. 本研究用地分类

根据《土地利用现状分类》(GB/T 21010—2007)，本研究将土地分为三大类，12个一级类，依据国家标准，针对研究区域的实际情况以及遥感解译分类结果，划分了研究区域的土地利用类型，分为五大类：水体、植被、其他用地、耕地和建设用地，见表6-1。为达到评价效果，评价指标体系的构建必须做到尽量客观、科学，并结合评价对象进行适用性考虑。

表 6-1　本研究土地分类与《土地利用现状分类》对应表

| 地类编号 | 本研究土地分类 | 《土地利用现状分类》一级 | 《土地利用现状分类》二级 |
| --- | --- | --- | --- |
| 1 | 建设用地 | 商服用地 | 批发零售用地、住宿餐饮用地、商务金融用地、其他商服用地 |
| | | 工矿仓储用地 | 工业用地、采矿用地、仓储用地 |
| | | 住宅用地 | 城镇住宅用地、农村宅基地 |
| | | 公共管理与公共服务用地 | 机关团体用地、新闻出版用地、科教用地、医卫慈善用地、文体娱乐用地、公共设施用地、公园与绿地 |
| | | 特殊用地 | 军事设施用地、使领馆用地、监教场所用地、宗教用地、殡葬用地 |
| | | 交通运输用地 | 铁路用地、公路用地、街巷用地、农村道路、机场用地、港口码头用地、管道运输用地 |
| 2 | 耕地 | 园地 | 果园、茶园、其他园地 |
| | | 耕地 | 水田、水浇地、旱地 |
| 3 | 其他用地 | 其他土地 | 盐碱地、沙地、裸地、空闲地 |
| 4 | 植被 | 草地 | 天然牧草地、人工牧草地、其他草地 |
| | | 林地 | 有林地、灌木林地、其他林地 |
| 5 | 水体 | 水域和湿地 | 河流、湖泊、水库、坑塘、滩涂、沼泽地 |

关于生态用地的说明如下：

本研究中的建设用地因其给自然环境带来的负面影响如大气污染、水污染、土壤污染、水土流失等，不包含在生态用地范畴；而其他用地主要有沙地、裸地、盐碱地等，因其生态功能弱，也不包含在生态用地范畴。

水体对应水域和湿地，包括河流、湖泊、水库、坑塘、沼泽地等，湿地被称为

## 第六章 基于元胞自动机的土地利用模拟和生态格局优化模型构建

"地球之肾",作为生态用地其生态功能无可替代。水体在调节区域气温、稳定局部气候等方面具有重要作用,因此列为生态用地。

植被对应林地和草地,林地包括有林地、灌木林地、其他林地,草地包括天然牧草地、人工牧草地和其他草地。林地有着气体净化、气候调节、水土保持的功能,也是鸟类栖息的居所,是保障生物多样性的重要生态主体,是必不可少的生态用地类型。草地有着涵养水源、防止水土流失、调节大气和气候、美化和休憩等功能,也是维持区域生态平衡的重要生态用地类型。

耕地代表耕作生产用地,对应的是园地和耕地。在耕作生产过程中,为了使经济作物更好地生长,必须不断地施肥、施药,大量的化肥、农药致使土壤板结,土壤肥力下降,流入水体后对水资源产生污染。此外,采用农药杀虫,严重破坏了自然生态系统正常的食物链,引起局部生态紊乱,对生态系统造成严重的负面影响(陈建军 等,2010)。因其生产性功能和生态负作用,耕地暂不列入生态用地范畴。

以上分析可知,本研究分类的植被和水体是区域生态环境中的生态功能主体,因此成为生态用地的主要研究对象。

元胞自动机中元胞的状态是一个有限且离散的状态集合,每一个元胞取其中一个值。在进行土地利用类型演变模拟研究时,需要对每一个土地利用类型定义不同的值,每一个元胞的状态值表示其对应的土地利用类型,在本研究中即建设用地、耕地、植被、水体和其他用地 5 种类型。

## 2. 土地利用变化预测模型构建

### 2.1 逻辑回归模型

在本研究模型中,每一类用地可能受多项规则的影响,其结果服从二项分布。以耕地为例,在多个规则变量的影响下,其可能是耕地(值为 1),也可能不是耕地(值为 0),最终回归模型得出的结果为其成为耕地的可能性大小(概率)。

(1) 逻辑回归方法的基本原理

在进行运算时由于多个用地类型的存在,每个元胞会得到成为各用地类型的概率值,元胞自动机会给每个元胞选择最高概率值并大于转换概率的用地类型得到预测结果,这就是基于逻辑回归模型的元胞自动机的运行原理。

(2) 逻辑回归的检验

在模型构建完成后,需要对模型描述变量的有效性和拟合优度进行评定。当预测值能够与观测值呈现较高的一致性时,则认为这一模型拟合数据较好,通过模型检验,否则此模型不能通过检验,需要对模型进行重新设置(尹建杰,2011)。常用的检验统计量有 Pearson $X^2$ 统计量、偏差(Deviance)、Hosmer-Lemeshow 拟合优度指数、$-2$ 对数似然值等。

## 2.2 CA-Markov 土地利用变化模拟预测模型

（1）元胞、元胞空间、状态及领域的定义

本研究模型中，元胞空间为研究区域内的离散化栅格，栅格的形状为正方形，元胞则为这个离散化栅格集合中的一个栅格单元，即表示研究区域的一个地块单元。考虑到与 TM 数据对接和研究尺度的影响，栅格边长选择 30 m×30 m，即一个元胞对应的地理空间范围为 900 $m^2$。

在元胞自动机中，一个元胞在某时刻的状态取决于且仅仅取决于上一时刻该元胞的状态以及其所有邻居元胞的状态（周成虎 等，1999）。因此邻域的定义对于元胞自动机模拟预测的精度起到了关键作用，CA-Markov 模型是通过滤波器来定义邻域，本研究采用 5×5 的滤波器，即认为一个元胞周围 24（5×5－1，减去中心元胞本身）个元胞所组成的矩形空间对该元胞状态的改变产生显著的影响。

（2）转换规则的定义

转换规则由三部分构成：元胞约束条件；邻域影响概率和全局转换概率。元胞约束条件指的是每个自身元胞转换为某一状态的概率，一般为元胞相对某种状态的适宜性程度。邻域影响概率指的是邻域状态对中心元胞的影响。全局转换概率是对整个元胞空间起作用的转换概率，在时间上，它在转换过程中保持不变；在空间上，相对于每个元胞都是一致的（柯新利 等，2010）。转换规则构成如图 6-2 所示。

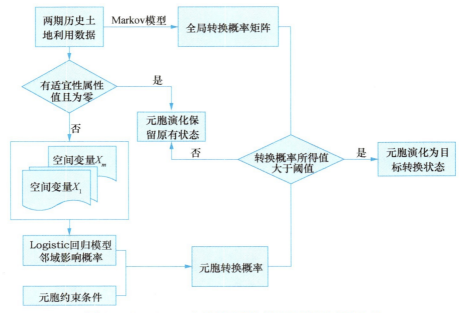

图 6-2　CA-Markov 土地利用变化模拟预测转换规则构成

## 第六章 基于元胞自动机的土地利用模拟和生态格局优化模型构建

图 6-2 展示的是一个元胞在元胞自动机中运算的全过程,全局转换概率矩阵控制元胞空间转换的元胞总数,并得到元胞转换概率的阈值 $P_{\text{threshold}}$;邻域影响概率和元胞约束条件共同作用下得出元胞转换概率 $P$,如果有转换概率 $P>P_{\text{threshold}}$,那么此元胞将转换为目标状态。

(3) 逻辑回归模型获取元胞转换概率

土地利用变化过程不仅受到邻域、自身类型的影响,更应注意到已有国家政策的影响,在进行逻辑回归分析进行元胞约束条件的构建时,应把这些由于政策影响而无法正常参与采样的元胞剔除,但在进行模拟时,这些仍然属于整体土地利用的一部分数据。本研究考虑的限制因素主要是区域规划中已经划定的基本农田保护区、生态保护区、水源保护区和坡度大于 25°的区域(我国林业可持续发展要求),模型中认为这些区域的土地利用类型是不可以发生转化的,记为 $P_{\text{limit}}=0$。栅格运算公式如下:

$$Y = ([基本农田] = 1) + ([生态保护区] = 1) \\ + ([水源保护区] = 1) + ([坡度] > 25)$$

其中,$Y$ 为相加的结果。[基本农田]为基本农田栅格数据,1 代表基本农田,0 代表非基本农田;[生态保护区]是生态保护区栅格数据,1 代表生态保护区,0 代表非生态保护区;[水源保护区]同以上两个栅格数据;[坡度]则代表研究区的坡度栅格数据。

$Y$ 的值为[0,4],$Y=0$ 代表元胞不属于受约束条件控制区域,$P_{\text{limit}}=1$;$Y>0$ 代表元胞属于受约束条件控制区域,$P_{\text{limit}}=0$。针对 $Y$ 值对图层进行重分类,有

$$\begin{cases} P_{\text{limit}} = 1, Y = 0 \\ P_{\text{limit}} = 0, Y > 0 \end{cases}$$

根据图 6-2 的模型转换规则,本研究基于土地类型演变模拟的主要空间影响要素,制定了元胞自动机转换规则的约束条件,其实质是利用逻辑回归模型实现的。在利用多元二分类因变量逻辑回归模型时,需要将约束条件部分的元胞剔除采样,考虑到城市土地类型的变化主要受到城市发展、交通和资源的空间影响,相关研究中所选取的空间变量可分为以下三类:

① 位置属性类:如到城市距离、到公路距离、到铁路距离、到河流距离等反映元胞区位特征的变量;

② 自然属性类:如坡度、高程、地表起伏度等反映地形地貌特征的变量;

③ 邻域属性类:如邻近建成区单元数量、邻近水体单元数量、邻近耕地单元数量等。

地理模拟过程需要使用许多空间变量,而这些空间变量往往存在一定的相

关性。在黎夏等人对于位置属性类空间变量的研究中,用距离梯度函数表达地理单元的 13 个区位空间变量,对这 13 个空间变量进行主成分分析,结果显示到城市的距离、到乡镇的距离、到铁路的距离、到公路的距离以及到河流的距离这前 5 个变量就包含了超过 95% 的信息量(罗平,2004)。自然属性类中坡度是最常用的地形变量。在中南大学黄秀兰的研究中证实,将邻域单元占比引入空间变量能极大提高模型的拟合优度,从而使土地利用模拟的布局更接近真实情况(黄秀兰,2008)。而由于短时间内的土地利用变化一般是由建设用地的扩张引起的,因此选取邻域范围内建成区单元占有率来作为邻域空间变量。为消除数据的冗余度,本研究选择的变量如表 6-2 所示。

表 6-2 逻辑回归分析的空间变量

| 空间变量名 | 意义 | 计量单位 |
| --- | --- | --- |
| discity | 元胞到城市的距离 | m |
| distown | 元胞到乡镇的距离 | m |
| disroad | 元胞到公路的距离 | m |
| disrail | 元胞到铁路的距离 | m |
| disriver | 元胞到水系的距离 | m |
| slope | 元胞坡度 | ° |
| Neighbor | 元胞邻域范围内建成区占有率 | % |

这里的 Neighbor 代表当前元胞 5×5 邻域范围内的不包括中心元胞的所有建设用地的占有率,具体方法如下:

$$\text{Neighbor}_j^i = \frac{\sum_{5\times 5} \text{con}(s_{ij} = 建设用地)}{5\times 5 - 1} \times 100\%$$

根据逻辑模型原理的介绍,结合本研究数据,回归方程为

$$P_{\text{logistic}} = \frac{1}{1+\exp[-(\beta_0+\beta_1 \text{discity}+\beta_2 \text{distown}+\beta_3 \text{disroad}+\beta_4 \text{disrail}+\beta_5 \text{diswater}+\beta_6 \text{slope}+\beta_7 \text{Neighbor})]}$$

可将上式化简为

$$\text{Logit}\left(\frac{P}{1-P}\right) = \beta_0 + \beta_1 \text{discity} + \beta_2 \text{distown} + \beta_3 \text{disroad} + \beta_4 \text{disrail} + \beta_5 \text{diswater} + \beta_6 \text{slope} + \beta_7 \text{Neighbor}$$

(4) Markov 模型计算土地利用类型全局转换概率矩阵

Markov 模型是应用广泛的一种基于栅格的随机空间概率模型。它通过对系统不同状态的初始概率以及状态之间的转移概率的研究来确定系统各状态变化趋势,从而达到对未来趋势预测的目的(Amoroso,1976)。马尔科夫过程具

有无后效性,是进行土地利用覆被变化预测最普遍的模型。该模型基于三个假设:首先,Markov 模型是随机的。从状态 $i$ 到状态 $j$ 的转移概率遵循:

$$\sum_{j=1}^{m} P_{ij} = 1$$

其中,$j=1,2,3,\cdots,m$。在土地利用结构预测中,状态指的是土地利用类型,如耕地、建设用地等。其次,通常假设 Markov 是一个一阶模型,它说明在事件发展过程中,每次状态转移的发生都只与前一时刻的状态有关。第三,假设预测过程的转移概率不发生改变(Agarwal,et al.,2001)。

Markov 模型主要的应用在于确定土地利用类型的转移概率矩阵。假设一个元胞有 $n$ 种可能的状态,在本研究中即 $n$ 种用地类型,记为 $L_1,L_2,\cdots,L_n$,$P_{ij}$ 为状态 $L_i$ 到状态 $L_j$ 的状态转移概率,则在此系统中的转移概率矩阵为

$$P_{全} = P_{ij} = \begin{bmatrix} P_{11} & P_{12} & \cdots & P_{1n} \\ P_{21} & P_{22} & \cdots & P_{2n} \\ \vdots & \vdots & & \vdots \\ P_{n1} & P_{n2} & \cdots & P_{nn} \end{bmatrix}$$

$P_{ij}$ 满足 $0 \leqslant P_{ij} \leqslant 1$,且 $\sum_{j=1}^{n} P_{ij} = 1$;其中 $i,j$ 为 $1,2,\cdots,n$ 中的任一值。

每个状态转移到其他任何一个状态的状态转移概率(其中 $i,j$ 为 $1,2,\cdots,n$ 中的任一值),其计算的基本方程为

$$P_{ij}^{n} = \sum_{k=1}^{n} P_{ik} P_{kj}^{(n-1)} = \sum_{k=1}^{n} P_{ik}^{(n-1)} P_{kj}$$

元胞的状态转移概率满足以下条件:

$$L(n) = L(n-1) P_{ij} = L(0) P_{ij}^{n}$$

由于不同土地利用类型之间具有相互转化的可能,且在一个时间相对较短的研究区内,土地利用结构具有相对稳定性,故 Markov 模型可以用来预测土地利用结构的变化(王东,2012)。

(5) 模拟结果的精度评定

本研究采用 Kappa 系数来测定模型模拟结果的精度。Kappa 系数一般用来评定两个图件的相似性:当 Kappa<0.4 时,则两个图件之间的相似性较低、差异较大,即模拟效果不理想;0.4≤Kappa≤0.75,表示两个图件之间的相似性尚可、差异明显,即模拟效果一般;Kappa>0.75 时,说明两个图件间的一致性很高、差异较小,即模拟效果良好,具有较高的置信度(裴彬 等,2010)。

## 第三节　最小累积阻力模型下的生态用地布局优化

在通过 CA-Markov 模型得到土地利用变化模拟预测结果后，经过各类用地互相作用影响下的区域生态用地的预测布局也将呈现。由于土地演变预测结果不能很好地满足生态用地空间的紧凑度的要求，为达到生态用地规划效益的最优，基于生态用地规划"集聚和分散相结合"的思想，本研究选择用最小累积阻力模型对生态用地的布局进行优化。

一个区域物种多样性可能会因与适宜的栖息地（源区）隔离而受到影响。然而，这种隔离程度的大小，不仅与相对源区的距离有关，更重要的是其中间地带的土地利用类型。考虑到后者，构建度量隔离程度的"最小累积阻力"（MCR）模型，用基于栅格的地图计算的 MCR 来描述来源区向外扩散转变成其他用地类型的累积阻力。在这一技术的支持下，使得识别生物空间运动的潜在趋势与景观格局改变之间的关系成为可能，在获取的低阻力区域引入新的斑块设计能更有效地保护物种多样性、实现生态保护的功能。MCR 模型最早由 Knaapen 于 1992 年提出，在俞孔坚等人的优化下用下式表示：

$$\mathrm{MCR} = f_{\min}\sum_{j=n}^{i=m}D_{ij}R_i$$

式中，MCR 是最小累积阻力，$D_{ij}$ 表示物种从源 $j$ 到景观单元 $i$ 的空间距离；$R_i$ 表示景观单元 $i$ 对某物种运动的阻力系数。$\sum_{j=n}^{i=m}D_{ij}R_i$ 表示单元 $i$ 与源 $j$ 之间穿越所有单元的距离和阻力的累积（俞孔坚，2009）。min 表示从所有源到该评价的斑块的阻力最小值，用来衡量该点的易达性。而城市土地景观的动态变化主要可以概括为生态用地和建设用地扩张两个过程（刘孝富 等，2010），因此本研究构建城镇用地扩张和生态用地扩张的最小累积阻力模型作为生态适宜性变量的描述，用来衡量不同土地利用类型单元转变为生态用地的适宜程度，具体函数公式如下：

$$\mathrm{ES} = \mathrm{MCR}_{eco} - \mathrm{MCR}_{urban}$$

式中，ES 代表生态适宜性，$\mathrm{MCR}_{eco}$ 代表生态用地扩张的最小累积阻力，$\mathrm{MCR}_{urban}$ 代表城镇扩张的最小累积阻力。ES＞0，说明该区域城镇扩张阻力小于生态扩张阻力，为适宜生态用地区；ES＜0，说明该区域城镇扩张的阻力大于生态扩张的阻力，为适宜建设用地区。

## 第六章 基于元胞自动机的土地利用模拟和生态格局优化模型构建

以往基于图层叠加运算的土地生态评价模型,由于强调评价单元垂直过程,会出现将距离城镇发展用地较远的区域误判为建设用地优先开发区的情况,影响了生态斑块的完整性,也使得评价结果降低了实用性。而 MCR 模型同时考虑了距离和适宜性两方面的要素,能很好地保护生态斑块和大面积的生态用地,提高斑块间的景观连通性(胡海龙,2011),避免上述"飞地"情况的发生,达到生态用地布局优化的目的。

# 第七章

# 湖南湘江新区核心区土地利用变化模拟与生态用地布局优化

## 第一节 数据的收集和处理

**1. 数据主要来源**

本研究是基于湖南湘江新区核心区不同时期的遥感影像数据、土地利用资料和相关社会经济分析资料的综合分析，对研究区生态用地规划进行方法优化的探索。因此具体收集的数据如下：

① 湖南湘江新区核心区 2000 年、2010 年的 Landsat TM 遥感影像数据（分辨率 30 m×30 m）；

② 湖南湘江新区核心区 2010 年土地利用现状数据；

③ 湖南湘江新区核心区 2010—2020 年规划数据，包括文本和图件资料；

④ 湖南湘江新区核心区生态保护区数据；

⑤ 湖南湘江新区核心区基本农田数据；

⑥ 湖南湘江新区核心区内的水源保护区数据；

⑦ 湖南湘江新区核心区 DEM 高程数据。

由于遥感影像解译出来的栅格数据为 30 m×30 m，为计算方便，以下数据统一运用 30 m×30 m 的栅格大小。

## 第七章 湖南湘江新区核心区土地利用变化模拟与生态用地布局优化

**2. 遥感影像数据处理**

本研究的遥感影像处理是在 ERDAS Imagine 9.2 和 ArcGIS 9.2 的软件系统支持下完成的,主要技术流程包括影像融合、配准,遥感影像解译以及遥感分类再处理。下面重点阐述遥感影像解译和遥感分类再处理。

（1）遥感影像解译

遥感影像解译主要是根据影像的色调、纹理、结构、饱和度、形状、分布特征等信息进行识别和判读土地利用类型。综合研究区现实情况和解译经验的分析,本研究构建了以下不同土地利用类型的判断标志,如表 7-1 所示。

表 7-1　湖南湘江新区核心区土地利用分类工作系统及判读标志

| 一级分类 | 包含土地利用类型 | 目视解译标志 | 影像判读标志 | 现实图片 |
| --- | --- | --- | --- | --- |
| 建设用地 | 城市、农村居民点、独立工矿及交通用地 | 紫色或粉色,呈现不规则板块,结构较为均一 | | |
| 耕地 | 水田、水浇地、旱地 | 绿色或棕色,边界规则、呈矩形、网格状 | | |
| 水体 | 河流、湖泊、水库、滩涂 | 深蓝色或蓝黑色,不规则,色调一致 | | |
| 植被 | 植被、园地、草地 | 深绿色或浅绿色,色调一致,呈片状 | | |
| 其他用地 | 裸地、空闲地等 | 棕色或白色,色调不均匀 | | |

将配准好的遥感影像图打开,用 Viewer 当中的 AOI 工具根据以上判读标准选择具有代表性的训练区,打开 Classifier-Signature Editor,将建设用地、耕地、水体、植被和其他用地的训练区逐个添加到其中,每添加一种计算机会自动计算其特征值,如图 7-1 所示。

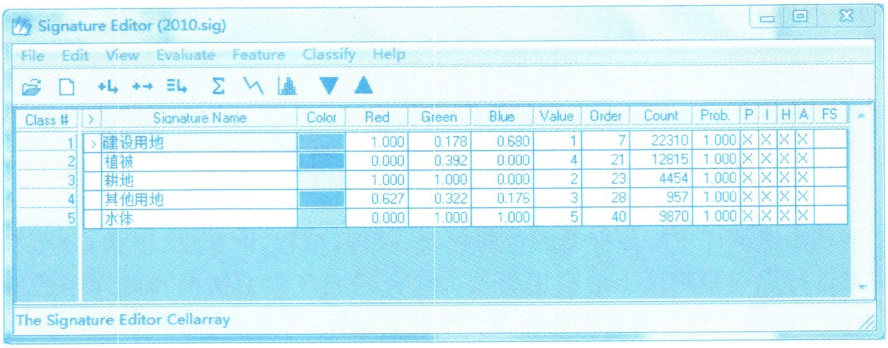

图 7-1 目视解译监督分类训练区数据

将编辑好的训练区数据保存,打开 Classifier 模块下的 Supervised Classification 选择对 Maximum Likelyhood 最大似然算法进行监督分类,2000 年和 2010 年的遥感影像图进行同样的操作得到分类后的遥感影像如图 7-2、图 7-3 所示。

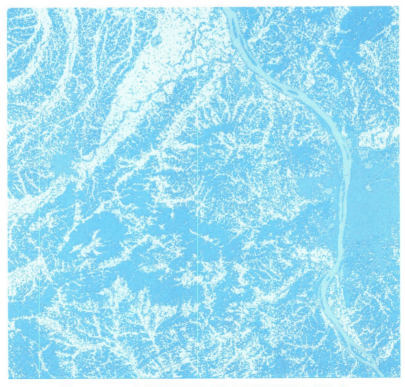

图 7-2　2000 年湖南湘江新区核心区遥感影像监督分类

## 第七章　湖南湘江新区核心区土地利用变化模拟与生态用地布局优化

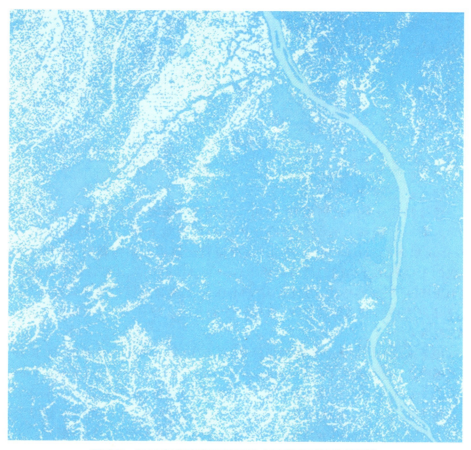

图 7-3　2010 年湖南湘江新区核心区遥感影像监督分类

然后进入模块 Classifier Accuracy Assessment，对分类结果进行精度评定，用 File 打开分类前的图像并利用 Creat Random Points 随机在图幅上布置 256 个控制点。选择 Editor 中的 Show Class Value 显示每个点在分类图中被分入的类别数。可选择 Show Current Selection，在原图中逐个检查每个点的正确类别，在 Reference 中记录正确的类别数。根据检查每个点的类别填完 Reference 列后，选择 Report 中 Accuracy Report 生成精度分析结果图表。对监督分类后得到的 2000 年和 2010 年的分类图都进行上述精度评价操作，得到精度评价分析报告如表 7-2 所示。

表 7-2　湖南湘江新区核心区 2000 年和 2010 年遥感影像分类精度评价

| 用地类型 | 2000 年 | | 2010 年 | |
| --- | --- | --- | --- | --- |
| | 生产者精度/(%) | 用户精度/(%) | 生产者精度/(%) | 用户精度/(%) |
| 建设用地 | 100.00 | 87.00 | 100.00 | 82.35 |
| 耕地 | 86.49 | 91.43 | 87.50 | 100.00 |
| 其他用地 | 92.31 | 63.16 | 100.00 | 76.19 |
| 植被 | 75.00 | 96.00 | 87.50 | 100.00 |
| 水体 | 100.00 | 100.00 | 100.00 | 100.00 |

(2) 遥感分类再处理

经过监督分类的识别处理,将由 5 类用地构成遥感图像导入 ArcGIS,同时导入同一坐标系下的湖南湘江新区核心区土地利用现状数据,使用 ArcToolbox 里面的 extract by mask 工具,用掩膜运算进行图像裁剪,得到预处理完成的土地利用分类图。然后运用 Raster to ACSII 的工具将各栅格数据再转为 IDRISI 可识别的格式,为进行 CA-Markov 土地利用模拟预测做准备(在此注意导出栅格的值必须是整数,原有的空值也应参与分类,本研究将空值 No-data 设为 0)。

接下来统一两期遥感影像的坐标系,以 2010 年遥感影像为基准,配准 2000 年遥感影像,进入模块 DataPrep-Image Geometric Correction,从 From Viewer 或者 From image file 中输入待校正的 2000 年的影像,在 Set Geometric Model 中选择 Polynomial,选择多项式参数 Polynomial Order 为 2,其他参数设为默认值。然后从 From Viewer 或 From image file 中输入 2010 年的影像。用几何校正控制面板在图上选择控制点。一般应该采集至少 2 倍于最小控制点个数,以达到降低 GCPs 本身误差的目的。最小控制点个数根据多项式次数 $N$ 决定,即 $(N+2)(N+1)/2$ 个,当选择的 $N=2$ 时,最小控制点数为 6,所以应采集 12 个点以上。控制点的选取要精细,注意尽量选择特征明显的稳定地物,如道路交叉口、河口、桥口、楼房拐角处等地;还应尽量使控制点均匀地布满整个图幅,这样才能使校准出来的图像形状更加规则,两幅图的坐标系一致性更强。

本研究中一共选择了 14 个控制点。初步选取控制点后,首先进行控制点的手动调整,即可以利用图像的放大功能根据像元的位置精确定位,用鼠标拖拽图标使得 RMS error 较大的控制点上下左右做微小移动,使控制点计算列表中的 RMS error 不超过 1。具体操作后的界面如图 7-4 所示。

# 第七章 湖南湘江新区核心区土地利用变化模拟与生态用地布局优化

图 7-4 影像配准处理

**3. 约束条件数据处理**

约束条件涉及边界数据、坡度数据、生态保护区数据、基本农田保护区数据、水源保护区数据,转换为 ASCII 格式,在进行逻辑回归分析采集样本时应被剔除。

（1）边界数据

研究区边界如图 7-5 所示。

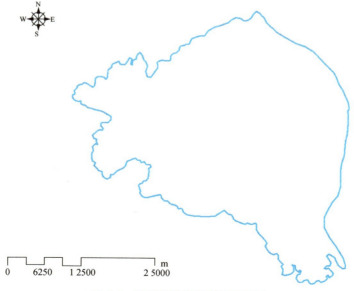

图 7-5 湖南湘江新区核心区边界

(2) 坡度数据

ArcGIS 导入 DEM 高程数据,利用空间分析的 Slope 工具生成坡度,再用掩膜工具进行裁剪得到。坡度大于 25°的被定义为约束区,其余部分为非约束区,如图 7-6 所示。

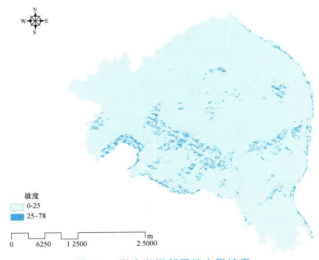

图 7-6　湖南湘江新区核心区坡度

(3) 生态保护区

生态保护区如图 7-7 所示。

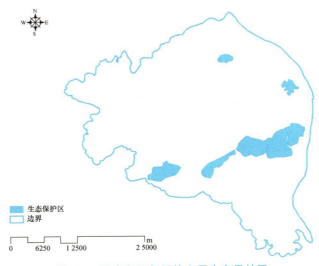

图 7-7　湖南湘江新区核心区生态保护区

(4) 基本农田保护区

基本农田保护区如图 7-8 所示。

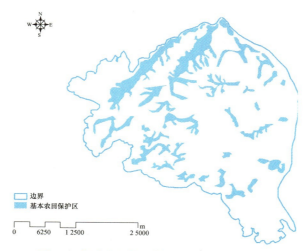

图 7-8　湖南湘江新区核心区基本农田保护区

(5) 水源保护区

水源保护区如图 7-9 所示。

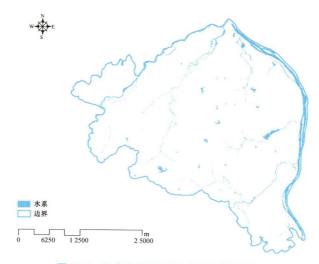

图 7-9　湖南湘江新区核心区水源保护区

## 4. 逻辑回归变量数据的处理

基于 2010 年土地利用现状数据，5 个变量均利用 ArcGIS 中的 Euclidean Distance 进行计算，具体得到以下结果，用掩膜工具剔除各约束条件控制区域后，将各栅格数据再转为 IDRISI 可识别的格式，为逻辑回归分析做准备。

（1）元胞到城市的距离

元胞到城市的距离如图 7-10 所示。

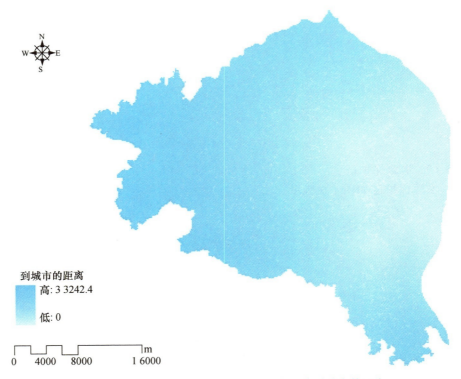

图 7-10　湖南湘江新区核心区 2010 年各元胞到城市的距离

（2）元胞到乡镇的距离

元胞到乡镇的距离如图 7-11 所示。

第七章 湖南湘江新区核心区土地利用变化模拟与生态用地布局优化

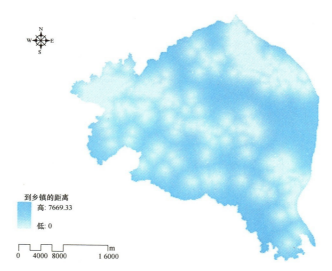

图 7-11 湖南湘江新区核心区 2010 年各元胞到乡镇的距离

(3) 元胞到铁路的距离

元胞到铁路的距离如图 7-12 所示。

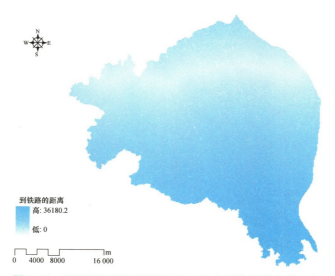

图 7-12 湖南湘江新区核心区 2010 年各元胞到铁路的距离

(4) 元胞到公路的距离

元胞到公路的距离如图 7-13 所示。

## 152 | 生态优先原则下的土地利用规划技术研究

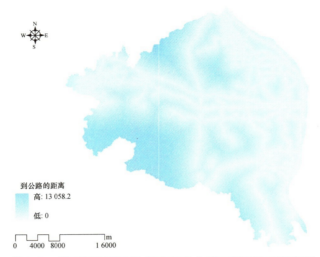

图7-13 湖南湘江新区核心区2010年各元胞到公路的距离

（5）元胞到水系的距离

元胞到水系的距离如图7-14所示。

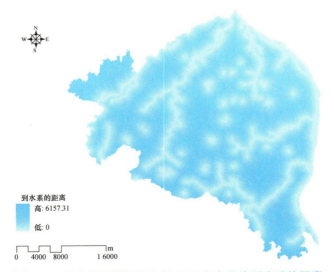

图7-14 湖南湘江新区核心区2010年各元胞到水系的距离

（6）坡度

2010年研究区坡度图如图7-15所示。

第七章 湖南湘江新区核心区土地利用变化模拟与生态用地布局优化 153

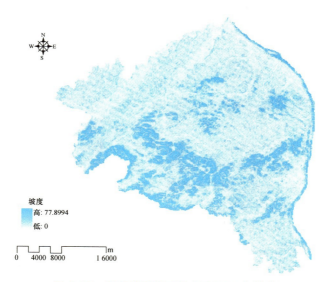

图 7-15 湖南湘江新区核心区 2010 年坡度

（7）元胞邻域范围内建设用地占有率

运用 ArcGIS 中的邻域计算功能 Focal Statistics，将邻域大小设置为 $5\times5$，得到结果如图 7-16 所示。

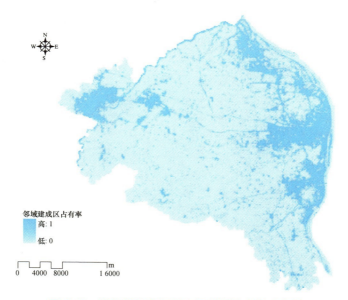

图 7-16 湖南湘江新区核心区邻域建成区占有率

将所有预处理后的 ASCII 格式数据导入 IDRISI15.0，至此，所有基础数据准备完成。

## 第二节　土地利用变化模拟及预测

土地利用变化模拟及预测主要通过 IDRISI 15.0 中的 CA-Markov 模型实现，IDRISI 中的 CA-Markov 模型的工作原理是在假设预测年份期间的土地利用和以往相同年份期间土地利用的转变规律及元胞总数一致的前提下，以预测基期的土地利用为初始状态，以适宜性图集获取的元胞适宜的土地利用类型以及基期和之前土地利用转移面积为依据，对土地类型进行重新布局分配，直至达到 Markov 模型预测的土地利用面积。主要分为三个步骤：第一，基于两期土地利用现状数据利用 Markov 模型计算土地类型转移面积和转换概率；第二，基于逻辑回归模型的适宜性图集生成，即元胞自动机转换规则；第三，土地利用模拟演变预测结果的生成。

### 1. 利用 Markov 模型计算土地类型转移面积和转换概率

进入 Modeling—Evinronmental/Simulation Models—MARKOV，将两期遥感解译分类数据输入进行 Markov 运算，得到 5 种土地利用类型转移面积和土地利用类型转换概率如表 7-3、表 7-4 所示。

表 7-3　湖南湘江新区核心区 2010—2020 年土地利用类型转移面积　　单位：km²

| 土地类型 | 建设用地 | 耕地 | 其他用地 | 植被 | 水体 |
| --- | --- | --- | --- | --- | --- |
| 建设用地 | 120.393 | 10.971 | 47.883 6 | 16.991 1 | 3.718 8 |
| 耕地 | 32.604 3 | 104.980 5 | 89.898 3 | 30.421 8 | 0.216 0 |
| 其他用地 | 89.713 8 | 43.798 5 | 157.026 6 | 68.504 4 | 0.828 0 |
| 植被 | 26.776 8 | 44.206 2 | 93.468 6 | 214.324 2 | 0.105 3 |
| 水体 | 8.019 9 | 0.857 7 | 2.097 9 | 1.288 8 | 15.305 4 |

注：行值为 2010 年某地类到 2020 年转化为其他地类的面积，列值之和为 2020 年某地类的面积。

表 7-4　湖南湘江新区核心区 2010—2020 年土地利用类型转换概率

| 土地类型 | 建设用地 | 耕地 | 其他用地 | 植被 | 水体 |
| --- | --- | --- | --- | --- | --- |
| 建设用地 | 0.602 1 | 0.054 9 | 0.239 5 | 0.085 0 | 0.018 6 |
| 耕地 | 0.126 3 | 0.406 7 | 0.348 3 | 0.117 9 | 0.000 8 |
| 其他用地 | 0.249 3 | 0.121 7 | 0.436 3 | 0.190 4 | 0.002 3 |
| 植被 | 0.070 7 | 0.116 7 | 0.246 7 | 0.565 7 | 0.000 3 |
| 水体 | 0.290 9 | 0.031 1 | 0.076 1 | 0.046 8 | 0.555 2 |

## 2. 基于逻辑回归模型的适宜性图集的生成

进入逻辑回归分析制作每一种土地利用类型的分布适宜图，选择 GIS Analysis—Statistics—LOGISTICREG，对话框如图 7-17 所示。

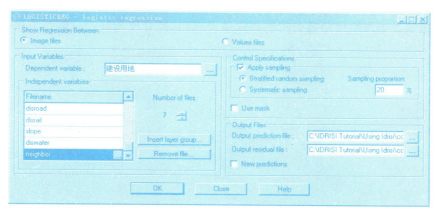

图 7-17　逻辑回归模型生成各类用地分布适宜图

对话框第一个空白处 Dependent variable 应输入各类用地的二值图，代表是逻辑回归模型中的二分类因变量：以建设用地为例，建设用地的单元值为 1，不是建设用地的单元值为 0。在 Independent variables 里面应该输入的是自变量，即 7 个空间变量。Control Specifications 中主要是确定采样数量，保证模型拟合的结果具有代表性，这里选择采样 20%。Output Files 则是输出各类用地适宜性图的文件存储路径。

得到各类用地的逻辑回归模型如表 7-5 所示。

表 7-5　湖南湘江新区核心区各类用地逻辑回归模型

| 地类($L$) | 逻辑回归模型参数 | | | | | | | | 模型拟合优度* |
|---|---|---|---|---|---|---|---|---|---|
| | constant | discity | distown | disroad | disrail | diswater | slope | neighbor | |
| 建设用地 | −7.982 4 | 0.119 9 | 0.066 0 | 0.606 3 | 0.198 2 | −0.217 9 | −0.100 1 | 1.140 4 | 0.965 0 |
| 耕地 | −3.371 8 | 0.050 8 | 0.368 9 | 0.239 8 | 0.301 2 | 0.441 1 | −0.761 5 | −0.507 6 | 0.856 4 |
| 其他用地 | −4.204 8 | 0.112 6 | 0.140 8 | 0.108 8 | 0.237 1 | 0.132 5 | −0.093 0 | 0.115 7 | 0.761 4 |
| 植被 | −3.714 7 | 0.161 3 | 0.286 5 | 0.087 9 | 0.235 4 | −0.177 6 | 1.253 1 | −0.478 3 | 0.904 0 |
| 水体 | −6.182 7 | 0.018 5 | 0.154 4 | 0.025 1 | 0.063 7 | 0.627 1 | 0.142 4 | 0.289 4 | 0.852 5 |

\* 越靠近 1 说明模型拟合度越好，小于 0.5 说明模型不收敛。

模型参照公式

$$\text{Logit}\left(\frac{P}{1-P}\right) = \beta_0 + \beta_1 \text{discity} + \beta_2 \text{distown} + \beta_3 \text{disroad} + \beta_4 \text{disrail} + \beta_5 \text{diswater} + \beta_6 \text{slope} + \beta_7 \text{neighbor}$$

此处通过取样20%的元胞计算所得各用地适宜性的逻辑回归方程,以建设用地和植被用地的逻辑回归方程为例,建设用地适宜性与坡度、到水系的距离成负相关,与其他空间变量成正相关,符合优先选择坡度平缓地区开发、避开重要的自然水生态环境的建设用地演变规律;植被用地适宜性与城镇邻域变量呈负相关,与坡度呈正相关,也与实际生态保护中禁止开发山林地的原则一致。所有用地适宜性的逻辑回归模型均达到收敛要求,且拟合度较好。具体各类用地适宜区如图7-18～图7-22所示。

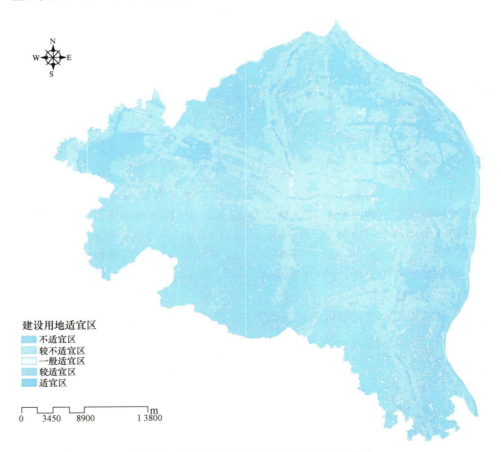

图7-18 湖南湘江新区核心区建设用地适宜区

# 第七章 湖南湘江新区核心区土地利用变化模拟与生态用地布局优化

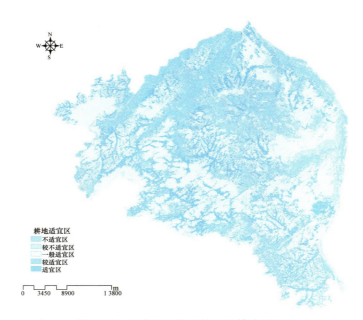

图 7-19　湖南湘江新区核心区耕地适宜区

图 7-20　湖南湘江新区核心区其他用地适宜区

158　生态优先原则下的土地利用规划技术研究

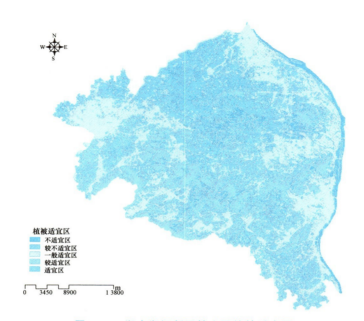

图 7-21　湖南湘江新区核心区植被适宜区

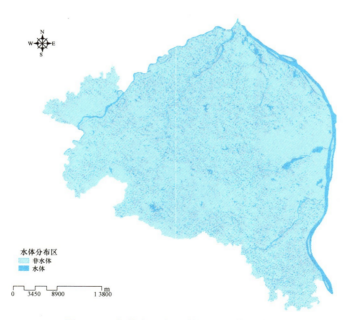

图 7-22　湖南湘江新区核心区水体分布区

# 第七章　湖南湘江新区核心区土地利用变化模拟与生态用地布局优化

由图 7-18 看出，建设适宜用地区域主要分布在城镇区域，道路周围呈现明显的潜在开发优势；由图 7-19 呈现的耕地适宜区可发现其主要分布在河流沿岸和城镇居民点附近，包含基本农田的分布；图 7-20 所示其他用地适宜区主要零星分布于耕地适宜区和建设用地适宜区周边；图 7-21 所示植被适宜区主要集中分布在西南部山林地区域；说明根据逻辑回归模型所得适宜图与实际土地利用的状况一致。

再进入 file—colletion editior 编辑土地适宜性图集（图 7-23）：

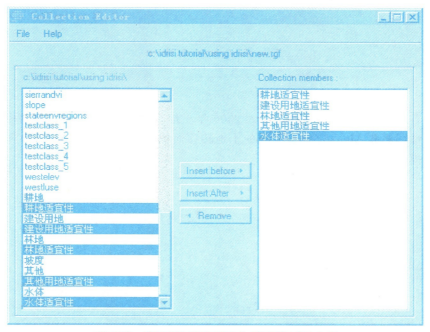

图 7-23　湖南湘江新区核心区适宜性图集合并

在此生成的湖南湘江新区核心区的各类用地适宜性图集即元胞自动机的转换规则，为土地利用变化模拟过程中元胞转换状态的根本依据。

**3. 湘江新区核心区土地利用变化模拟预测结果及分析**

进入 Modeling—Evinronmental/Simulation Models—CA_Markov 模块，如图 7-24 所示。

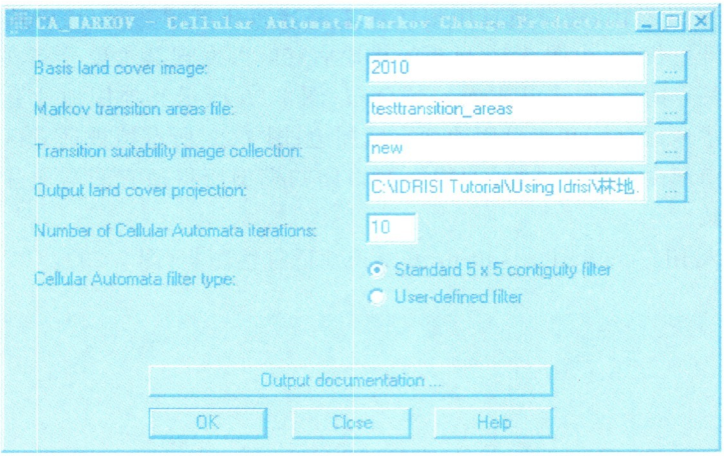

图 7-24　CA-Markov 土地利用变化模拟预测模块

首先进行土地演变模拟,输入 2000 年土地利用现状数据,再将之前做好的适宜性图集和 Markov 模型生成的土地转移面积等参数输入,得到 2010 年土地利用模拟结果,如图 7-25 所示。

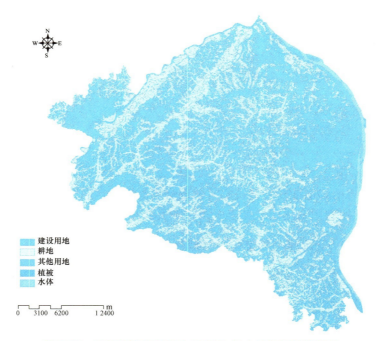

图 7-25　湖南湘江新区核心区 2010 年土地利用模拟结果

第七章　湖南湘江新区核心区土地利用变化模拟与生态用地布局优化 | 161

打开 GIS Analysis—Change/Time series—Crosstab 模块进行精度评定,得到与 2010 年真实土地利用现状对比的 Kappa 系数,为 0.7502,说明模拟精度良好,可进行下一步土地利用模拟预测。由于使用的两期土地利用现状数据相差 10 年,因此预测的土地利用状况也应是 10 年后,预测基期为 2010 年,则预测 2020 年的土地利用情况。运行得到 2020 年湖南湘江新区核心区土地利用预测结果(图 7-26)。

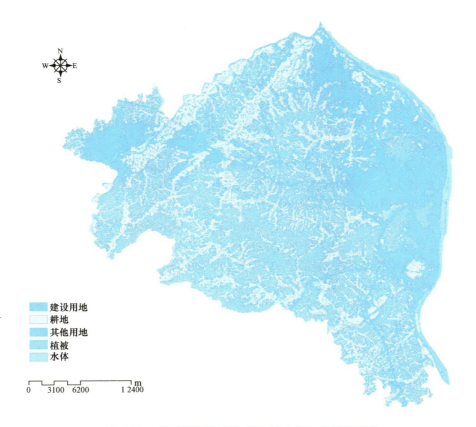

图 7-26　湖南湘江新区核心区 2020 年土地利用预测

根据表 7-6 可知,2010 年湖南湘江新区核心区建设用地面积相对 2000 年增加 115.76%,耕地面积减少 35.66%,其他用地面积增加 53.65%,植被面积和水体面积分别减少 16.81% 和 32.58%;2020 年相对 2010 年建设用地面积增加 39.23%,耕地面积减少 20.55%,其他用地面积增加 10.06%,植被面积和水体面积分别减少 14.15% 和 28.59%。参照 IDRISI-CROSSTAB 进一步分析得到

表7-7的结果，湖南湘江新区核心区在2000—2020年土地利用转移的特点主要有以下几个方面：

① 2000—2020年，湖南湘江新区核心区各类土地利用类型都有转入和转出。从绝对数上看，2000—2010年间转入土地面积最大的是其他用地，为246.31 km²，最小的是水体为2.34 km²，转入土地面积从多到少为其他用地＞建设用地＞植被＞耕地＞水体；而2010—2020年转入的土地面积最大的是其他用地，为233.35 km²，最小的是水体，为4.88 km²，转入土地面积大小顺序与2000—2010年的一致。2000—2010年，转出土地面积最大的是耕地，为219.89 km²，最小的是水体，为15.68 km²，转出的土地面积由多到少的排序为耕地＞植被＞其他用地＞建设用地＞水体；而2010—2020年间转出的土地面积最大的是其他用地，为202.84 km²，最小的依然是水体，为12.27 km²，转出土地面积由多到少的排序为其他用地＞植被＞耕地＞建设用地＞水体。根据模拟预测结果，转入土地的趋势未有大的变动，转出土地最多的类型由耕地变为其他用地，耕地和植被的转出逐渐减少。

② 从转入地类来看，其他用地转入最多的是耕地和植被，而由其他用地转入耕地的较少，主要转为建设用地，反映该用地类型开发力度较大，其转变的主要方向为建设用地。建设用地转入最多的是其他用地和耕地，说明作为生产性的人工生态环境转变为建设用地的可能性更大。转入植被最多的是其他用地和耕地，主要分布在坡度较大区域。耕地转入的主要来源为植被，主要为平原区域，伐木开垦依然是增加耕地的主要方式。水体的转入来源主要为建设用地，这与人工湖、沟渠的开凿有很大关系。

③ 从转出地类的情况来看，2000—2010年，耕地转出最多的是其他用地（129.08 km²）、建设用地（46.82 km²）、植被（43.68 km²），它们成为这段时间建设用地开发后备用地的主要来源，同时部分地区开始基塘建设并修建水利设施也成为耕地转为建设用地的原因，而转为植被说明退耕还林、生态造林的措施起到了一定的作用，同时也说明其他用地作为植被和耕地之间的过渡用地类型转变比较容易。植被转出最多的为其他用地和耕地，这主要与城镇扩张占用耕地以及当地农民为保证粮食产量，通过占用林地获取优质耕地有关。其他用地转出最多的是建设用地和植被，建设用地转出最多的为其他用地，2010—2020年，其他用地取代耕地成为转出面积最大的用地类型，说明城镇开发利用的方向主要是其他用地。水体转出最多的是建设用地，且分布在建成区、耕地周边较多，说明近年来填塘、围垦现象严重，并且水体转出地区周边的植被也有转为开发用地的趋势。

总体上，建设用地面积大幅上升，而主要的土地类型转变来源是其他用地；

# 第七章　湖南湘江新区核心区土地利用变化模拟与生态用地布局优化

耕地、植被和水体面积均有下降,且转变为植被和水体的用地近似于零,说明经济发展和城市化进程的加快主导了土地类型的转变;作为生产生活用地与生态用地之间的过渡类型——其他用地数量的上升,说明城镇不断扩张对生态用地造成的威胁正在不断加剧。参见图 7-27、图 7-28。

表 7-6　湖南湘江新区核心区 2000 年、2010 年、2020 年土地利用变化统计

| 用地类型 | 面积/km² | | | 面积占比/(%) | | |
| --- | --- | --- | --- | --- | --- | --- |
| | 2000 年 | 2010 年 | 2020 年 | 2000 年 | 2010 年 | 2020 年 |
| 建设用地 | 92.676 6 | 199.957 5 | 278.401 5 | 7.57 | 16.33 | 22.74 |
| 耕地 | 401.187 6 | 258.121 8 | 205.071 3 | 32.76 | 21.08 | 16.75 |
| 其他用地 | 234.212 4 | 359.870 4 | 396.091 8 | 19.13 | 29.39 | 32.35 |
| 植被 | 455.429 7 | 378.881 1 | 325.269 9 | 37.19 | 30.94 | 26.56 |
| 水体 | 40.894 2 | 27.569 7 | 19.685 7 | 3.34 | 2.25 | 1.61 |

表 7-7　湖南湘江新区核心区 2000—2020 年土地利用转移面积　　　　单位:km²

| 土地类型 | 2000—2010 年 | | | | | 2010—2020 年 | | | | |
| --- | --- | --- | --- | --- | --- | --- | --- | --- | --- | --- |
| | 建设用地 | 耕地 | 其他用地 | 植被 | 水体 | 建设用地 | 耕地 | 其他用地 | 植被 | 水体 |
| 建设用地 | 62.00 | 4.23 | 18.46 | 6.55 | 1.43 | 120.39 | 10.97 | 47.88 | 16.99 | 3.72 |
| 耕地 | 46.82 | 181.30 | 129.08 | 43.68 | 0.31 | 32.60 | 104.98 | 89.90 | 30.42 | 0.22 |
| 其他用地 | 53.37 | 26.05 | 113.55 | 40.75 | 0.49 | 89.71 | 43.80 | 157.03 | 68.50 | 0.83 |
| 植被 | 27.53 | 45.45 | 96.09 | 286.25 | 0.11 | 26.78 | 44.21 | 93.47 | 214.32 | 0.11 |
| 水体 | 10.25 | 1.10 | 2.68 | 1.65 | 25.23 | 8.02 | 0.86 | 2.10 | 1.29 | 15.31 |

注:行值为 2010 年某地类到 2020 年转化为另一地类的面积,列值之和为 2020 年某地类的面积。

从分布格局上看,城镇建设用地不断向区域内部延伸,植被范围从以前的全覆盖逐渐向西南方向退缩,耕地由依附水体周边往森林深处发展,小型水体消失严重,其他用地逐渐占领原本离建设用地较近的植被和耕地区域。

具体来说,首先,建设用地的扩张主要来源于其他用地和耕地,主要发生在城镇周边地区。相对其他地类,其他用地和耕地的建设用地开发成本相对较低,区位离开发中心较近,对生态环境影响相对较小;同时也应注意到,道路的修建使得其两侧耕地、植被和水体直接转变为建设用地的趋势增强,因此带来的生态环境恶化不容乐观。特别是,作为生态多样性最丰富、生态价值最高的生态系统之一,大部分水体因其紧邻的耕地使原本较为稳定的水生态环境被脆弱的人工

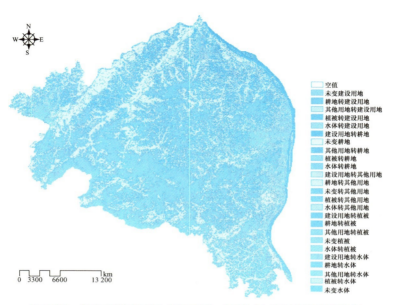

图 7-27　湖南湘江新区核心区 2000—2010 年土地利用转移变化

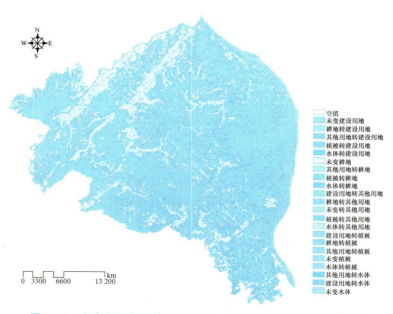

图 7-28　湖南湘江新区核心区 2010—2020 年土地利用转移变化

## 第七章　湖南湘江新区核心区土地利用变化模拟与生态用地布局优化

生态环境取代,过度施肥对于水体的污染、填塘围垦侵占导致区域生态环境问题更加突出。

其次,转变为耕地的主要来源还是植被,城市扩张对原有耕地的占用、人口增长带来的粮食生产压力以及耕地质量退化导致的使用率下降等都需要保证耕地数量,要保证耕地数量满足需求就只能通过伐木开垦获取优质耕地,种植更具经济价值的粮食作物,砍伐树木、开辟耕地导致森林退化,植被数量逐年下降。

最后,大量耕地、植被转变为其他用地,其他用地在耕地和植被、耕地和建设用地的中间地带范围日渐扩大,缘于一方面过度施用化肥导致土壤污染、盐碱化加重,使得原有耕地产量降低、可用性下降,一部分被政府征用待开发,一部分沦为不可耕种的荒地;另一方面建设用地扩张造成其周边耕地、植被区域大量被其他用地取代,土地裸露现象严重。其他用地处于植被和耕地、建设用地和耕地中间缓冲地带的特殊区位,其数量的不断增长和灵活的转变性质无疑严重威胁着区域生态环境的可持续发展,如果不遏制其他用地的快速蔓延,将会对区域生态用地造成不可恢复的恶劣影响。

总的来说,土地利用格局转变的规律可以概括为:建设用地沿道路和城镇边缘侵占周边耕地和其他用地;水体的污染、占用主要来自耕地和毗邻的建设用地;其他用地的扩张方向主要有两个:以建设用地为中心向耕地蔓延,处于植被和耕地过渡地带的向两边蔓延;耕地逐渐侵占毗邻的植被。

## 第三节　湖南湘江新区核心区生态用地布局优化

**1. 生态用地布局优化的实现**

根据本研究分类,生态用地为植被和水体两类用地,根据逻辑回归模型所得的适宜性图的结果,保留植被较适宜区、适宜区和水体区域,生态用地适宜区占总面积的 43%,得到核心区生态用地适宜区如图 7-29 所示。

根据 CA-Markov 模型得到的 2020 年湖南湘江新区核心区建设用地扩张预测图,如图 7-30 所示。

本研究定义生态用地源区为已有的风景名胜、生态保护区和水源保护区,城镇用地源区则是预测的 2020 年建设用地区。根据上文分析结果可知,以植被和水体构成的生态用地在城镇建设用地扩张过程中的阻力最大,而作为人工生态环境,耕地转变为建设用地的可能性仅次于其他用地,因此城镇建设用地扩张的阻力为中等水平,其他用地和建设用地作为用地开发的主要形态对建设用地扩张的阻力最小。而生态用地扩张阻力值则按照适宜性的结果排序赋值。因此,

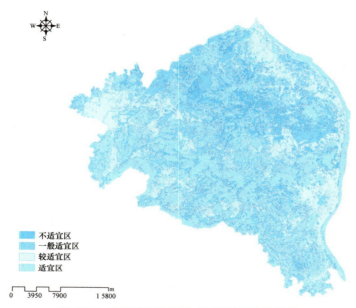

图 7-29　湖南湘江新区核心区生态用地适宜区

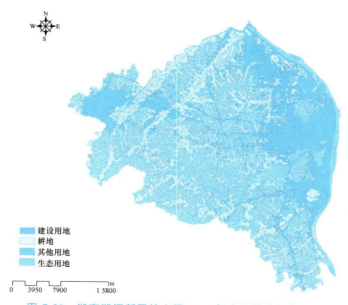

图 7-30　湖南湘江新区核心区 2020 年建设用地扩张预测

# 第七章　湖南湘江新区核心区土地利用变化模拟与生态用地布局优化

各用地类型的城镇用地扩张阻力值和生态用地扩张阻力值如表 7-8 所示。

表 7-8　各类用地阻力值

| 区域类型 | 生态用地扩张阻力值 | 用地类型 | 城镇用地扩张阻力值 |
| --- | --- | --- | --- |
| 适宜区 | 1 | 生态用地 | 4 |
| 较适宜区 | 2 | 耕地 | 3 |
| 一般适宜区 | 3 | 其他用地 | 2 |
| 不适宜区 | 4 | 建设用地 | 1 |

在完成各类用地阻力值属性的添加后，利用 ArcGIS 中 Cost Distance 功能实现最小累积阻力模型运算。生态用地扩张的最小累积阻力值 $MCR_{eco}$ 的计算基于生态用地适宜性结果和生态用地源区；城镇建设用地扩张的最小累积阻力值 $MCR_{urban}$ 的计算基于 2020 年建设用地扩张预测结果和建设用地源区。计算得到湖南湘江新区核心区 2020 年生态用地布局优化图。分别保留 25％、33％、40％及 50％生态用地所得结果如图 7-31 所示。

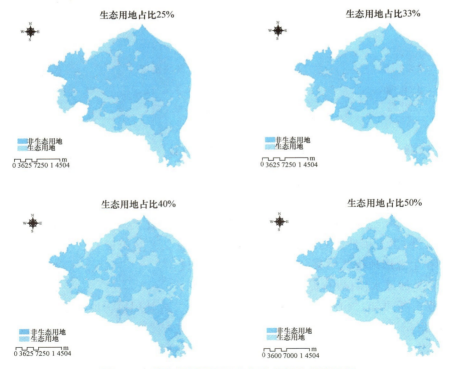

图 7-31　湖南湘江新区核心区生态用地优化布局

25%的生态用地保有量,地块破碎化程度较高,生态斑块集中性不强,特别是生态廊道连续性不足,明显无法构成网络结构;33%的生态用地保有量明显增强了生态廊道的连续性,但生态斑块的聚集度依然不足;40%的生态用地保有量使得生态用地布局零星分散的情况明显改善,并且大型生态用地斑块之间相互衔接;而占总面积50%的生态用地已经成片分布。湖南湘江新区核心区2020年规划用地要求,生态用地的最小用地量为总量的33%(长沙市勘测设计研究院,2010),本研究结果表明要保证区域生态用地呈现集中与分散相结合的网状分布,生态用地总量需占湖南湘江新区核心区40%以上比较适宜。运用Fragstats软件对优化前的生态用地适宜性结果和优化后的生态用地布局(占总面积40%)的景观格局进行对比分析,结果如表7-9所示,斑块数和斑块密度大幅下降,斑块聚集度提升了将近10%。说明优化模型能很好地将零散的生态用地整合到一起,大型斑块产生聚集效应,保持整体区域生态环境水平,而斑块之间的衔接又犹如一张生态网将非生态用地包罗起来,调解局部生态环境问题,以聚集和分散并存的形式楔入非生态用地区,保证区域生态环境的可持续发展。

表7-9　生态用地布局优化前后景观格局指数对比

| 生态用地 | 斑块数 | 斑块密度 | 聚集度 |
|---|---|---|---|
| 优化前 | 1985 | 1.6212 | 90.8898 |
| 优化后 | 38 | 0.031 | 98.7231 |

**2. 湖南湘江新区核心区生态用地规划布局的建议**

湖南湘江新区核心区(以下简称核心区)位于湘江西岸,拥有得天独厚的优良生态条件;作为"两型社会"的核心试验区又将成为未来长株潭城市群发展的新中心,人口、经济、社会资本将不断向这里集聚,因此实现核心区生态环境的可持续发展、生态用地规划的效益最优有着深远意义。基于核心区土地利用模拟预测和生态用地优化结果,本研究提出以下建议:

(1)加强水体保护,促进区域生态平衡

据分析可知,核心区水体近年来大量减少,导致其周边土地利用的转变也深受影响,并且在未来有进一步加剧的趋势。这种状况如果不加以遏制,自然湿地、湖泊、河流将受到严重干扰,破坏动植物的生存环境,给水生态系统造成不可恢复的损害,进而影响到区域生态系统的健康水平。因此必须制定针对水体的详细保护措施,例如严禁围垦、挖塘、填埋等占用行为,禁止在水域附近建设污染

## 第七章　湖南湘江新区核心区土地利用变化模拟与生态用地布局优化

环境的生产设施,定期对水体污染状况进行监测,对已经出现污染的水体进行养护、净化等,尽量减小城市化进程对水体环境造成的不良影响。

(2) 控制植被占用,提升土地利用效率

植被对于区域气候调节、水土环境的保持有着重要作用,控制植被急速减少可以保证区域生态安全。核心区植被覆盖率高,但由于建设用地扩张和耕地占用的影响下降迅速,究其原因主要源于耕地的不合理使用和建设用地无序扩张,有向中部、南部林地区域深入,造成生态斑块破碎化的趋势。过度施肥造成的土壤污染、盐碱化导致了已有耕地减产,只能通过伐木开垦新的耕地以保证粮食生产量。在这种情况下,加强保护核心区植被、遏制用地开发割裂生态斑块异常关键。针对已经受到污染的耕地,可采取休耕养地或者引入先进耕地技术,促进耕地的营养恢复,控制耕地占用生态用地;而建设用地的无序扩张应该通过严格执行用地规划、提升土地利用效率的方式解决,禁止建设用地破坏生态用地。

(3) 制定生态用地红线规划

根据土地利用模拟预测结果,核心区的建设用地扩张主要以岳麓区为中心经雷锋镇向中部植被延伸,以城郊乡为中心经全民乡向北部植被延伸,而生态用地的总体特点为,除区域北部的谷山、乌山和南部的岳麓山、莲花山、泉水冲的植被及其周围的湿地构成的主要生态斑块外,以河流、沟渠及其沿岸的防护林等线性景观要素构成的生态廊道存在被耕地或其他用地阻断的危险,原本由斑块和廊道构建的网状空间结构被打乱。核心区生态用地优化布局结果显示核心区生态用地红线划定区域应占总面积的40%,着重保护大型生态斑块以及斑块之间的连接廊道具有重要的生态意义。因此根据生态用地预测优化的结果,马桥河、沩水河、八曲河、湘江构成四条纵向廊道,龙王港、靳江河、牌楼湾河构成三条横向廊道,乌山、谷山、岳麓山、莲花山和泉水冲由北向南构成五大生态斑块,以八曲河沟通乌山和泉水冲森林斑块,以湘江沟通谷山和岳麓山两大山林地生态斑块,构成核心区生态用地布局的基本架构和核心区域(如图7-32所示),原则上任何形式的建设用地开发都不得占用这类生态用地控制保护区域。此外作为长期规划,还应对区域内其他用地进行积极的生态恢复,通过调整土地利用方式控制城市建设活动对生态用地的干扰,构建人工生态系统和自然生态系统的缓冲区,形成城市边缘区与生态用地的生态隔离带(俞孔坚,1999)。如选用本土物种进行生物栖息地生态保育、逐年有计划进行植被的恢复、保持河流湿地的自然形态等。

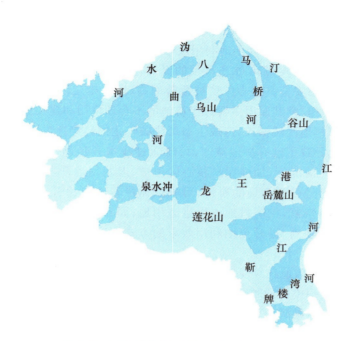

图 7-32　湖南湘江新区核心区生态用地格局

（4）明晰部门分工，健全生态用地保护法律法规

生态用地的保护涉及多个部门的互相协作，以往核心区生态用地的大量占用、建设用地的无序扩张与规划不落实、部门分工责任不明有很大关系。要落实规划就应各相关部门建立明确清晰的责任分工体系和统一的工作流程，杜绝"遇事互相推诿，都应该管却都管不了"的现象发生。生态用地的保护迫在眉睫，目前我国仍然缺乏一部系统的法律来对其进行保护和管理。在当前国家倡导构建生态文明、鼓励基层创新的大形势下，出台生态用地保护相关的地方性法规对于规范核心区土地利用、推进"两型社会"构建有着积极意义。在责任到人的明确分工下严格监管，在生态用地保护法规指导下严格执法，着力有效保护区域生态用地，保证区域的生态可持续发展。

## 参考文献

Agarwal C, Green G M, Grove J M, et al., 2001. A review and assessment of land use change models, dynamics of space, time, and human choice

## 第七章 湖南湘江新区核心区土地利用变化模拟与生态用地布局优化

[R]. CIPEC Collaborative Report Series 1.

Amoroso S, Patt Y, 1976. Decision procedures for surjectivity and injectivity of parrallel maps for tesselation structures[J]. Computer System Science, 6:448 – 464.

Araya Y H, 2010. Analysis and modeling of urban land cover change in Setiibal and Sesimbra, Portugal[J]. Remote sens, (2): 1549 – 1563.

Arsanjani J J, Helbich M, Kainz W, et al., 2013. Integration of logistic regression, Markov chain and cellular automata models to simulate urban expansion[J]. International Journal of Applied Earth Observation and Geoinformation, (21): 265 – 275.

Jerry E Franklin, Richard T T Forman, 1987. Creating landscape patterns by forest cutting: Ecological consequences and principles[J]. Landscape Ecology, 1 (1): 5 – 18.

Ligtenberg A, Bregt A K, van Lammeren R, 2001. Multi-actor-based land use modelling: spatial planning using agents[J]. Landscape and urban planning, 56(1 – 2):21 – 33.

Santé I, García A M, Miranda D, et al., 2010. Cellular automata models for the simulation of real-world urban processes: A review and analysis[J]. Landscape and Urban Planning, (96): 108 – 122.

Stevens D, Dragicevic S, Rothley K, 2007. ICity: A GIS—CA modelling tool for urban planning and decision making[J]. Environmental Modelling & Software, 22(6): 761 – 773.

Verburg P H, Eickhout B, Van Meijl H, 2008. A multi-scale, multi-model approach for analyzing the future dynamics of European land use[J]. Annals of Regional Science, 42(1):57 – 77.

Yikalo H, Araya, 2010. Analysis and modeling of urban land cover change in Setiibal and Sesimbra, Portugal[J]. Remotesens, (2):1549 – 1563.

长沙市勘测设计研究院. 城市群两型社会示范区大河西先导片区规划[R], 2010.

陈昌笃, 马世俊, 1991. 景观生态学的理论发展和实际应用[M]. 北京:中国经济出版社.

陈建军,郭玲霞,黄朝禧.区域生态用地的概念和分类,(2010-05-17)[2021-05-20],http://www.mlr.gov.cn/zljc/201005/t20100517_149207.htm

段增强,Erburg P H V,张凤荣,2004.土地利用动态模拟模型的构建及其应用:以北京市海淀区为例[J].地理学报,59(6):1037-1046.

郭谦,2013.皖江城市带土地利用变化生态效应研究[D].北京:北京大学.

胡海龙,2011.多智能体城市生态用地选址模型及其应用[D].长沙:中南大学.

黄秀兰,2008.基于多智能体与元胞自动机的城市生态用地演变研究[D].长沙:中南大学.

柯新利,邓祥征,何书金,2010.地理元胞自动机模型的尺度敏感性及原因[J].地理研究,29(5):863-874.

黎夏,刘小平,李少英,2010.智能式 GIS 与空间优化[M].北京:科学出版社,109-111.

黎夏,叶嘉安,刘小平,等,2007.地理模拟系统:元胞自动机与多智能体[M].北京:科学出版社,1-4.

刘小平,黎夏,艾彬,等,2006.基于多智能体的土地利用模拟与规划模型[J].地理学报,61(10):1101-1112.

刘孝富,舒俭民,张林波,2010.最小累积阻力模型在城市土地生态适宜性评价中的应用:以厦门为例[J].生态学报,30(2):421-428.

罗平,2004.地理特征元胞自动机及城市土地利用演化研究[D].武汉:武汉大学.

裴彬,潘韬,2010.土地利用系统动态变化模拟研究进展[J].地理科学进展,29(9):1060-1066.

全泉,田光进,沙默泉,2011.基于多智能体与元胞自动机的上海城市扩展动态模拟[J].生态学报,31(10):2875-2887.

汪锐良,2013.基于 ABM 的城市扩张、耕地保护与湿地流失的模拟研究:以杭州市萧山区为例[D].杭州:浙江大学.

王东,2012.基于多智能体的生态用地格局演化研究——以肇庆市鼎湖区为例[D].广州:广州大学.

王丽艳,张学儒,张华,等,2010. CLUE-S 模型原理与结构及其应用进展[J]. 地理与地理信息科学,26(3):73-77.

王仰麟,1995. 渭南地区景观生态规划与设计[J]. 自然资源学报,10(4):372-379.

邬建国,2000. 景观生态学:概念与理论[J]. 生态学杂志,19(1):42-52.

杨国清,刘耀林,吴志峰,2007. 基于 CA-Markov 模型的土地利用格局变化研究[J]. 武汉大学学报(信息科学版),32(5):414-417.

尹建杰,2011. Logistic 回归模型分析综述及应用研究[D]. 黑龙江大学.

俞孔坚,1999. 生物保护的景观生态安全格局[J]. 生态学报,19(1):8-15.

俞孔坚,王思思,李迪华,2009. 北京市生态安全格局及城市增长预景[J]. 生态学报,29(3):1189-1204.

曾招兵,2008. 城市生态用地景观格局现状分析、评价与优化对策:以上海市青浦区为例[D]. 南京:南京农业大学.

张泉,叶兴平. 2009. 城市生态规划研究动态与展望[J]. 城市规划,33(7):51-58.

周成虎,孙战利,谢一春,1999. 地理元胞自动机研究[M]. 北京:科学出版社,26-50.

# 第四部分

## 区域土地资源利用优化配置研究

# 第八章

# 区域土地资源利用优化配置研究综述

## 第一节 研究进展综述

土地资源利用优化配置研究是一个传统而又崭新的领域,各国学者对土地资源利用优化配置开展了广泛的研究。本研究将从土地资源配置的内涵研究、用地适宜性评价研究、数量优化配置研究、空间优化配置研究、不确定性理论与方法研究5个方面梳理国内外相关研究进展。

**1. 土地资源配置的内涵研究**

1.1 概念及特征

许多学者从各自的学科角度对区域土地资源配置赋予了不同的内涵,所表达的重点也不尽相同。土地经济学上认为区域土地资源配置是在地租的影响下进行安排布局的,如杜能的农业区位论、韦伯的工业区位论就是该种理念的主要论述。周诚(1989)认为区域土地资源配置是各种不同经济用途的土地的空间格局,是一个由点、线、面、网构成的多层次、多类别、多部门、多项目交织的网络结构。Plummer(1993)给出了区域土地资源配置含义的具体表述,认为区域土地资源配置是为了达到一定的生态经济最优目标,依据土地资源的自身特性和土地适宜性评价,对区域内土地资源的各种利用类型进行更加合理的数量安排和空间布局,以提高土地利用效率和效益,维持土地生态系统的相对平衡,实现土地资源的可持续利用。

上述对区域土地资源配置内涵的理解存在一定的差异,但是区域土地资源配置的主要内容还是针对有限的土地资源,遵循社会经济规律、自然生态规律,合理配置土地资源,让人口、资源与环境各要素有机结合,促进土地利用的社会经济效益和生态效益达到协调发展。值得注意的是,在对区域土地资源配置内涵的概括中,都强调了空间尺度。但任何事物都不是静止的,区域土地资源配置也不例外,在区域环境和条件不断发生改变的情况下,应根据实际变化,对区域土地资源配置的框架进行更改,因此除了空间尺度外,还需要考虑时间尺度(刘彦随,1999)。

土地资源配置实质上是确定一整套土地布局的技巧或活动来达到一定特殊目标的过程,或被认为是对适合于特定土地利用目标的多种用地类型的合理选择(Tomlin et al.,1990;Benabdallah et al.,1992)。在这里,布局的含义,既是一个过程,又可以理解为土地资源配置的一种状态,是一个由点、线、面、网组成的多层次、多类别、多部门、多项目交织的网络结构(周诚,1989)。因此,一个完整意义上的土地配置应包括土地利用的区域宏观配置、地区(部门)配置和地块(宗地)配置。具体而言,土地作为一种资源,其配置是区域多种土地利用类型的宏观构成及其在国民经济各产业部门之间的组合;作为一种资产,它是土地产权在不同财产行为主体之间的分配;作为一种生产要素,它是微观层次上土地与劳动力、资本、技术等生产要素的匹配投入。诚然,土地的资源、资产和要素属性的划分有些勉强,事实上它们本没有严格的界线。如此划分只是有助于对土地资源配置内涵的更深入了解,同时对于进一步明确土地资源配置的实现机制,也即对计划机制和市场机制作用的认识有一定的帮助。

综合所述,区域土地资源配置具有如下几个特征:

(1) 整体性

土地利用是一个整体的系统,通过系统内社会经济的协调、各种土地利用类型和部门之间的协调,从而满足土地资源配置的要求,从系统的观点看,区域土地资源配置是不同尺度的土地利用结构与对应层次功能的匹配。

(2) 不确定性

区域土地资源配置研究涉及各种自然要素和社会经济要素,而一些要素通常会具有不确定性。与此同时,土地本身具有多重适宜性,同一块土地可以作为不同的用地,在实际配置中可能随着不同要求而发生变化。因此需要采用不确定性理论和方法对这些数据进行处理和解释。

(3) 多目标性

土地可以具有多种用途,因此我们也可以根据土地的适宜性特征建立多种目标,如生态系统服务、社会经济、旅游游憩等,在进行区域土地资源配置的过程中,应该围绕其主要目标进行土地利用结构调配。

## 第八章　区域土地资源利用优化配置研究综述

### （4）时空动态性

土地资源优化配置不只是从时间尺度上对土地利用进行规划，还应该包括对其进行空间上的调配，其调整规划的方案不是静止的，还应该具有适时调整功能。

#### 1.2　研究内容

本研究主要探讨宏观尺度的区域土地资源配置。宏观尺度区域土地资源配置是地方土地利用总体规划的基础。宏观尺度的区域土地资源配置内容主要包括现状分析、适宜性评价、需求量预测、优化配置和规划编制等5个方面。

### （1）现状分析

现状分析重点在于搞清区域土地利用的基本特点和问题，包括土地利用结构与布局分析；土地利用动态变化规律分析；土地开发利用程度分析；土地利用经济效果分析；土地利用现状特点及其结论。

### （2）适宜性评价

适宜性评价揭示土地利用方式及其土地质量特征之间的匹配程度，根据规划的需要，重点开展对宜农土地及其后备土地资源的评价。最后得出质量等级评价结果及编制评价图件。以土地适宜性为基础，根据规划原则、土地利用调整次序和经济社会发展需要，从合理利用与保护土地资源和土地用途管制的需求出发，来划定土地利用功能区的范围，提出土地用途管制的要求与措施。

### （3）需求量预测

依据地方国民经济和社会发展纲要以及上位规划，分别对研究区域进行人口预测、耕地需求量预测（含粮食单产预测、消费水平预测和复种指数预测）、各类非农建设用地预测（特别是重大工程项目用地预测）。

### （4）优化配置

优化配置包括数量结构优化配置和空间结构优化配置，是土地资源优化配置的核心。落实基本农田保护、建设用地两大重点用地区的控制指标，再综合考虑其他各类用地的需求量，进行用地综合平衡。在此基础上，确定土地利用结构和各行业用地指标，并将各类用地指标分解到各乡镇（村）。同时，着眼于土地持续利用和确保区域社会经济可持续发展的高度，确定提出区域土地资源优化配置的模式与途径，从总体上把握土地利用总体规划的战略性、系统性和政策性，以指导土地利用总体配置方案的编制。

### （5）规划编制

规划编制包括土地利用总体配置方案的形成、土地利用总体规划图件编制。配置方案是土地利用总体规划的核心，具体方案可包括用地指标综合平衡表（定量），以及指标分时段控制表（定序）、耕地总量动态平衡规划表和非农建设用地控制指标表等内容;规划图件是土地利用总体规划的直观表现,具体包括各类用地指标的空间布局(定性、定位)与落实,协调各类用地的矛盾,以及划定土地利用管制区。

### 1.3 类型划分

(1) 基于配置尺度划分

土地综合体由于组成成分及各要素在组织水平上具有尺度效应,因而可以按照土地利用决策主体、目标任务和手段的时空尺度来区别区域土地资源配置的层次结构模式(图8-1),可以分为宏观、中观和微观三个尺度层次。

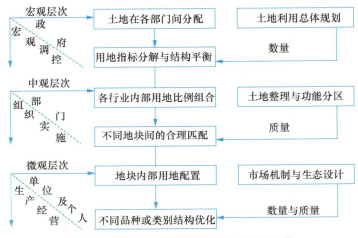

图8-1 不同空间尺度的区域土地资源配置

宏观层次配置也即土地资源的类型配置或初级配置。宏观配置的决策者主要为政府机关,着眼于调整区域土地利用结构与布局关系,从发展国民经济的立场出发进行区域各大类土地用途的宏观决策。在我国是由政府编制和实施区域土地利用总体规划,来进行各类用地数量指标分解和结构综合平衡,其基本任务是对土地利用进行宏观控制、协调、组织与监督。为此,既要求完成对区域全局的,以土地利用类型分析、土地质量评价和土地利用战略等为主体内容的土地利用系统本身的研究,又要对以产业政策、经济技术和市场环境为主要对象的土地利用区域背景系统进行分析。在此基础上,根据区域土地系统环境容量、可持续性和土地利用政策法规的要求,并考虑国民经济各个部门的远景土地利用规划、规模与布局及其大型骨干工程的空间配置规划,进行供需两个方面之间的协调与平衡,达到土地利用结构的总体优化。图8-2展示了宏观层面的土地资源配置的研究内容框架。然而,正是由于传统的土地资源配置仅停留在刚性的指标控制阶段,缺乏必要的弹性和应变能力,致使适用性与可操作性较差,在经济体制转型时期,这显然不适应社会主义市场经济规律和经济建设快速发展的新形势。有鉴于此,探讨不确定条件下的区域土地资源配置具有重要意义。

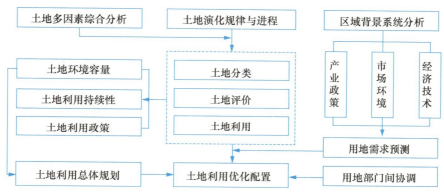

图 8-2　宏观尺度的土地资源配置研究内容框架

中观层次配置的对象,总体上包括农业用地与非农建设用地两大类,具体包括区域各类产业及其内部的用地或称产业用地配置。中观配置的意义在于将土地利用组织与产业结构调整合理地结合起来,使区域产业政策恰当地融入土地利用过程之中,也利于宏观配置与微观配置之间的衔接;实施主体应是与土地利用类型各自相关的产业主管部门,实行归口管理并充分发挥乡镇一级的中介组织的职能作用,实行双层统管制。在中观层次,无论是地类在产业间的分解,还是在空间上进行功能分区,都重在突出土地类型"质"的属性。从这个意义上讲,由各产业主管部门组织相应的土地整理和土地利用区管制,更具有实施的可行性和可操作性。

微观土地资源配置的主体是单位或个人土地使用者,他们关心的往往是土地利用的最大经济效益,以及与其特定使用期相适应的收入稳定性。土地经济供给的稀缺性决定了土地利用只有高度集约化和不断提高土地使用效率,才有可能实现既定的微观目标。在我国土地实行有偿使用后,土地作为生产要素进入市场,在市场机制的基础性调节作用下,使不同产权归属、不同用途的地块通过竞租而发生类型转换,促使土地使用权流转起来,而不至于像土地无偿使用时期大量土地的闲置浪费。尤其是竞争性经营的土地用途,在明晰产权的前提下只有通过充分流转,才能达到市场机制的合理配置。因此,微观层次上土地配置,又可称为土地市场再配置。土地资源的微观配置不仅包括土地用途的确定,而且更重要的是进行土地有效投入的落实,是一个严密的生产组织与协调过程。微观配置对单位或个人微观土地利用活动的调节,使宏观配置方案在微观上落实得更有效率。

正像区域土地生态经济系统设计模式和城市土地集约利用等强调宏观、中观和微观三个层次的高度统一一样,区域土地资源配置,只有按照从宏观、中观到微观分步骤、分层次落实,使土地利用的宏观调控、中观组织与微观运作协调起来,才真正具有土地资源配置的可操作性,并逐步达到土地利用可持续发展的目标。

(2)基于主导因素划分

按照土地优化配置的主导因素的不同,土地配置可分为四大类型。

① 结构平衡型。包括区域间与区域内土地利用的均衡配置。在区域内,按照国民经济全面发展的目标,各产业、各部门用地结构须保持一定的比例,这是均衡型配置的集中体现。也有从经济效益(产出率)最大化出发,采用数学规划法,求得合理的用地结构方案用来指导土地配置的实践。

② 产业序次型。根据不同地区产业优先发展序列,依次落实不同的土地利用类型。例如,我国规定农业用地优先(Taylor,1986),而一些经济发达国家(如澳大利亚、加拿大)往往是以公共建设用地(如绿地、公用设施)优先。

③ 政策导向型。这种土地配置类型模式,实质是政策变异的产物。地方政府根据区域发展规划或者现实发展环境而制定的政策在我国通常能对土地资源配置产生很大的影响。例如,我国政策一度鼓励大力发展房地产业,甚至出现1992年的"房地产热",大量农业用地不断地转为建设用地。

④ 市场调节型。主要是发挥市场机制对土地资源优化配置的基础性调节作用,在土地使用权合理流转的基础上,利益机制驱使着不同用途间的竞争与转换,以达到土地利用类型的最优化组合,尤其在城市土地的置换和农田适度规模经营两个方面表现得较为突出。

(3)基于决策类型划分

资源配置其实是一个决策过程,因此决策在资源配置中起着非常大的作用,例如决策指标选择、决策偏好确定等均会对资源配置产生显著影响。根据不同决策类型,可以将土地资源配置分为效益主导型、适宜匹配型、规划协调型和主体互动型等四种类型。

① 效益主导型。土地的合理利用要求着眼于区域土地综合效益的最大化。在土地利用优化决策过程中,由于一般将土地利用的社会效益和生态效益作为约束条件,所以在具体操作中一般仅考虑经济效益,即追求土地总产值或经济收益的最大化,以此作为优化决策的基本目标(函数)。数学规划方法是效益主导

型配置最常用的优化决策模型,它能根据一定的决策指标在一定约束条件下从宏观上对土地利用类型结构做出优化分析。运用数学规划方法进行优化配置,首先,要从区域土地利用的现状出发,结合各地域的特点和生产的实用性,确定土地利用类型作为决策变量,可以用土地利用大类或视实际情况进一步细分;其次,要确定约束条件,即实现目标函数的限制因素,主要限于与土地利用结构关系特别密切的土地资源、社会需求和环境要求三个方面,也可更细。

② 适宜匹配型。立足于土地本身自然生态系统的结构与功能研究,主要从土地适宜性评价入手,借助 GIS 支持决策技术的强大功能,将不同单元的土地属性同土地利用的适应性要求进行最佳适宜匹配,最后再结合区域发展战略、市场需求和经济效益等分析,进行区域土地合理利用的优化决策。这种方法集成了数据库、专家库、方法库和模型库,自动实现从数据采集、储存与分析,不同土地利用的适宜性评价,到区域生产布局的优化决策(黄杏元 等,1993),具有较高的精度和效率,代表了区域土地资源配置决策研究的方向。

③ 规划协调型。土地利用总体规划是实现政府对区域土地利用进行总体上的规划、引导、调控和管理的有效手段(刘彦随 等,1997)。自 1987 年以来,我国陆续开展了全国—省(市)—地(市)—县—乡镇五级规划,这一系列成果为指导各级区域土地合理利用发挥了重要的作用。特别是新一轮的土地利用总体规划,重在突出实现耕地总量动态平衡和区域土地持续利用的思想。在土地利用总体规划实践中,通过建立对区域土地资源配置决策分层控制体系,可以更有效地提高土地利用总体规划的实用性和可操作性(刘彦随 等,1997)。

④ 主体互动型。土地利用系统是一切土地利用活动的载体。在这个系统中,人是土地利用的主体和核心要素,包括土地利用的规划人(规划部门)、管理人(管理部门)和实施人(单位或个人)等行为群体。在西方国家,对每一项土地利用的立项、决策,不仅重视从"行为"的角度来协调和综合政府不同部门的决策意见,而且重视从"感应"的角度吸收公众对土地利用合理与否的意见。这种协调机制,既体现了政府作为"管理人"的意愿,又实现了社会公众作为"实施人"的群体利益。因此,可以使土地利用决策和实施优化配置过程中的空间阻力减少到最小(王兴中 等,1997)。从动因机制来分析,这种决策的协同运作是影响土地利用特别是城市土地利用的众多因素(归纳为市场因素、政府因素和公众因素三类)协调互动的结果(刘彦随,1997)。以上几种决策模式侧重点不同,但它们又是互相联系的。在运用中可视实际情况结合进行。

## 2. 土地资源配置的用地适宜性评价研究

### 2.1 综合评价方法研究

用地适宜性评价是区域土地资源配置的基础,许多研究者对土地适宜性评价进行了研究。已有土地适宜性评价方法主要体现在确定评价因子及其权重和综合评价方面。在确定因子权重方面,常用的有德尔菲法,但该方法咨询周期较长,而且主观随意性大;线性回归也是常用的确定因子权重的方法(孟林,2000;盛建东 等,1997),该方法的缺点在于计算时要求较大的样本数量,而且因变量和自变量之间线性关系要比较明显;层次分析法常常被用来确定由多个层次级别构成因子权重(杜红悦 等,2001);岳健等(2004)在不断实践的基础上,提出了一种在农用地自然适宜性评价中确定参评因子权重的方法——调试法,该方法简单易行,但是对评价经验要求很高。

在综合评级方面,张洪业(1994)采用了限制评分法,按定性、定量相结合原则做了土地适宜性评价,主要突出了评价因子限制性在评价中的作用。加权求和法能较为综合地考虑土地适宜性的影响因子,因而一直受到重用(刘彦随,2001;张红旗 等,2003)。但是加权求和法有时不能突出主要限制因子的作用,而将二者结合进行土地适宜性评价会使结果更加客观、可靠(张红旗,1998)。线性回归也可被用作土地适宜性综合评价,彭补拙等(1994)将土地生产能力作为土地优劣的标准,运用线性回归进行了中亚热带北缘青梅土地适宜性评价;盛建东等(1997)也用过类似的方法,只是模型上利用了投影寻踪回归技术,是一种回归方法的改进。

在进行土地适宜性评价时,一般都要有确定因子权重的步骤,这使得主观因素在所难免,而人工神经网络,尤其是 BP 神经网络,近年来不断被应用(赵霈生 等,1998;杨国栋 等,2002);针对网络固有的缺点,刘耀林和焦利民(2005)首先构建了模糊神经网络模型,然后采用改进的遗传算法进行训练,取得了良好的结果,是一种值得借鉴的方法。此外,张光宇(1998)基于可拓学的理论和方法,建立了物元模型,对土地资源进行适宜性及优化配置分析,提出土地优化配置的新方法;张学雷等(2001)在海南省 1∶250 000 SOTER 数据库的支持下,计算了气候危险性,通过运用 ALES(Automated Land Evaluation System)模型对该地区 4 种热带作物做了土地适宜性评价。

### 2.2 与 GIS 技术结合的评价研究

GIS 的兴起为土地适宜性评价带来了技术上的革新,它将空间数据和属性数据完美地结合在一起,并且具有强大的空间分析能力,这使得对土地这种空间复杂系统的分析、评价更具科学性。因此,GIS 技术在土地适宜性评价的应用得

## 第八章　区域土地资源利用优化配置研究综述

到迅速发展,并表现出了强劲的发展势头。20 世纪 90 年代初黄杏元等(1993)最先将 GIS 的原理和方法引入土地评价,进入 20 世纪 90 年代后期,大部分土地适宜性评价都或浅或深地应用了 GIS 技术。

应用 GIS 最广泛的无疑是农用地土地适宜性评价。如,宋如华等(1997)以朔州市平鲁区为研究对象,建立了土地资源管理信息系统,进行了土地适宜性评价及区域土地资源配置,将结果落实到地块上;程建权(1997)总结了 GIS 对空间性指标定量化的空间分析方法,并应用于城镇发展格局优化的研究中,为空间决策提出一种很好的思路;此外,GIS 在旅游地评价、土地整理复垦方面都有广泛的应用(钟林生 等,2002;刘长胜,2004)。针对基于 GIS 的土地适宜性评价中存在的因素选择和定级的问题,黄波(1997)利用专家系统中确信度概念进行了改进,提高了评价的精度;胡月明等(1999)探讨了基于矢量数据的图层叠加和属性数据获取的新思路,并应用于浙江省坡地土地资源质量的评价中,取得了好的效果;唐宏等(1999)探讨了基于栅格数据的土地评价单元的确定方法,并对有关 DEM 和空间叠置分析等技术问题做了研究,以期提高土地适宜性评价的效率;武强等(2001)对于在 MapInfo 中如何实现土地适宜性评价因素图的无缝连接、图层叠加等技术做了很好的探讨,并在河北省邱县的农用地土地适宜性评价中具体应用;邱炳文等(2004)对 GIS 支持下的各种土地适宜性评价方法进行了优缺点对比分析,强调技术层面和群众参与是进行土地适宜性评价不可缺少的两个层面。地形因素常常是土地适宜性评价过程中无法回避的问题,处理不当将会影响评价精度,DEM 分析为此类问题的解决提供了强有力的技术支持。李红等(2002)利用 DEM 建立了山区日照的地形遮蔽分析模型,并对日照时数、辐射、温度、降水等因子作了地形校正,提高了土地适宜性评价的精度;贺瑜等(2006)分析了海拔、坡度和坡向与农业生产的关系,运用 DEM 分析模型进行了土地适宜性评价;张红旗(1998)在确定影响柑橘生长的海拔因子时也用到了 DEM 分析模型。

近年来,GIS 与评价模型集成化成为土地适宜性评价的一个新趋势,陈崇成等(2000)通过 Arcview3.1 提供的接口函数,实现了 Avenue 和 VB 间的数据传输和表现,集空间数据管理、空间应用分析模型和土地利用方式改造可视化决策支持于一体,为土地适宜性评价和区域土地资源配置提供了很好的决策工具;谢树春等(2005)基于 VB 和 Mapx,在湘中紫色土丘陵综合治理农业生态工程中也发挥了积极作用;聂艳等(2003)将组件式农用地分等定级信息系统应用于此,并对湖北省仙桃市中稻和小麦用地做了土壤质量的分等评价。此外,一些学者也尝试将模糊数学、人工神经网络等数学方法与 GIS 技术结合进行用地适宜性评价,使得评价更加灵活、客观(陈秋计 等,2004;于婧 等,2005)。

遥感和GIS的结合也是土地适宜性评价的另一个亮点。白淑英等(2003)在退耕还林区做土地适宜性评价时,首先解译遥感影像得到土地利用现状图,并与土地适宜性评价图进行叠加分析,得出不合理土地利用部分,为退耕还林空间布局提供了依据;史舟等(2002)在调整黄岩区柑橘种植结构时也利用了类似的方法,这不仅提高了对土地利用现状调查的速度和精度,也使得评价结果能迅速地得到落实。

综上所述,十几年来,土地适宜性评价研究呈现出如下特点:土地适宜性评价的类型更加多样化,评价范围不断拓展。在传统的农用地土地适宜性评价继续开展的同时,生态脆弱区的土地适宜性评价大量开展,单项性土地适宜性评价不断前进,城市用地适宜性评价更注重内部优化,旅游地适宜性着眼于生态-经济-社会综合效益的发挥,为土地整理复垦服务的土地适宜性评价方兴未艾,单因素土地适宜性评价主导性突出,研究更加详细、深入。评价基础和目的不断变化,而且更加注重自然、经济、社会、行为等因素的综合作用,这使得评价更加客观。景观生态理论的引进为土地适宜性评价开启了新的角度,可持续利用理念的深入给评价以更高的起点。定性与定量相结合的方法贯穿于大多数土地适宜性评价过程,数学模型层出不穷,权重指数法、层次分析法、模糊综合评价法等继续得到使用,人工神经网络开始尝试应用并取得一定进展,GIS技术被广泛利用,成果引人注目,并且各种技术、方法相结合在取长补短中共同推动着土地适宜性评价的发展。

## 3. 土地资源配置的数量优化配置研究

### 3.1 基于经济学模型的数量优化配置

区域土地资源配置是伴随着人类利用和改造自然过程而产生的重要问题。随着工业革命的兴起,资本主义经济的快速发展导致的土地资源不合理利用等问题,引起学者对区域土地资源配置的关注。在杜能的农业区位论和韦伯的工业区位论之后,各国学者开始关注土地资源优化配置。早期由于技术手段和限制,对区域土地资源配置的定量研究多集中在数量结构优化上。

随着资本主义社会的经济和生产体系发生了深刻的变化,经济繁荣和人口急剧增加带来的建设用地增加和农用地减少等土地利用问题随之出现,土地资源优化配置相关研究进入蓬勃发展的时期。各国学者从不同的视角,采用不同的方法提出不同的土地利用策略,为合理配置土地资源提供思路(FAO,1993;Kotze et al.,1994;Emmanuel et al.,1999)。自从Schlager(1965)首先提出土地资源配置模型后,涌现出了许多经济学模型来支持土地资源配置决策(Hof et al.,1983;Collins et al.,1986;Mendoza,1987;Hanink et al.,1998;Lence,

1997；McCarthy，1998）。在诸多经济学模型中，Lence 和 Hart（1997）开发了一个解决农业土地资源配置的索引模型，其中考虑了投资基金和土地资源约束；McCarthy（1998）通过将农场主、作物和牲畜之间的关系量化为线性规划优化问题，开发了一个支持墨西哥农场土地资源配置决策的行为模型；Messina 等（1999）提出了一个包含非线性财富效用函数的数学模型来解决农业土地利用问题，其中识别出了一个风险偏好和作物最大期望财富效用公式；Fernández 和 González-Gómez（2010）通过一些微观经济优化模型方法（例如帕累托最优）提出了一个精致的理性一般均衡模型来优化生产利用和消遣利用之间的土地资源配置。

### 3.2　基于数学规划方法的数量优化配置

数学规划方法，尤其是线性规划方法，在土地利用数量结构优化中应用较为广泛。Charnes 等（1975）最早将线性规划技术应用于区域土地资源配置研究中；Barber 等（1975）提出运用多目标规划法来解决居住可达性最大和能源消耗最小两个目标的土地资源配置问题；Gilbert 等（1985）将多目标土地资源配置模型应用于场地选择中；Diamond 等（1989）提出了基于不规则单元的土地获得的开发费用最小和配置区域内土地适宜性指数最大的配置模型；Dokmeci 等（1993）分析了土地资源配置的不同目标，并将线性规划应用于土地利用配置中；Huizing 和 Bronsveld（1994）将混合多目标整数规划应用于土地资源配置中；Sharifi 和 Van Keulen（1994）构建了包括土地利用动态规划模型和决策模型的农场土地配置决策支持系统。

随着计算机技术和数值算法的飞速发展，系统动力学模型、灰色控制系统、层次分析法、系统工程、多目标决策规划等现代方法成为其主流方法，以提高土地资源配置的科学性、工作效率和精确度。例如 Robinson 等（2009）采用 DEED 模型，在假设情况下使用真实数据，描述土地利用发展政策对森林覆盖策略的影响；Xu 和 Wu（2011）以潜在生命损失和最大总效益为目标，采用非支配排序遗传算法和向量评价遗传算法构建土地利用优化模型。

## 4. 土地资源配置的空间优化配置研究

### 4.1　空间优化配置的定性理论研究

经典数学模型能有效解决土地利用中的结构优化问题，但是难以解决土地资源配置的空间优化问题，而在实际问题中，空间优化对土地资源配置非常重要。最早关于区域土地资源配置的研究就已经涉及空间优化配置问题。例如，杜能提出了农业区位论，通过探讨土地随距城市距离的增加对农业生产方式和土地利用空间配置的影响，将区位理论引入土地利用空间配置的研究中（杜能，吴衡康，1986）。他认为"与土地自然属性相比，农业土地利用结构配置更侧重考虑地区内的人文因素（城市）与经济因素（运费）"，同时指出距市场远近不同的土地，所创造的农产品价值呈现出级差分布，初步阐明了位置级差地租的概念，为合理利用土地资源提供了重要的经济依据。继农业区位理论后，各国学者开始关注城市空间布局并提出了城市区位理论，用于寻求最优化城镇空间布局。其中德国地理学家克里斯泰勒提出的城市中心地理论开辟了近代区位理论研究的新篇章。

早期的土地资源空间优化配置理论多依据规划者的经验与主观愿望来确定。这一时期社会科学理论逐步融入城市空间布局理论的研究中。在英美等发达国家，许多学者从经济学的角度探讨影响土地利用结构变化的因素，并依据经济发展需求进行土地利用分区和土地利用布局。经济区位学派将空间经济学相关理论及数理统计分析方法引入城市空间布局理论中，诞生了诸如古典单中心模型、外部性模型以及动态模型等（Goodall，1972；Solow，1973；Denise，1996）。这些模型揭示了城市土地利用空间结构所蕴含的经济规律，认为合理的城市土地利用模式是各种各样经济活动和居住阶层不同要求的映射，对选择最有利的土地开发时机和方式具有重要指导价值，适用于市场经济发达的国家。政治经济学派从土地开发的社会背景和政治因素出发，思考城市土地利用的内在动力机制及其空间模式。该学派认为城市土地利用决策模式受制于特定的政治经济结构和社会生产方式。历史行为学派理论主张采用描述性的历史形态方法来概述城市土地利用历史增长趋势并归纳出空间分异规律。社会行为学派认为人不是完全理性的。人们进行土地利用决策并非将最佳效益作为唯一的目标。典型的主要有 Philip 和 Edward（1967）为代表的决策分析模型，认为土地利用的区位决策"源于日常相互联系的需求和渴望"；而以 Webber（1964）为代表的城市土地利用互动理论则认为城市土地利用模式受城市范围内和城市范围外各种条件的影响。该学派更注重个人行为决策，不考虑土地利用空间结构，认为社会各方面对土地利用布局没有影响和限制。但是，囿于研究方法的限制，早期关于土地资源空间配置的研究多集中在定性层面和理论探讨。

4.2 基于现代空间计算方法的空间优化配置

随着计算机、遥感和地理信息系统技术的快速发展，土地资源配置中的空间优化问题得到了很好的解决，土地资源空间配置逐渐向模型化、智能化、动态化发展。研究方法突破的明显标志就是 GIS 技术在土地资源配置中的广泛运用。例如，Chuvieco（1993）以西班牙为研究区，采用 GIS 分析工具，对空间属性进行优化和对变量进行组合；Ren（1997）提出了一个用于土地资源配置的地理信息窗口模型(GIWIN,GIS中的一个软件包),该模型能整合相关环境和社会经济因子的空间数据,从而能有效进行综合评估;Hanink和Cromley(1998)提出了一个解决土地资源配置的线性规划模型,其中GIS被用来进行土地利用适宜性评估和多判据土地评价;Verfura等(1988)以美国威斯康星州Dane县为研究区,利用多用途规划方法进行农村土地利用结构优化配置,并建立土地信息系统,供决策者使用;Carsjens和Knaap(2002)开发了一个用于农业土地配置的战略土地配置模型,其中GIS被用来整合不同农业用地类型之间的拓扑关系;Svoray等(2005)提出了一个地中海群落交错区城市土地资源配置的栖息地异质性模型,其中GIS被用来评估生态敏感区域的适宜性;Salimi等(2008)以伊朗为例,详细介绍了如何使用GIS技术进行土地利用及结构优化并进行管理;Eldrandaly(2010)开发了一个解决多地区土地资源配置问题的基因表达规划模型,其中GIS被用来支持空间决策制定。

与此同时,不少学者开始运用多种理论和数学方法开发综合土地资源优化配置模型。Verburg等(2002)提出了小尺度土地利用变化及其空间效应模型(CLUE-S),该模型将空间分析与非空间分析综合,通过揭示各种用地类型的空间分异与各驱动因子之间的相互关系,生成用地类型分布概率适宜图,可以实现在给定需求和土地资源稀缺条件下将最适宜的土地分配到最需要的利用类型中。该模型被广泛运用于土地利用和覆被变化、土地利用环境效应、土地利用政策研究等领域(吴健生等,2012)。Stewar等(2004)采用遗传算法构建荷兰土地资源配置决策支持系统。元胞自动机则是一种通过构建元胞转换规则和约束条件,进行空间模拟实现基于约束的土地利用空间布局优化方法。如Matthews等(2007)在土地利用结构配置中采用两种不同的遗传算法,建立土地资源配置的决策系统;Miller等(2009)建立了SAM-M/LAM模拟系统,用来预测不同规划理念下的土地利用;Pijanowski等(2002)采用LTM模拟系统分析影响土地利用变化的驱动因子;Kim和Chuang(2005)采用CA模型,基于土地适宜性评价对新增农村居民点的空间分布进行了探讨,并模拟了不同情境下的农村居民点布局特点;Sante等(2008)构建了农村土地资源配置系统,以西班牙西北部地区农村为例,对不同目标下的土地利用空间格局进行预测。

经过一个多世纪的发展,区域土地资源配置研究已经取得了很大进展。国内外众多学者分别从不同的学科视角对区域土地资源配置问题进行了探讨。在研究内容上,从传统的土地资源优化配置逐渐走向结构优化与空间优化并重,并在各类区域土地资源配置实践中得到了运用,例如农业用地优化配置、流域区域土地资源配置、城市用地配置等。在研究方法上,定量方法逐渐取代了传统的定性方法,随着数学工具和计算机技术的快速发展,涌现出了大量用于区域土地资源配置的定量模型。在土地利用结构优化配置研究中,数学规划方法,例如线性规划、多目标规划等,具有明显优势,得到了广泛运用。在土地利用空间优化配置研究中,GIS技术得到了广泛运用,并在此基础上形成了诸多运算方法。这些研究方法极大地促进了区域土地资源配置问题的解决。表8-1概述了几种主要的区域土地资源配置模型。

表8-1 已有的区域土地资源配置模型

| | 模型名称 | 模型说明 | 提出者 |
|---|---|---|---|
| 数量优化模型 | 线性规划模型 | 线性规划方法是研究线性约束条件下线性目标函数的极值问题的数学理论和方法,是区域土地资源配置中较常使用的一种方法,能为合理利用有限的人力、物力、财力等资源做出最优决策,提供科学的依据 | Dantzing,1991 |
| | 系统动力学模型 | 土地利用系统动力学模型是基于系统动力学理论建立的能够模拟土地利用变化的模型,能从宏观上反映土地利用系统的复杂行为,为决策者提供决策支持 | Forrester,1956 |
| | 多目标规划模型 | 根据决策者所设定的多个目标而建立多种方案,并且可以对多种方案进行比较,从而选出符合决策者要求的最佳方案,充分体现了决策者的意愿 | Koopmans,1951 |
| | 灰色预测模型 | 灰色预测模型是以时间序列的资料为基础,通过对无规律的数据进行转换,建立有规律的生成数列的回归方程,并应用该方程对事物的动态发展趋势进行预测的一种较为常见的数据分析方法 | 邓聚龙,1990 |
| | 马尔科夫模型 | 马尔科夫模型是通过转移概率对土地利用变化过程中未来某个时刻的变动状况进行预测的一种方法 | Turner,1987 |
| 空间配置与模拟模型 | 元胞自动机模型(CA) | CA充分体现了复杂性科学的一个重要观点:局部规则导致宏观格局的变化,即有序性和自组织行为的出现,用来研究自组织系统的演变过程,具有强大的模拟复杂动态系统的能力,但CA强调的是生物物理对土地利用变化的作用,而对作为主要驱动因素的人类活动在模型中则体现不足 | Herman, et al., 1948; Wolfram,1984 |

（续表）

| 模型名称 | 模型说明 | 提出者 |
| --- | --- | --- |
| CLUE-S 模型 | 属于动态的、多尺度的土地利用变化空间模拟模型,由需求模块、人口模块、产量模块和空间分配模块组成 | Veldcamp et al., 1996;Koning et al., 1999;Verburg et al., 2002 |
| SLEUTH 模型(城市增长元胞自动机模型) | SLEUTH 模型主要用来模拟城市的扩展。影响和限制城市扩展的变量主要包括 6 个部分：坡度、土地利用、土地利用的排他性、城市规模、交通、坡向 | Clarke and Gaydos, 1997; |
| 多智能主体模型(MAS) | MAS 是复杂适应系统理论、人工生命以及分布式人工智能技术的融合,目前已成为复杂系统和模拟的重要手段。在其他土地利用模拟系统中,无法考虑土地利用变化中起重要作用的动态的社会环境变化以及它们的相互作用,如居民行为、政府决策,在模拟的过程中,利用多智能主体系统,既考虑了环境的影响及环境智能体中微观的决策行为,又具有强大的空间自组织能力 | Gell-Mann, 1994; Holland, 1995 |
| 逻辑回归模型 | 逻辑回归模型是研究两分类或多分类变量与多个影响因素之间关系的一种多变量分析方法,通过与影响土地利用空间布局和变化的因素进行拟合分析,与 GIS 相结合可以较好地模拟土地利用格局 | Kolovson, 1993 |

## 5. 土地资源配置中的不确定性理论与方法研究

目前,已有的区域土地资源配置主要基于确定的数据和规划模型进行分析。但是,土地资源配置系统中存在诸多的时空不确定性,且会以不同形式呈现,例如模糊集、概率、区间值等。系统要素之间的相关性以及经济、环境和生态影响的不确定性让土地资源配置系统变得更加复杂。这些不确定性能影响相关的优化过程和相应的决策方案。传统区域土地资源配置方法主要用于解决确定性优化问题,不能很好地反映上述规划中的不确定性。

### 5.1 土地资源配置中的不确定性理论探讨

新中国成立至今我国已开展了三轮国土全覆盖的土地利用总体规划的编制,可评价规划实施时普遍存在一个问题,即规划远离现实。这一现象足以引起我国土地利用规划学术界的严重关注和反省。土地资源配置和土地利用规划中存在的不确定性逐渐引起专家学者的重视。

欧海若(2004)在土地利用规划的基础理论研究中对规划风险进行了初步探讨,提出了规划风险及其规避的概念与方法。文中指出由于政府决策的局限性、规划从业人员自身的因素、规划环境变化的难以预测性,规划过程具有一定的风险性,使规划绩效的发挥难以把握。为了保证规划绩效的发挥,把规划风险降到最低,有必要进行风险规避。最后文章提出了风险规避的方法与措施,包括改进规划理念、改革规划模式、加强技术理性与制度理性的融合、重视土地利用规划过程的利益整合、改善土地利用规划赖以运行的制度环境等等。该文的分析视角主要沿用了经济学分析中政府失灵的视角,而且重点在探讨政策制定过程中风险规避的方式,而实际的运用过于抽象,实践意义不大。吴次芳和邵霞珍(2005)探讨了土地利用规划中的非理性、不确定性和弹性理论,认为规划应是一种动态、协调的思想,强调各方选择的多样性。该文对土地资源配置中的非理性、不确定性和弹性理论分别作了界定,并简要分析了产生的原因。但是该文缺乏对如何处理不确定性的探讨。王群等(2006)探讨了土地利用规划中存在的不确定性识别和处理研究。文章首先概述不确定性概念及不确定性在经济学等相关领域的研究进展;在此基础上,引入不确定性规划理念,重新审视不确定性在土地利用规划中的地位和作用。该文应该算作第一个运用不确定性理论探讨土地资源配置的文章,具有重要的价值,但是文章更多停留在概念分析和理念分析,并没有系统深入地探讨土地资源配置中存在的各种不确定性类别,提出的处理方法也停留在定性分析上,而且文章没有开展相关的实证研究。

总之,已有研究对土地资源配置中的不确定性理论,多从宏观定性分析探讨土地资源配置中的政策和制度原因,对土地资源配置和规划的理念转变具有重要价值,但是对区域土地资源配置研究过程中所涉及的不确定性种类和处理方法的探讨涉足很少,且缺乏实证研究,因而对区域土地资源配置实际问题研究的指导价值不大。

## 5.2 适宜性评价中的不确定方法运用

为了反映和处理用地适宜性评价中的不确定性,部分学者采用了模糊数学的方法对用地适宜性进行评价。土地对于其利用方式的优劣程度具有渐变性和不确定性,这符合模糊数学的特点,这使得模糊数学模型在土地适宜性评价中得到了广泛的应用。陈健飞和刘卫民(1999)通过研究对比,得出利用模糊数学模型能较好地解决土地适宜性等级归属模糊性问题,提高了土地适宜性评价的精度。王建国等(2001)在进行土壤质量评价中运用了模糊数学,一定程度上避免了评价中存在的粗糙性、主观性以及评价结果信息量少的弊病;杜红悦等(2001)在攀枝花农用地适宜性评价时使用了该方法;梁艳平等(2001)在进行城市用地适宜性评价时也用了该方法。

模糊综合评价法是一种应用非常广泛和有效的模糊数学方法,能有效地解决多准则评价中的赋值不确定性问题。所谓模糊综合评价法,简单地说,就是运用模糊数学和模糊统计方法,通过对影响某事物的各个因素的综合考虑,对该事物的优劣做出科学的评价。模糊数学是 20 世纪 60 年代美国科学家 Zadeh(1965)创立的,是针对现实中大量的经济现象具有模糊性的特点而设计的一种评判模型和方法。

国内方面,很多学者在很多领域对模糊数学和模糊综合评价法做了相关的研究。董黎明和冯长春(1989)在国内首次运用模糊综合评价方法进行了济南市区土地经济评价,对城市土地经济综合评价具有重要的理论和实践意义;吕晓军等(2004)运用模糊数学对土地开发整理新增耕地质量评价进行相关的研究;江高(2005)对模糊综合评价模型的构建与算子的改进做了进一步的探讨,并对其性能进行了优化;杨敏(2004)基于 GIS 和模糊评价法进行了土地生态适宜性分析;刘灵辉等(2007)运用模糊综合评价的方法,对柳州市区及下辖 6 县的土地集约利用水平进行了综合评价。

在适宜性评价研究方面,已有许多研究将模糊综合评价运用于用地适宜性评价的研究中,但是在确定模糊评价准则上没有统一的依据。部分研究根据主观判断或没有给出确定模糊准则的依据;部分研究根据国家的一些标准和已有相关研究文献确定模糊评价准则。由于不同地区的自然地理和区位环境的不同,用地建设适宜性的标准在不同地区客观上具有不一致性。因而,已有研究虽然在方法上考虑了不确定性,但在实际运用中,依然缺乏客观的标准来衡量不确定性。

### 5.3 数量结构优化中的不确定方法研究

为了有效处理优化配置中存在的不确定性,已有不少研究者开发了一些不确定性优化方法用来处理不确定性——包括模糊规划方法、随机规划方法和区间规划方法。部分学者也尝试将不确定性优化方法运用于区域土地资源配置问题中。Chang 等(1996)引进了模糊线性规划方法来评估 Tweng-Wen 水库土地优化利用的可持续管理策略,结果表明不确定性能通过特定模糊隶属度函数和区间值来定量表达;Wang 等(2004)提出了一种基于 GIS 的优化模型来解决洱海流域土地资源配置问题,模型整合了 GIS 和区间多目标线性规划方法,从而能对多种土地利用进行配置并能反映以区间数和模糊集形式表达的不确定性;Liu 等(2007)开发了一个城市边缘湖泊地带土地利用管理的不确定性机会约束线性规划模型;王红瑞等(2008)将区间多目标规划方法运用到四川省双流县区域土地资源配置研究中,为决策者提供参考依据;Lu 等(2012)将区间线性规划运用于禾水流域水资源变化条件下的农业用地规划中;Zhang 等(2013)开发出了一种风险显性的区间线性规划模型并运用到抚仙湖流域区域土地资源配置中,该模型详细探讨了区间线性规划带来的决策风险,对区间线性规划方法的运用提出了新的思路;Zhou 等(2014)开发了一个综合线性规划和模糊规划的模型来优化国家尺度的土地利用系统。表 8-2 列出了将不确定性优化方法运用于区域土地资源配置的相关研究。

表 8-2　不确定条件下的土地资源配置方法研究

| 作者 | 时间 | 模型方法 | 研究问题 |
| --- | --- | --- | --- |
| Chang 等 | 1996 | 模糊线性规划 | 评估 Tweng-Wen 水库土地优化利用 |
| Wang 等 | 2004 | 区间多目标线性规划 | 洱海流域土地资源配置问题 |
| Liu 等 | 2007 | 不确定机会约束规划 | 城市边缘湖泊地带土地利用管理 |
| 王红瑞等 | 2008 | 区间多目标规划 | 双流县区域土地资源配置 |
| Lu 等 | 2012 | 区间线性规划 | 禾水流域水资源变化条件下的农业用地规划 |
| Zhang 等 | 2013 | 风险显性区间线性规划 | 抚仙湖流域区域土地资源配置 |
| Zhou 等 | 2014 | 模糊线性规划 | 国家尺度区域土地资源配置 |

在用地优化配置方面,已有一些研究将区间线性规划、模糊线性规划和多目标规划等不确定优化方法运用于区域土地资源配置问题中,集中反映了规划参数和规划目标中存在的不确定性,取得了较好的研究结果。其中区间规划将不确定参数表示为具有上确界和下确界的区间数,然后将规划模型通过一定的算法转化为两个传统确定性规划子模型,最终求得具有上确界和下确界的求解结果。该方法能有效反映参数不确定性,方法简便且能获得区间数的规划结果,为不确定条件下的区域土地资源配置提供有效的决策参考。模糊线性规划能将规划中的不确定性转变为模糊隶属度来表示,通过模糊集理论进行求解,获得最优的规划结果,也是处理不确定性的重要方法。多目标规划能有效处理规划中的多个相互独立的目标,并根据一定的优化算法求得满足多个目标的规划结果。但是,已有研究多集中在反映参数不确定性的区间线性规划,而在反映目标不确定性的多目标规划模型中,均没有考虑不同决策目标的偏好对研究结果的影响。

此外,已有研究设计的不确定分析和方法一般只涉及评价或者结构优化,将用地适宜性评价与用地结构优化配置中的不确定性进行综合研究的较少,对空间优化配置中的不确定性优化方法也较少。

## 第二节 研究思路框架和研究内容

**1. 研究意义与思路框架**

本研究旨在系统分析区域土地资源配置系统存在的不确定性,结合案例研究探讨不确定条件下的区域土地资源配置理论与方法。从决策视角分析区域土地资源配置中不确定性的产生、表现形式和特征,为不确定条件下的区域土地资源配置提供理论基础;基于格来哲·摩根的理论探讨区域土地资源配置中不确定性的类型和处理方法,使不确定性研究成为区域土地资源配置理论的有机组成部分,丰富和发展区域土地资源配置理论。

运用模糊数学方法,针对土地适宜性评价中存在的指标取值不确定性和评价准则不确定性,提出基于各指标分布概率确定评价准则的模糊综合评价方法;针对决策目标偏好不确定性和约束条件不确定性分别构建模糊多目标规划和区间参数模糊线性规划模型,解决区域土地资源配置中不确定性。

选取湘江新区作为研究区域。湘江新区是湖南省"两型社会"综合配套改革试验区,对湘江新区进行不确定条件下的建设用地适宜性评价,探讨兼顾经济发展和生态环境保护的多目标土地资源优化配置和不同约束条件不确定性下的用地结构优化,为决策者制定有效的区域土地资源配置方案提供参考。具体研究思路框架见图8-3。

**2. 研究内容及方法**

土地资源配置的涵义较广。本研究的土地资源配置定义为区域土地资源配置,从空间尺度上讲,主要探讨市(县)尺度的土地资源宏观配置;从时间尺度上讲,主要探讨中期配置,即面向未来5~15年的土地资源配置;从研究内容上讲,主要探讨土地资源配置涉及的适宜性评价、数量结构优化和空间优化配置三个方面。

基于上述研究范围的界定,本研究的内容和涉及的方法主要包括以下几个方面:

① 从决策分析的视角,探讨区域土地资源配置中的不确定性来源、表现形式和特征,分析主要的不确定性类型及其对土地资源配置所产生的影响,为不确定条件下的区域土地资源配置提供理论基础。

② 在理论分析的基础上,分别从适宜性评价、数量结构优化和空间优化配置三个方面探讨适用于处理区域土地资源配置中不确定性的研究方法,并提出

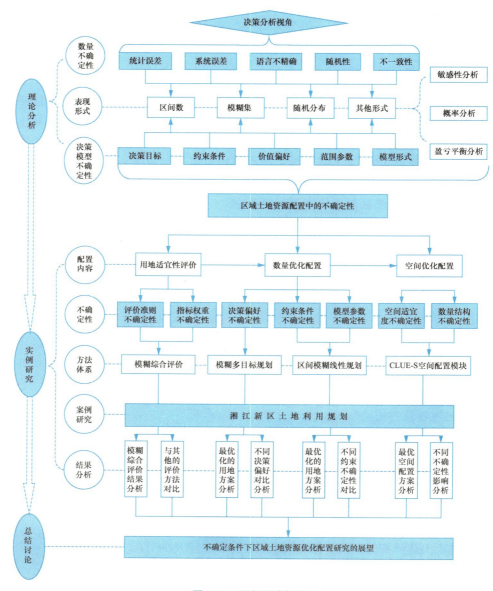

图 8-3 研究思路框架

一套将模糊综合评价、不确定数学规划方法和 CLUE-S 模型空间配置模块相耦合的不确定条件下区域土地资源利用优化配置的方法体系。

③ 运用提出的方法体系对湘江新区进行案例研究。基于用地适宜性评价

中评价准则的不确定性,提出确定模糊评价准则和构建模糊隶属度的模糊综合评价方法,并对湘江新区建设用地适宜性进行评价;基于土地利用多目标规划中决策偏好的不确定性和约束条件不确定性,分别运用模糊多目标规划方法和区间模糊线性规划方法求解不确定条件下的最优配置方案,并通过敏感性分析探讨不同决策偏好和约束条件不确定性对优化结果的影响;在适宜性分析和用地结构优化的基础上,运用一种改进的 CLUE-S 模型对湘江新区土地资源进行空间优化配置。

④ 基于前述分析,总结土地资源配置中处理不确定性的方法和建议。探讨模型方法在解决区域土地资源配置中不确定性的有效性和不足,提出解决土地资源配置中的不确定性的建议。

# 第九章

# 区域土地资源利用优化配置的理论与方法探讨

## 第一节 区域土地资源配置中的不确定性分析

在区域土地资源配置中,忽视不确定性,常常会导致不妥的政策和技术后果。实践证明,在现实世界中普遍存在的不确定性在配置中往往被忽略,这就是土地资源配置偏离现实需求,频繁的修改配置方案和违法用地现象不断发生的深层次原因。本章拟从理论上对区域土地资源配置中的不确定性进行分析。土地资源配置是一个典型的决策问题,因此,从决策分析的视角,探讨区域土地资源配置中的不确定性来源、种类和表现形式,以期为不确定条件下区域土地资源配置研究提供理论基础。

### 1. 不确定性的认识

生活中充满了不确定性。我国古代老子在《道德经》中指出:"知不知,尚;不知知,病。"美国学者奈特(2009)注意到不确定性对于经济分析的重要意义,为开展关于不确定性研究做出了开创性贡献。他将不确定性定义为"在任何一瞬间个人能够创造的那些可被意识到的可能状态的数量",并认为,不确定性产生在于人的有限理性或认识能力不够。格来哲·摩根(2011)在其著作《不确立性》中指出,不确定性是一个很宽泛的术语,它通常涵盖很多概念。不确定性的产生可能因为信息不完全性、信息来源不一致性、语言表述不精确性和所描述的内容的

# 第九章 区域土地资源利用优化配置的理论与方法探讨

变化性。不确定性可以是关于某个量或一种模型的结构。分清不同类型和来源的不确定性非常重要,因为它们需要不同的处理方法。

早期的不确定性理论研究主要集中在经济理论中。波拉克(2005)把不确定性引入经济理论的核心位置,并认为投资和储蓄的不一致是经济中不确定性的根源,而最主要的是投资的不确定性,并把不确定性和信息的不完备性联系在一起,从而奠定了现代不确定性理论的基础。

中国学者王清印(2003)认为能够本源地反映事物本质的信息称为确定性信息,其特征函数为 $X_A$, $U \to \{0,1\}$, $X \to X_A = \begin{cases} 1, & x \in A \\ 0, & x \notin A \end{cases}$,式中 $U$ 为论域,$A$ 是 $U$ 的子集,即 $A \subset U$。未能本源地反映事物本质特征的信息称为不确定性信息。关于不确定性信息的外延包括随机信息、模糊信息、粗糙信息、灰色信息、未确知信息和泛灰信息等。赵柯和赵钢(2004)从科学技术发展角度,探讨充满不确定性的复杂的开放的城市巨系统的非确定性规划思想,提出将城市系统的非确定性纳入城市规划思想的一种新的思维模式。刘怀德(2001)指出,不确定性是指人们不知道会出现哪一种情况的状态,其含义包括未来可能发生的事件和结果不可知、知道可能发生的事件和结果但不知道其时间和概率。

由于土地资源配置具有复杂性和多变性,规划中的不确定因素在不同的发展阶段也有所不同。通过对国内外土地资源配置阶段的总结与分析,从不确定性角度而言,规划存在 4 个不同的不确定阶段,针对各个阶段出现的不同规划特征,可以采取相应的手段,但这 4 个阶段并非完全独立存在的,它们具有一定的重合性,相互之间可以转化(Courtney,2000),如表 9-1 所示。

表 9-1 土地资源配置的 4 个不确定阶段及其技术手段

|  | 第一阶段 | 第二阶段 | 第三阶段 | 第四阶段 |
| --- | --- | --- | --- | --- |
| 发展特征 | 未来发展趋势单一、稳定、清晰 | 未来发展趋势清晰,但有多种可能性 | 未来发展趋势不清晰,但有范围可循 | 未来发展趋势不明 |
| 技术特征 | 方向清晰明确、具有单一预测结果、方案唯一 | 方向清晰但不明确,具有多种预测结果,存在多种方案 | 方向未定,但在一定范围内,具有一系列可能的预测结果,但方案难以确定 | 方向不明,没有预测依据,难以进行预测 |

(续表)

| | 第一阶段 | 第二阶段 | 第三阶段 | 第四阶段 |
|---|---|---|---|---|
| 技术手段及规划过程 | ① 利用简单的预测工具以及确定的技术手段进行预测<br>② 制订配置方案<br>③ 实施、反馈修改、再实施 | ① 根据不同的发展趋势采取不同的预测工具与技术手段<br>② 制订多个配置方案<br>③ 配置方案的分析与比较<br>④ 最佳方案的确定<br>⑤ 实施、反馈修改、再实施 | ① 在范围内按不同方向进行划分<br>② 根据不同的方向类型,重复第二阶段的1～4步骤,确定各自类型的最佳方案<br>③ 综合加权各类型的最佳方案<br>④ 实施、反馈修改、再实施 | ① 通过对过去、现在规划状态的分析总结,将未来的预测转换成第二阶段、第三阶段<br>② 重复第二阶段和第三阶段的操作方法及决策分析<br>③ 实施、反馈修改、实施 |

由于不确定的处理方法依赖于量的类型,因此分清不确定性的不同类型是很重要的。从决策分析的视角,土地资源配置系统中的不确定性可以分为数量不确定性和决策模型中的不确定性两大类。

**2. 数量的不确定性**

迄今为止,已经有许多对不确定性的分类尝试。其中大多数将重点放在数量的不确定性上,它们是政策和风险分析模型不确定性的主要构成部分。土地资源配置是一个决策分析问题,数量不确定性对其有重要影响。经验数的不确定性可以有许多不同类型的来源。刻画不确定性和减少这种不确定性的适宜方法依赖于特定的来源。因此,按照产生的来源对数量不确定性进行分类具有重要意义。根据来源可以将不确定性分为如下几类:统计误差、系统误差、语言不精确、随机性、不一致性等。

(1) 统计误差

统计误差是研究得最多和了解最广的,其不确定性来源于数量直接测量的随机误差。没有任何数量的测量是完全精确的,比如光速。测量工具和观测技术的不完备不可避免产生不同测量之间的差异。土地资源配置涉及的土地资源现状调查以及社会经济调查等方面均需要依赖直接测量。无论是田间调查还是大尺度的遥感,这些测量都会产生误差。只是误差的相对程度不同。由此产生的不确定性依赖于观测之间的变化范围和观测数量的大小。统计学工具为量化这一不确定性提供了一系列完善的技术,比如标准差、置信区间等。

(2) 系统误差

任何测量都不仅包含统计误差也包含系统误差。系统误差是研究数量的真

## 第九章 区域土地资源利用优化配置的理论与方法探讨

实值与测量平均值随着测量次数增多的极限值之间的差异。系统误差是由测量仪器和测量方法造成的。比如,校准的不精确,刻度的读取错误,主观认知偏差,以及由观察数据推测实际量的不正确假设。系统误差一般在全部误差中占据支配地位。科学家们在测量时的任务就是将系统误差减小到最小,即通过仔细设计和校准测量仪器、测量程序以及对用以测算的假设进行谨慎的分析,可以做到这一点。然而,无论做得多么精确,总会有一些系统误差。因为即使是一个很熟练的调查者也只能矫正所有已知的误差来源,对于那些未知或是仅仅怀疑的系统误差来源就无能为力。因此,评估系统误差的可能大小是很困难的,而且不可避免要包含许多主观判断因素。已有研究表明,在基本的科学测量中,系统误差是不可避免的,而且评估系统误差的主观判断常常不可避免。在查阅到的很多科学测量中都存在这种倾向。这主要是因为人们对目前一无所知的误差很难进行主观评估。在量化不确定性时,我们通常容易低估知之甚少的系统误差。

在土地资源配置等决策和风险分析中,不但会受到决策数据来源的测量系统误差的影响,还会受到决策偏好、价值判断等主观决策系统误差的影响,因而在进行优化决策中蕴含的不确定性更大。一般在决策和风险度分析中,这种主观因素导致的系统误差是很大的。因此,在土地资源配置中,对主观判断造成的不确定性分析至关重要。但遗憾的是,人们通常忽略土地资源配置中主观判断造成的系统误差,从而在评价总体不确定性时忽略系统误差。比如,在进行多目标土地资源优化决策时,常常忽略决策者的不同目标偏好对优化决策方案的影响。实际上,在土地资源配置中,对决策目标的选择和对不同决策目标的偏好,对优化决策方案带来的系统误差是非常大的。当然,在进行土地资源优化配置时,在缺少对不同目标决策偏好了解的情况下,做出一种合理的偏好假设,从而得出优化配置方案的方法也是可能的,至少是在不确定条件下进行土地资源配置优化的一种必然选择。但是,作为土地资源配置的决策者或政策分析者,必须认识到这种不确定性的存在,以及给定优化决策方案对不确定性的假设,不能忽略讨论不确定性的主要附加来源,要区分两种不同类型的系统误差。

(3) 语言不精确

土地资源配置系统中,我们常用不精确的语言来谈论事件或者数量,这些数量不能通过统计学上的澄清试验。比如"这片森林很大"就是不确定的。这里的说的"大"就是一种主观判断,缺乏对客观参照的描述。为了让描述更精确,我们可以把它描述得更加具体,比如这片森林有 100 公顷。在涉及决策分析中,决策主观判断通常是通过决策者的语言来反映的,很难在数学上进行精确的衡量。例如,在土地资源决策分析中,希望更偏好生态环境保护。这种描述性的语言不精确经常会出现在决策分析中。一方面,这种决策偏好本身很难精确度量,可能就是一个不确定范围;另一方面,这种偏好的程度大小也可能会发生变化。因而,语言不精确也是土地资源配置中一种重要的数量不确定性。

正统的贝叶斯观点认为,语言不精确性可以通过详细叙述所有的事件和数量以通过澄清试验的方法进行界定。这被视为决策分析者进行分析的重要部分。另一种观点是模糊集理论(Zadeh,1965),它将语言的不精确性看作人类交谈中不可避免的方面,而且它可以通过规范的推理系统来确定化处理。

在土地资源优化配置分析中,应该清楚而详细地描述模型中应用的时间和数量并且尽可能避免作为不确定性来源的语言不精确。很多测量不确定性的来源经常不可能消除,但是由于语言不精确所导致的不确定性通过较为谨慎的推敲就可以相对简单地消除。

(4)随机性

一些数量自身存在固有随机性。随机性与其他类型不确定性不同,因为它即使在理论上也不能减少。许多量是随着时间和空间变化的。比如前面某类土地利用的经济效益、河流径流量等。当然,有些我们现在认为的随机性也可能是由于我们对世界了解的局限,恰如爱因斯坦所说:"上帝不可能掷骰子"。

对于土地资源配置等宏观决策分析而言,最实际的问题就是不确定的量在实践中是否可以预测。这些数量不确定性一般可以通过概率分布的方式来描述和预测。但是,在实际问题中,由于数据和认知的局限,很难保证精确的量化随机概率的分布。即使对研究系统的随机规律理解得很清楚,由于建模和计算的限制,它的行为仍然可能是不可预测的。最近几十年,有一个越来越明显的现象:许多非线性系统表现出对初始条件极大的敏感性。比如,气象模型表明,初始条件的微小差别会给随后的天气带来很大的变化。这种效应有时被称为"蝴蝶效应",即北京的一只蝴蝶轻轻地抖动一下翅膀就会影响纽约下个月的一场暴风雨。即使使用最大的超级计算机,在表述初始条件时仍会受到数据机器计算的精确性和细节的双重影响。这也解释了提前十几年或几十年预测经济社会变化是很困难的,而经济社会的变化对土地资源的配置具有重要影响。

尽管固有随机性和预测的限制性问题很难克服,但在进行数量型政策分析中,它们并没有带来什么应用上的困难。这一部分的主要内容是区分以下两点:一是通过更为深入的研究或建立更为细致的模型可以减少不确定性;二是来源于固有随机性或应用上的不可预测、不可减少的不确定性。

(5)不一致性

土地资源配置的科学性通常需要在不同的专家和决策者乃至公众之间达成共识。然而达成共识的确需要很长的时间甚至很难有共识,这就造成了政策决定可能需要在解决不一致性之前就要做出。另外,决策者的判断经常有意或无意地受动机偏好的影响。有时这种偏好非常明显,比如结果会影响到他们的工作和收入;有时候却很微妙,比如有些专家将其荣誉押在某个特定的观点上。因此,在实践中,专家观点之间的不一致是土地资源配置分析中的不确定性的重要来源之一。

尽管不同的资深专家对某个不确定经验型数据有不同的看法,但是一个通常的解决方法就是将他们的看法加权综合起来。例如在进行土地资源配置中进行适宜性综合评价时,需要确定不同指标的权重,这种依赖于专家知识的权重通常具有不一致性。已有研究探索出许多方法来界定这些权重,例如德尔菲法、层析分析法等。通过专家的自评、互评等测算情况,结合分析者掌握的相对知识、可靠性直接确定。最终的结果基本代表了专家意见不一致的最佳判断。当不同的资深专家对某一特定数据的看法不一致时,先检验与每个专家认识到的不确定性相比这些差异是否显著。如果专家之间的不一致是显著的,通常最好是先做一个灵敏度分析以弄清每一个看法对结果的影响。一方面,如果观点的差异对结果的影响很小,那就可以采用任何合理的综合方法,比如等权重;另一方面,如果这些差异对结果的影响具有显著性,那么将它们综合在一起就是不明智的。相反,应该按照每个专家的看法或者每个显著不同的看法类别分别报告分析结果。如果结果依赖于信任的那个专家,那么这就应该是不确定分析中的重点。

**3. 决策模型中的不确定性**

在土地资源配置中,通常需要依赖决策模型进行分析。除了数量不确定性之外,决策模型通常还包含许多其他不同作用的不同类型的量,包括决策变量、价值偏好等。表 9-2 列出了我们认为有必要进行区别的主要不确定类型的量。

表 9-2 区域土地资源配置决策模型中的主要不确定类型的量

| 量的类型 | 例子 | 不确定性的处理 |
|---|---|---|
| 决策目标 | 土地总产出、土地总生态服务功能值 | 参数化、情景分析 |
| 约束条件 | 最大允许建设面积、最低耕地保护面积 | 参数化、敏感性分析 |
| 价值偏好 | 最大风险承受度、对生态效益的偏好 | 参数化、敏感性分析 |
| 范围参数 | 地理区域、时间起点、时间增量 | 对比分析 |
| 模型形式 | 自上而下的分配模型、自下而上的分配模型 | 对比分析 |

(1) 决策目标

所谓决策目标,就是指衡量决策效应的指标。在土地资源配置中,一些常用的决策目标有用地经济总产值、用地生态服务价值总和等。这些量是不确定的。一方面,不同决策者在不同的时间,随着决策认知和决策偏好的不同可能会有不同的决策目标；另一方面，所有的决策目标都是对决策效益一个方面的衡量，即使是一些指标的组合也很难全面概括决策效益。确定合理的决策目标是任何一项决策的前提。不同的决策目标会造成土地资源配置方案的显著差异。理论上讲，土地资源配置的综合效益包括经济效益、社会效益和生态效益。在过去的土地资源配置决策中，一般仅考虑用地经济效益，例如用地 GDP 产值，这在一定程度上造成了大范围的建设用地扩张，造成土地资源的浪费。随着人们对生态环境的重视，生态环境保护目标逐渐成为许多土地资源配置的决策目标，例如采用生态服务价值、生态绿当量等决策目标。社会效益由于很难用具体指标衡量，一般很少在配置决策中加以考虑。

（2）约束条件

约束条件是进行决策分析要考虑的重要内容。所有的决策分析都要在一定的现状背景和满足一定的社会经济或自然环境条件下开展，也即所有的决策分析都会面临一定的约束条件。不同决策分析面临的约束条件不一样。在土地资源配置决策中，宏观尺度配置的约束条件主要侧重于社会经济条件，例如经济增长总量、劳动力约束等；微观尺度配置的约束条件则会侧重于自然地理条件，例如坡度、地形等。同一个决策分析在不同的时空环境下面临的约束条件也不一样。例如同是区域土地资源配置，在工业主导区域和农业主导区域面临的约束条件也有差异。决策分析中约束条件的选择和确定也会受到决策者自身的认知水平和主观意愿的影响。例如在我国早期的土地资源配置中很少考虑生态环境约束，如今土地资源配置决策者逐渐认识到生态环境的重要性，因而在区域土地资源配置中会纳入生态环境约束。

约束条件不确定性会对决策产生显著影响。从数学规划的角度，约束条件的变化可能直接导致可行域发生变化，最优解也可能发生变化。因而，约束条件不确定性是决策不确定性的重要方面。

（3）价值偏好

价值偏好代表了决策者及其代表人群的主观意愿。一般的决策分析都会包含决策者的主观意愿。一个常见的例子就是土地资源配置中对经济发展目标和生态保护目标的偏好。还有就是在决策分析中经常使用的风险承受度，用于表示厌恶风险的人面对不确定性结果的耐受程度。价值偏好主要反映决策者在决策时的价值偏好和价值判断。虽然在决策模型的分析中可以量化表示，但实际上与经验数量有显著差异。价值偏好的值一般不适宜用概率来处理。一方面，价值偏好是人们最不能确定的数值之一，而影响人们做出最优决策的大部分不确定性是由此而来的。不确定性的概率处理将会掩盖它的影响，而决策者将永远没有机会发现这些选择值的内涵。如果采用参数的方式进行处理，可能会对这种情况提供更多的认识。另一方面,在分析前我们并不将价值选择看作是必需的。通常分析的重要目的就是要帮助人们选择和澄清它们的价值。如果分析显示价值的现有不确定性不影响我们得出的结论,决策者和分析家就没有必要再花费功夫去进一步精炼价值的含义。

在数学模型中,价值偏好一般通过参数形式表达。由于价值偏好更具有主观性,而且往往会对决策方案产生显著影响,因而这里区别于一般的参数单独探讨。当然,一个量是价值偏好还是一般参数在决策分析中可能会互相转换。如果决策过程中的数量涵盖了决策者或其代表人群的价值和偏好,那么它就要被看作价值偏好。例如,对省级层面的土地资源配置而言,县/市一级的土地资源配置的决策价值偏好就被当作经验参数来处理。因此,虽然价值偏好和经验参数之间有显著的区别,但是在不同条件下两者可能相互转换。

(4)范围参数

范围参数通常被用来描述空间和时间领域的一个位置或单元,因为通常用下标表示,所以被称作范围参数。比如,一个多年模型中的某一特定年份,一个地理模型中的地理网格位点。范围参数也通常被用来表述一组元素中的一个。比如土地资源配置中的某一个时空尺度和空间单元。本书研究的是区域尺度土地资源宏观配置,区域尺度就是本研究的土地资源配置的小标变量。对范围参数的界定通常具有一定的不确定性。例如,区域尺度所指的具体空间范围大小并不明确。模型范围参数的不确定性对特定的模型分析产生影响,但范围参数是模型分析的前提和基础。

在不确定性分析中,我们经常忽视范围参数,尽管它也起到很重要的潜在影响。正是由于分析的范围和具体程度有限才产生了近似的不确定性。他们限制了表示的精确性和计算的复杂性。我们应该选择模型范围参数以便能使模型涵盖所关心系统的所有范围,以避免未预期的近似以及额外的计算成本。选择合适的模型范围参数已达到平衡是模型设计最重要和最困难的方面之一。我们通常不知道取什么值比较合适。但是,就像价值偏好一样,我们不可能不确定模型范围参数的真值,因为它们没有真值,除非相关的时间和空间领域是无穷大和无限细分的。这个值的确定依赖于模型建立者。用主管概率分布来表示模型范围参数的不确定性是不合适和不实用的。但是,可以在灵敏度分析中通过改变参数来检验它们如何影响分析的结果,为以后模型建立中模型范围参数提供更为成熟的选择。

(5)模型形式

模型形式的不确定性比数量的不确定性更难讨论。但是有经验的分析者通常认为模型结构的不确定性非常重要,它们对分析结果的影响很大。例如,土资源配置中的目标函数采用线性的还是非线性的,将对配置结果产生较大影响。任何模型都不可避免地是现实的一种简化。即使模型是一个特定现实系统的绝好的近似并能给出精确的结果,它也不可能是完全精确的。模型形式的不确定性通常反映了不同专家对基本决策问题和机制的不同意见。已有研究对模型形式不确定性的探讨还相对很少。理论上讲,最常见的做法就是用各种不同的模型形式研究同一个问题,对比分析不同模型结构对配置决策的影响和配置效益的影响。

**4. 土地资源配置体系中的主要不确定性**

不确定性存在于整个区域土地资源配置(规划)过程中,包括资料收集、规划编制、指标预测、方案选择、规划实施和跟踪管理在内的各个配置阶段均有表现。具体来讲,现行区域土地资源配置中的不确定性有:① 区域背景变化迅速(金融危机、历史罕见的洪水灾害、退耕还林政策的实施等);② 决策者主观认知不足(对生态环境保护认识不足、对每类用地的社会经济和生态环境效应认识不足、对决策不确定性认识不足);③ 配置指标刚性约束(自上而下下达规划控制指标、土地供求矛盾突出、频繁的修改规划、违法用地事件频发);④ 预测方法偏误传播(预测技术与手段局限导致不确定性的传播与扩大、预测误差偏大导致预测结果失效);⑤ 本底信息失真(原始数据不实,图、数、实地不符合,序列数据年数短、用地布局随意等)。从决策分析的视角来看,这些不确定性概括起来可以分为数据不准确、主观决策偏好和决策背景的迅速变化、刚性规划思维等;在决策模型分析中,这些不确定性主要表现在决策目标、约束条件和价值偏好三方面。

土地资源配置中外部不确定性是难以控制和预料的,规划赶不上变化,导致规划有效期大为缩短。土地资源配置中内部不确定性一方面受制于外部不确定性的严重影响,另一方面给规划编制和实施带来严重的负面影响。土地资源配置的价值就在于其对未来土地资源利用的导向性。土地资源配置是对一定区域未来土地利用超前性的计划和安排,并依据区域社会经济发展和土地的自然历史特征在时空上合理分配土地资源和合理组织土地利用。土地资源配置的核心内容就是确定土地资源的结构与布局。一定区域内,未来土地资源结构与布局受制于未来时期该区域社会经济发展趋势和水平,以及土地数量、质量和分布的本底信息,其中最为活跃的因素是未来社会经济发展。而未来社会经济发展因素处于不断变化之中,属于不确定性因素。在土地资源配置实践中,未来社会经济变化趋势和水平是依据过去和现在的数据,并视其处于不变状态加以预测获得的,这就为配置偏离现实提供了可能,因为预测的误差与随机事件和时间的增长呈正相关,这就是说,未来经济环境与预测的数据存在着一定程度的不确定性,最终导致规划的不确定性。

## 第二节 不确定条件下区域土地资源利用优化配置的方法探讨

区域土地资源配置涉及评价、预测、优化等多个方面,需要一整套方法进行研究。处理不确定性的方法有很多,对于不同类型的不确定性,处理方法也不同。本节将从不确定性的数学表示方法、分析方法以及土地资源配置的适宜性评价、数量结构优化和空间结构优化等方面探讨适用于不确定条件下区域土地资源配置的方法。

**1. 不确定性的数学表示方法**

如何将不确定性用数学语言表示是定量分析不确定性的首要问题。概括起来,已有对数量不确定性的数学表示方法主要分为区间数、随机变量和模糊集三种。

(1) 区间数

区间数就是用区间表示的数,它实际上是一个闭区间上所有实数所组成的集合,其运算法则一般与集合的运算法则类似。若 $x$ 表示一个闭合区间的实数集,则可以得到一个已知 $x$ 的上确界和下确界但未知 $x$ 具体分布的区间数 $x^{\pm} = [x^-, x^+] = \{t \in x | x^- \leqslant t \leqslant x^+\}$。其中,$x^+$ 和 $x^-$ 分别表示区间数 $x^{\pm}$ 的上、下确界值。当 $x^- = x^+$ 时,区间数 $x^{\pm}$ 变成一个确定数。

区间数代表了一种不确定性,目前在各个领域都有着很大的应用潜力。例如用区间数进行不确定的多属性决策;将区间数添加到数学规划中形成不确定性优化模型。

(2) 随机变量

随机变量是指随机事件的数量表现。一个随机事件可能结果的全体组成一个基本空间 $\Omega$。随机变量 $X$ 是定义在基本空间 $\Omega$ 上的取值为实数的函数,即基本空间 $\Omega$ 中的每一个点,也就是每个基本事件都有实轴上的点与之对应。在研究随机变量的性质时,确定和计算该变量取某个数值或落入某个数值区间内的概率是特别重要的。利用概率论公理化的语言,取实数值的随机变量的数学定义可确切地表述如下:概率空间 $(\Omega, F, p)$ 上的随机变量 $x$ 是定义于 $\Omega$ 上的实值可测函数,即对任意 $\omega \in \Omega, x(\omega)$ 为实数,且对任意实数 $x$,使 $\xi(\omega) \leqslant x$ 的一切 $\omega$ 组成的 $\Omega$ 的子集 $\{\omega: \xi(\omega) \leqslant x\}$ 是事件,也即是 $F$ 中的元素。事件 $\{\omega: \xi(\omega) \leqslant x\}$ 常简记作$\{\xi \leqslant x\}$,并称函数$F(x)=p(\xi \leqslant x)$,$-\infty<x<\infty$,为$x$的分布函数。

在不同的条件下由于偶然因素影响,一个变量可能取各种不同的值,具有不确定性和随机性,但这些取值落在某个范围的概率是一定的,这种变量称为随机变量。随机变量可以是离散型的,也可以是连续型的。如分析测试中的测定值就是一个以概率取值的随机变量,被测定量的取值可能在某一范围内随机变化,具体取什么值在测定之前是无法确定的,但测定的结果是确定的,多次重复测定所得到的测定值具有统计规律性。随机变量与模糊变量的不确定性的本质差别在于,后者的测定结果仍具有不确定性,即模糊性。

(3) 模糊集

如前文所述,日常生活和科学研究中涉及的众多的概念常常含有不确定性。例如"这片林地面积很大"这个概念,如果说100公顷以上算面积大,那么面积为99公顷的林地仅仅1公顷之差,与100公顷的林地是很难辨别的。因此,"林地面积很大"不应该有清晰的边界。然而,经典集合必定是清晰的,即对集合$A$和某具体对象$a$,$a \in A$与$a \notin A$仅有一个成立。这说明不能用经典集合去刻画模糊概念的外延,从而Zadeh提出模糊集合的概念。

设$U$是论域,所谓$U$上的模糊集合$\widetilde{A}$,是指对$\forall x \in U$,$x$常以某个程度$\mu(\mu \in [0,1])$属于$\widetilde{A}$,而非$a \in \widetilde{A}$与$a \notin \widetilde{A}$。例如,若确定100公顷以上的林地都是"面积大",则该片林地属于"面积大"的程度为1(或100%);如果林地面积为99公顷,则可认为该片林地属于"面积大"的程度略低一些,例如为0.99(或99%)。

若$U$是论域,$\mu:U \to [0,1]$,称$\mu$为$U$上的隶属函数,记$U$上隶属函数的全体为$SH(U)$。又记$U$上模糊集合的全体为$F(U)$,令$SH(U)$和$F(U)$一一对应。于是,对$\forall \mu \in SH(U)$,有唯一$U$上的模糊集合$\widetilde{A} \in F(U)$与之对应。记此$\mu$为$\mu_{\widetilde{A}}$,称$\mu_{\widetilde{A}}$为$\widetilde{A}$的理数函数,对$\forall x \in U$,称$\mu_{\widetilde{A}}$为$x$对$\widetilde{A}$的隶属度。论域$U=\{x_1,x_2,\cdots,x_n\}$是有限集,$U$上任意模糊集合$\widetilde{A}$,其隶属函数为$\{\widetilde{A}(x_i)\}(i=1,2,\cdots,n)$。采用向量表示法,$\widetilde{A}$可以表示为$\widetilde{A}=(\widetilde{A}(x_1),\widetilde{A}(x_2),\cdots,\widetilde{A}(x_n))$。一般地,若$0 \leqslant a_i \leqslant 1(i=1,2,\cdots,n)$,则称$a=(a_1,a_1,\cdots,a_1)$为模糊向量。由此可知模糊向量$a=(a_1,a_1,\cdots,a_1)$可以表示论域$U=\{x_1,x_2,\cdots,x_n\}$上的模糊向量。

目前,也有部分学者对不确定性进行了更详细的划分,并提出了相应的表示方法,例如粗糙集等。在土地资源配置中,大部分形式的不确定性可以通过模糊集和区间数来表示;由于区域土地资源宏观配置中随机性存在形式较少,且运用随机数表示对数据要求和计算方法的要求均较高,所以较少运用随机数表达不

# 第九章 区域土地资源利用优化配置的理论与方法探讨

确定性。

## 2. 不确定性分析方法

不确定性分析(uncertainty analysis)是指对决策方案受到各种事前无法控制的外部因素变化与影响所进行的研究和估计。它是决策分析中常用的一种方法。通过该分析可以弄清不确定性因素对决策方案和效益的影响,从而为决策的可靠性和稳定性提供依据。已有的不确定性分析方法常运用于项目投资分析。常用的不确定性分析方法主要包括敏感性分析、概率分析和盈亏平衡分析等。

### 2.1 敏感性分析

敏感性分析是指从定量分析的角度研究有关因素发生某种变化对某一个或一组关键指标影响程度的一种不确定性分析技术。其实质是通过逐一改变相关变量数值的方法来解释关键指标受这些因素变动影响大小的规律,因而敏感性通常通过情景分析来完成。敏感性因素一般选择主要参数进行分析。若某参数的小幅度变化能导致决策方案或决策效益发生较大变化,则称此参数为敏感性因素,反之则称其为非敏感性因素。敏感性分析一般包括如下几个步骤。

(1) 确定敏感性分析指标

敏感性分析的对象是具体的技术方案及其反映的经济效益。因此,技术方案的某些经济效益评价指标,例如息税前利润、投资回收期、投资收益率、净现值、内部收益率等,都可以作为敏感性分析指标。在土地资源配置中,一般选择最优用地方案和对应社会经济效益作为敏感性分析指标。

(2) 计算该技术方案的目标值

一般将在正常状态下的经济效益评价指标数值,作为目标值。

(3) 选取不确定因素

在进行敏感性分析时,并不需要对所有的不确定因素都考虑和计算,而应视方案的具体情况选取几个变化可能性较大,并对效益目标值影响作用较大的因素。

(4) 计算不确定因素变动时对分析指标的影响程度

若进行单因素敏感性分析时,则要在固定其他因素的条件下,变动其中一个不确定因素;然后,再变动另一个因素(仍然保持其他因素不变),以此求出某个不确定因素本身对方案效益指标目标值的影响程度。

敏感性分析能确定影响项目经济效益的敏感因素,寻找出影响最大、最敏感的主要变量因素,进一步分析、预测或估算主要变量因素的变化对配置方案和效益指标的影响范围，使决策者全面了解土地资源配置可能出现的综合效益变动情况、预测可能出现的决策风险程度，以减少和避免不利因素的影响，改善和提高配置效果。敏感性分析在不确定分析中运用最广泛，在区域土地资源配置中也适宜运用敏感性分析。

### 2.2 概率分析

概率分析又称风险分析，是通过研究各种不确定性因素发生不同变动幅度的概率分布及其对决策方案和效益的影响，对决策可行性和风险性以及方案优劣作出判断的一种不确定性分析法。概率分析常用于对大中型若干重要项目的评估和决策之中。

概率分析的指标一般包括决策效益的期望值和决策效益的标准差。进行概率分析的具体方法有期望值法、效用函数法和模拟分析法等。期望值法在项目评估中应用最为普遍，是通过计算项目净现值的期望值和净现值大于或等于零时的累计概率，来比较方案优劣、确定项目可行性和风险程度的方法。在风险决策的情况下，通过测度对总目标的效能价值或贡献大小来量化决策者对待风险的态度。通过效用这一指标，可将某些难以量化、有质的差别的事物(事件)给予量化，将要考虑的因素折合为效用值，得出各方案的综合效用值，再进行决策。效用函数反映决策者对待风险的态度。不同的决策者在不同的情况下，其效用函数是不同的。模拟分析法就是利用计算机模拟技术，对项目的不确定因素进行模拟，通过抽取服从项目不确定因素分布的随机数，计算分析项目经济效果评价指标，从而得出项目经济效果评价指标的概率分布，以提供项目不确定因素对项目经济指标影响的全面情况。

概率分析的一般步骤包括：列出各种要考虑的不确定因素；设想各个不确定因素可能发生的情况；分别确定各种可能发生情况产生的可能性，即概率；计算目标值的期望值；求出目标值大于或等于零的累计概率。对于单个方案的概率分析应求出净现值大于或等于零的概率，由该概率值的大小可以估计方案承受风险的程度，该概率值越接近1，说明技术方案的风险越小，反之，方案的风险越大。可以列表求得净现值大于或等于零的概率。概率分析需要对决策可能性进行全面评估和概率估计，对数据要求较高，并且假定不确定性变化遵循统计规律。但是在实际决策问题中，只有一部分决策问题或一部分变量符合统计规律，从而在实际运用中受到一定的限制。根据前述章节分析，区域土地资源的配置中存在的不确定性大部分不遵循统计规律或难以用统计规律描述，因而概率分析在区域土地资源配置的不确定分析中适用范围较小。

### 2.3 盈亏平衡分析

盈亏平衡分析是通过盈亏平衡点(BEP)分析决策成本与收益的平衡关系的一种方法。各种不确定因素(如投资、成本、项目寿命期等)的变化会影响决策方案的经济效果,当这些因素的变化达到某一临界值时,就会影响方案的取舍。盈亏平衡分析的目的就是找出这种临界值,即盈亏平衡点(BEP),判断决策方案对不确定因素变化的承受能力,为决策提供依据。盈亏平衡分析只用于投资决策的经济效益或财务评价,一般在区域土地资源的微观配置中(即涉及个人或单位对某地块使用投资分析)得到运用,在宏观土地资源配置的不确定性分析中很少使用。

除了上述几种不确定性分析方法之外,还有针对基于测量不确定性的误差分析等方法。结合土地资源配置的不确定性特征,本研究主要采用敏感性分析法,选取不确定性的不同取值情景来评估几种主要不确定性的影响。

## 3. 土地资源配置中适宜性评价的不确定方法

如文献综述中所述,在已有的用地适宜性评价方法中,模糊综合评价能有效考虑评价中的不确定性,并得到了广泛运用。

模糊综合评价是在考虑多种因素的影响下,运用模糊数学工具对某事物做出综合评价的方法(王光远,1984)。设 $U=\{u_1,u_2,\cdots,u_m\}$ 为 $m$ 种因素影响的被评价对象,$V=\{v_1,v_2,\cdots,v_n\}$ 为每种因素所处的 $n$ 种判断。模糊集主要分为两类:一类是标志因素集 $U$ 中诸元素在人们心目中的重要程度的量,表现为因素集 $U$ 上的模糊权重向量 $\boldsymbol{A}=\{a_1,a_2,\cdots,a_m\}$;另一类是 $U\times V$ 上的模糊关系,表现为 $m\times n$ 模糊矩阵 $\boldsymbol{R}$,这两类模糊集都是主观反映人们价值观念或偏好结构的。对这两类集施加某种模糊运算,便得到 $V$ 上的一个模糊子集 $B=\{b_1,b_2,\cdots,b_n\}$。

因此,模糊综合评价是指寻找模糊权重向量 $\boldsymbol{A}=\{a_1,a_2,\cdots,a_m\}\in F(U)$,以及一个从 $U$ 到 $V$ 的模糊变换 $f$,即对每一因素 $u_i$ 单独做出一个判断:

$$f(u_i)=\{r_{i1},r_{i2},\cdots,r_{im}\}\in F(U),\quad i=1,2,\cdots,m,$$

以此构造模糊矩阵

$$\boldsymbol{R}=[r_{ij}]_{mn}\in F(U\times V),$$

其中 $r_{ij}$ 表示因素 $u_i$ 具有评语 $v_j$ 的程度。进而求出模糊综合评价

$$B=\{b_1,b_2,\cdots,b_n\}\in F(V),$$

其中 $b_j$ 表示被评价对象具有评语 $v_j$ 的程度,即 $v_j$ 对模糊集 $B$ 的隶属度(江高,

2005)。模糊综合评价的评价流程如图 9-1 所示。

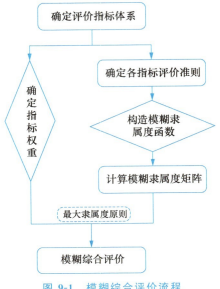

图 9-1  模糊综合评价流程

### 3.1 确定评价的因素集和评语集

因素是指评判对象的各种属性或性能,在评价中即评价指标集。因素集可表示为 $U=\{u_1,u_2,\cdots,u_n\}$,即 $n$ 个评价指标。评语集也叫评价集或判断集,就是对评价对象所作的评价等级。评语集可表示为 $V=\{v_1,v_2,\cdots,v_m\}$,即 $m$ 个评价等级,每一个等级可对应一个模糊子集(刘瑜,2008)。

一般情况下,评价等级数 $m$ 取[3,7]中的整数。如果 $m$ 过大,那么语言难以描述且不易判断等级归属。如果 $m$ 太小又不符合模糊综合评价的质量要求。$m$ 取奇数的情况较多,因为这样可以有一个中间等级,便于判断被评事物的等级归属。具体等级可以依据评价内容用适当的语言描述。

### 3.2 权重的确定

评价指标的权重是评价指标相对重要性的定量表示。它关系到整个评价结果的准确性。目前确定评价指标权重的理论和方法已较成熟,一般分为主观赋权法和客观赋权法。主观赋权法借助有关专家的知识和判断确定各因素的权重,充分反映了专家在该领域长期研究积累的经验,主要有德尔菲法、层次分析法、专家经验评估法等;客观赋权法是从实际数据出发,根据数据分布和实际水平进行调整。主要有主成分分析法、灰色关联法、因子分析法和熵值法等。本研究选取主观赋权法的德尔菲法进行指标权重确定(刘瑜,2008)。

## 第九章 区域土地资源利用优化配置的理论与方法探讨

### 3.3 建立隶属度函数

隶属函数是刻画因素模糊性的指标,指通过一定的函数运算,确定评价指标对应评语集的隶属程度,使得模糊数学关系变得更直观。目前已提出和应用的隶属度函数确定方法有:模糊统计法、可变模型法、二元对比排序法等。常用的隶属函数有矩形分布、半矩形分布、半梯形分布、降半梯形分布、$K$次抛物分布、正态分布、柯西分布等(刘灵辉 等,2007;刘瑜,2008)。常见的隶属函数有如下几种。

(1) 矩形和半矩形模糊分布

矩形和半矩形模糊隶属度函数分布图如图 9-2 所示。

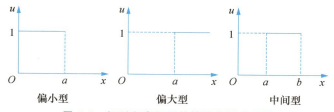

图 9-2　矩形和半矩形的模糊隶属度函数

偏小型:
$$R(x)=\begin{cases}1, & x\leqslant a\\ 0, & x>a\end{cases} \quad (9\text{-}1)$$

偏大型:
$$R(x)=\begin{cases}0, & x\leqslant a\\ 1, & x>a\end{cases} \quad (9\text{-}2)$$

中间型:
$$R(x)=\begin{cases}0, & x<a\\ 1, & a\leqslant x\leqslant b\\ 0, & x>b\end{cases} \quad (9\text{-}3)$$

(2) 三角形模糊分布

三角形分布的隶属度函数目前运用得最广泛,尤其广泛运用于模糊运算中。其分布图如图 9-3 所示。

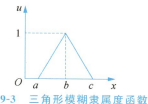

图 9-3　三角形模糊隶属度函数

隶属函数表达式为

$$R(x) = \begin{cases} 0, & x < a \\ \dfrac{x-a}{b-a}, & a \leqslant x \leqslant b \\ \dfrac{c-x}{c-b}, & b \leqslant x \leqslant c \\ 0, & x \geqslant c \end{cases} \quad (9\text{-}4)$$

（3）梯形和半梯形模糊分布

梯形和半梯形模糊隶属度函数分布图如图 9-4 所示。

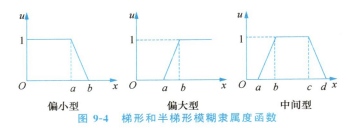

图 9-4　梯形和半梯形模糊隶属度函数

偏小型：

$$R(x) = \begin{cases} 1, & x \leqslant a \\ \dfrac{b-x}{b-a}, & a \leqslant x \leqslant b \\ 0, & x > b \end{cases} \quad (9\text{-}5)$$

偏大型：

$$R(x) = \begin{cases} 0, & x \leqslant a \\ \dfrac{x-a}{b-a}, & a \leqslant x \leqslant b \\ 1, & x > b \end{cases} \quad (9\text{-}6)$$

中间型：

$$R(x) = \begin{cases} 0, & x \leqslant a \\ \dfrac{x-a}{b-a}, & a < x < b \\ 1, & b \leqslant x \leqslant c \\ \dfrac{d-x}{d-c}, & c < x < d \\ 0, & x \geqslant d \end{cases} \quad (9\text{-}7)$$

（4）降半梯形模糊分布

# 第九章　区域土地资源利用优化配置的理论与方法探讨

降半梯形隶属度函数广泛运用于模糊综合评价和分类中。其分布图如图 9-5 所示。

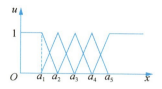

**图 9-5　降半梯形模糊分布模糊隶属度函数**

具体函数定义如下：

当 $j=1$ 时，

$$R(x)=\begin{cases}1, & x\leqslant d_j\\ \dfrac{d_{j+1}-x}{d_{j+1}-d_j}, & d_j<x\leqslant d_{j+1}\\ 0, & x>d_{j+1}\end{cases} \tag{9-8}$$

当 $j=2,3,\cdots,n-1$ 时，

$$R(x)=\begin{cases}0, & x\leqslant d_{j-1}\\ \dfrac{x-d_{j-1}}{d_j-d_{j-1}}, & d_{j-1}<x\leqslant d_j\\ \dfrac{d_{j+1}-x}{d_{j+1}-d_j}, & d_j<x\leqslant d_{j+1}\\ 0, & x>d_{j+1}\end{cases} \tag{9-9}$$

当 $j=n$ 时，

$$R(x)=\begin{cases}0, & x\leqslant d_{j-1}\\ \dfrac{x-d_{j-1}}{d_j-d_{j-1}}, & d_{j-1}<x\leqslant d_j\\ 1, & x>d_j\end{cases} \tag{9-10}$$

上述各式中，$R(x)$ 为评价对象集中单个指标对 $j$ 评价等级的隶属度函数；$x$ 为各指标的实际值；$d_j,d_{j-1},d_{j+1}$ 分别为各指标的相应分级标准值。

对第 $j$ 个因子属于 $u_i$ 的评价结果组成单因素模糊评价集 $R_i=(r_{i1},r_{i2},\cdots,r_{im})$。根据以上计算过程，若 $n$ 个评价指标 $m$ 级评价标准，以各单因素模糊评价集 $R_i$ 的隶属度为行组成单因素评价矩阵，则构成 $n\times m$ 阶的模糊矩阵 $\boldsymbol{R}$。

$$\boldsymbol{R} = \begin{bmatrix} R_1 \\ R_2 \\ \vdots \\ R_n \end{bmatrix} = \begin{bmatrix} r_{11} & r_{12} & \cdots & r_{1m} \\ r_{21} & r_{22} & \cdots & r_{2m} \\ \vdots & \vdots & & \vdots \\ r_{n1} & r_{n2} & \cdots & r_{nm} \end{bmatrix} \quad (9\text{-}11)$$

$\boldsymbol{R}$ 是因素集 $U$ 对于评语集 $V$ 的一个模糊关系集合。

### 3.4 模糊综合评价

将模糊集 $A$ 与单因素模糊评价矩阵 $\boldsymbol{R}$ 复合,得到各评价对象的模糊综合评价结果向量。模糊综合评价的模型为(李鸿吉,2002):

$$A \times \boldsymbol{R} = (a_1, a_2, \cdots, a_n) \times \begin{bmatrix} r_{11} & r_{12} & \cdots & r_{1m} \\ r_{21} & r_{22} & \cdots & r_{2m} \\ \vdots & \vdots & & \vdots \\ r_{n1} & r_{n2} & \cdots & r_{nm} \end{bmatrix}$$

$$= (b_1, b_n, \cdots, b_m) = B \quad (9\text{-}12)$$

式中,$b_j$ 是由 $A$ 与 $\boldsymbol{R}$ 的第 $j$ 列运算得到的,它是综合考虑所有指标的影响时,评价对象对评价集中第 $j$ 级等级的隶属程度。集合 $B$ 即为评价子集的多因素综合评价结果。

模糊综合评价结果是评价集对评价等级自己的隶属度,它构成的是一个模糊向量,而不是一个单值,提供的是更丰富的信息。因此,需要对模糊综合评价向量进行进一步的处理。常用的方法有最大隶属度原则、加权平均原则、模糊向量单值化等。

(1) 最大隶属度原则

最大隶属度原则主要是对某一被评对象进行的一个综合评价。最大隶属度原则具体表述为:设模糊综合评价结果向量 $\boldsymbol{B} = (b_1, b_n, \cdots, b_m)$,若 $b_r = \max_{1 \leqslant j \leqslant m} \{b_j\}$,则被评等级总体上来讲隶属于 $r$ 等级。

(2) 加权平均原则

加权平均原则是基于这样的思想:将等级看作一种相对位置,使其连续化。为了定量处理,不妨用"$1, 2, \cdots, m$"依次表示各等级,并称其为各等级的秩。然后用 $B$ 中对应分量将各等级的秩加权求和,得到被评价事物的相对位置。这就是加权平均原则,可表示为

$$A = \frac{\sum_{j=1}^{m} b_j^k \cdot j}{\sum_{j=1}^{m} b_j^k} \quad (9\text{-}13)$$

# 第九章 区域土地资源利用优化配置的理论与方法探讨

其中，$k$ 为待定系数（$k=1$ 或 $k=2$），目的是控制较大的 $B$ 所起的作用。可以证明当 $k \to \infty$ 时，加权平均原则就是最大隶属度原则。

（3）模糊向量单值化

如果给各等级赋以分值，然后用 $m$ 中对应的隶属度将分值加权平均就可以得到一个点值，便于比较排序。设给 $m$ 个等级依次赋以分值 $c_1,c_2,\cdots,c_m$，一般情况下（等级是由高到低或者由好到差），$c_1>c_2>\cdots>c_m$，且间距相等，则模糊向量可单值化为

$$c = \sum_{j=1}^{m} b_j^k \cdot c_j \tag{9-14}$$

其中，$k$ 的含义和作用与加权平均原则中的 $k$ 一样。

本研究将选择模糊综合评价方法对建设用地的适宜性进行评价。由于本研究只需对评价结果进行综合评判，并不需要对结果进行序化，因此选择最大隶属度原则作为评价结果的隶属度确定方法。

## 4. 土地资源配置中数量结构优化的不确定方法

不确定优化方法即在存在不确定性的条件下进行优化决策的方法。传统优化方法一般假设决策参数或条件为确定的，并在此基础上进行优化。但是由于不确定性的存在，许多学者开发出了处理各类不确定性的优化方法。从数学规划方法的角度，根据不确定性的存在形式或数学表示方法，不确定优化方法可以分为区间规划方法、模糊规划方法、随机规划方法和多目标规划方法等。

### 4.1 区间规划方法

不确定区间线性规划模型可以描述成如下形式：

$$\max f^{\pm} = \mathbf{C}^{\pm} \mathbf{X}^{\pm} \tag{9-15a}$$

$$\text{s.t.} \quad \mathbf{A}^{\pm} \mathbf{X}^{\pm} \leqslant \mathbf{B}^{\pm} \tag{9-15b}$$

$$\mathbf{X}^{\pm} \geqslant 0 \tag{9-15c}$$

其中，$\mathbf{A}^{\pm} \in \{R^{\pm}\}^{m \times n}$，$\mathbf{B}^{\pm} \in \{R^{\pm}\}^{m \times l}$，$\mathbf{C}^{\pm} \in \{R^{\pm}\}^{l \times n}$，$\mathbf{X}^{\pm} \in \{R^{\pm}\}^{n \times l}$，$R^{\pm}$ 表示实区间数集。

通过对模型特征和模型参数与决策变量的相互关系进行分析，一种交互式的求解算法被用于求解该区间线性规划模型。对于目标函数中的 $n$ 个不确定参数 $c_j^{\pm}(j=1,2,\cdots,n)$，如果其中 $k_1$ 个为正，另外 $k_2$ 个为负，则令其中 $k_1$ 个为正参数，为 $c_j^{\pm} \geqslant 0(j=1,2,\cdots,k_1)$，$k_2$ 个为负参数，为 $c_j^{\pm} < 0(j=k_1+1, k_1+2, \cdots, n)$，其中 $k_1+k_2=n$，且当 $c_j^{\pm}$ 的上确界值和下确界值符号相反的情况不予考虑。这样，可以得出如下对应 $f^{\pm}$ 的上确界和下确界的求解算法。如果模型的目标是

求目标函数的最大值,则求解对应 $f^{\pm}$ 的 ILP 的子模型即为整个模型求解的第一步。该子模型可以被表达为如下形式(假设 $b_i^{\pm}>0$):

$$\max f^+ = \sum_{j=1}^{k_1} c_j^+ x_j^+ + \sum_{j=k_1+1}^{n} c_j^+ x_j^- \tag{9-16a}$$

$$\text{s.t.} \sum_{j=1}^{k_1} |a_{ij}|^- \text{Sign}(a_{ij}^-) x_j^+ / b_i^+ + \sum_{j=k_1+1}^{n} |a_{ij}|^+ \text{Sign}(a_{ij}^+) x_j^- / b_i^+ \leqslant 1, \quad \forall i \tag{9-16b}$$

$$x_j^{\pm} \geqslant 0, \quad \forall j \tag{9-16c}$$

第二步则求解对应 $f^-$ 的子模型,其形式如下(假设 $b_i^{\pm}>0$):

$$\max f^- = \sum_{j=1}^{k_1} c_j^- x_j^- + \sum_{j=k_1+1}^{n} c_j^- x_j^+ \tag{9-17a}$$

$$\text{s.t.} \sum_{j=1}^{k_1} |a_{ij}|^+ \text{Sign}(a_{ij}^+) x_j^- / b_i^- + \sum_{j=k_1+1}^{n} |a_{ij}|^- \text{Sign}(a_{ij}^-) x_j^+ / b_i^- \leqslant 1, \quad \forall i \tag{9-17b}$$

$$x_j^{\pm} \geqslant 0, \quad \forall j \tag{9-17c}$$

$$x_j^- \leqslant x_{j\text{opt}}^+, \quad j=1,2,\cdots,k_1 \tag{9-17d}$$

$$x_j^+ \geqslant x_{j\text{opt}}^-, \quad j=k_1+1, k_1+2, \cdots, n \tag{9-17e}$$

其中,$x_{j\text{opt}}^+$, $j=1,2,\cdots,k_1$ 和 $x_{j\text{opt}}^-$, $j=k_1+1, k_1+2, \cdots, n$ 为子模型 1 求解得到的决策变量解。通过对两个子模型的求解,可以得到模型的决策变量解为 $x_{j\text{opt}}^{\pm} = [x_{j\text{opt}}^-, x_{j\text{opt}}^+]$,目标函数值为 $f_{\text{opt}}^{\pm} = [f_{\text{opt}}^-, f_{\text{opt}}^+]$。

### 4.2 模糊规划方法

由于不确定性和模糊集的定义,也衍生出了不同种类的模糊数学规划方法。模糊线性规划模型一般包括目标函数值具有模糊性、约束条件具有模糊性和模型参数具有模糊性三种情况。三种不同的模糊性可以分别用来表征不同的不确定性。目标函数值具有模糊性能反映决策目标偏好模糊性;约束条件具有模糊性能反映规划约束条件的弹性(模糊性);模型参数具有模糊性能反映模型所有参数在数据获取中的不确定性。

模糊线性规划的一般形式可以表达为(Wang 等,2004)

$$\max f \cong \boldsymbol{CX} \tag{9-18a}$$

$$\text{s.t.} \quad \boldsymbol{AX} \lesssim \boldsymbol{B} \tag{9-18b}$$

$$\boldsymbol{X} \geqslant 0 \tag{9-18c}$$

其中,$f$ 为目标函数(在实际问题目标函数也可以求最小化 min);$X \in R^{n\times 1}$ 为变

# 第九章 区域土地资源利用优化配置的理论与方法探讨

量向量；$C \in \{R\}^{1 \times n}$、$A \in \{R\}^{m \times n}$、$B \in \{R\}^{m \times 1}$，$R$ 为实数；"$\widetilde{=}$" 和 $\widetilde{\leqslant}$ 表示模糊等于和不等于。

根据 Zimmermann(1978)、Roubens 和 Teghem(1991) 以及 Dubios 和 Prade (1999)，决策者可以对目标函数值建立一个期望水平 $f^{\pm\prime}$，同时将约束条件的值转化为模糊集，从而模型可以变为

$$CX \widetilde{\leqslant} f' \qquad (9\text{-}19a)$$
$$AX \widetilde{\leqslant} B \qquad (9\text{-}19b)$$
$$X \geqslant 0 \qquad (9\text{-}19c)$$

最理想的求解为目标函数值最大化（趋近 $f^+$），同时尽量完全满足约束条件（尽量小于 $B^-$）。因此定义决策模糊隶属度：

$$\mu(X) = \begin{cases} 1, & \text{if } CX \geqslant f^{+\prime} \text{ 且 } AX \leqslant B^- \\ (0,1), & \text{if } f^{-\prime} < CX < f^{+\prime} \text{ 且 } B^- < AX < B^+ \\ 0, & \text{if } CX \leqslant f^{-\prime} \text{ 且 } AX \geqslant B^+ \end{cases} \qquad (9\text{-}20)$$

假设模糊隶属度在模糊内单调递增，则模糊隶属度可以表示为如下形式：

$$\mu(X) = \frac{CX - f^{-\prime}}{f^{+\prime} - f^{-\prime}} \quad \text{或} \quad \frac{B^+ - AX}{B^+ - B^-} \qquad (9\text{-}21)$$

其中，$(f^{+\prime} - f^{-\prime})$ 为决策的期望值，$(B^+ - B^-)$ 为约束条件的可违背。令 $\sigma = \mu(X)$，上述模型可以转化为如下一个参数线性规划模型：

$$\max \sigma \qquad (9\text{-}22a)$$
$$\text{s.t.} \quad CX \leqslant f^{-\prime} + \sigma(f^{+\prime} - f^{-\prime}) \qquad (9\text{-}22b)$$
$$AX \leqslant B^+ - \sigma(B^+ - B^-) \qquad (9\text{-}22c)$$
$$X \geqslant 0 \qquad (9\text{-}22d)$$
$$0 \leqslant \sigma \leqslant 1 \qquad (9\text{-}22e)$$

上述模型可以通过两步求解法进行求解（Huang 等，2001；Huang 等，1993）。

### 4.3 随机规划方法

随机规划是处理数据带有随机性的一类数学规划，它与确定性数学规划最大的不同在于其系数中引进了随机变量，这使得随机规划比起确定性数学规划更适合于实际问题。在管理科学、运筹学、经济学、最优控制等领域，随机规划有着广泛的应用。

随机规划是对含有随机变量的优化问题建模的有效工具，随机规划的求解方法大致分为两种：第一种是转化法，即将随机规划转化成各自的确定性等价类，例如离散化，然后利用已有的确定性规划的求解方法解之；另一种是逼近方法，利用随机模拟技术，通过一定的遗传算法程序，得到随机规划问题的近似最

优解和目标函数的近似最优值。

### 4.4 多目标规划方法

在一定的约束条件下,寻求多个目标的优化问题称为多目标规划。多目标规划方法也是运筹学中的一个重要分支,它是在线性规划的基础上,为解决多目标决策问题而发展起来的一种科学管理的数学方法。多目标规划的概念是1961年由美国数学家查尔斯和库柏首先提出的。若目标与约束条件仍是线性的,则称为多目标线性规划,若目标模糊或约束条件模糊的线性规划问题,称为模糊多目标线性规划。多目标线性规划的一般形式可以表示为(李学全 等,2003)

$$\max f_k = C_k X, \quad k = 1, 2, \cdots, u \tag{9-23a}$$

$$\max f_l = C_l X, \quad k = u+1, u+2, \cdots, q \tag{9-23b}$$

$$\text{s.t.} \quad A_i X \leqslant b_i, \quad i = 1, 2, \cdots, m \tag{9-23c}$$

$$A_j X \geqslant b_j, \quad i = m+1, m+2, \cdots, n \tag{9-23d}$$

$$X \geqslant 0 \tag{9-23e}$$

其中,$f_k \in R$ 和 $f_l \in R$ 为目标函数;$X \in R^{t \times 1}$ 为变量向量;$C_k \in R^{1 \times t}$、$C_l \in R^{1 \times t}$、$A_i \in R^{m \times t}$、$A_j \in R^{(n-m) \times t}$、$b_i \in R^{m \times 1}$、$b_j \in R^{(n-m) \times 1}$ 为模型参数向量。

由于目标不只一个,要想使得每个目标函数都达到最大很难。采用模糊数学方法处理,能使目标值相对地达到"极大"。多目标规划模型的求解方法有线性加权、主要目标法、目标规划法等(徐玖平 等,2005)。但是在实际运用中,不同目标函数由于量纲或计算方法不同,很难运用线性加权法进行求解;同时决策者通常会对不同目标有偏好,如何有效反映多目标规划中的决策偏好也是多目标规划中的一个难点。Zimmermann(1978)首先提出了求解经典多目标线性规划的模糊算法,该算法的基本思想是将多目标的线性规划问题转换为等价的目标具有模糊性的线性规划问题。为此,他给原问题中的每一目标的模糊函数分配了一个模糊期望值,并用相应的模糊集合来加以描述。而多目标线性规划的解被定义为所有模糊期望的交集,相应于逻辑"与"的运算过程。

根据 Zimmermann(1978),每个规划目标的模糊集区间可以通过分别对每个单目标进行求解其最大值和最小值而得到。当得到每个目标的期望值区间时,上述多目标规划可以转化为如下规划目标具有模糊性的形式:

$$\max \widetilde{f}_k \cong C_k X, \quad \text{且} \quad \widetilde{f}_k \in [f_{k\min}, f_{k\max}], \quad k = 1, 2, \cdots, u \tag{9-24a}$$

$$\max \widetilde{f}_l = C_l X, \quad \text{且} \quad \widetilde{f}_l \in [f_{l\min}, f_{l\max}], \quad l = u+1, u+2, \cdots, q \tag{9-24b}$$

$$\text{s.t.} \quad A_i X \leqslant b_i, \quad i = 1, 2, \cdots, m \tag{9-24c}$$

$$A_j X \geqslant b_j, \quad i = m+1, m+2, \cdots, n \qquad (9\text{-}24\text{d})$$
$$X \geqslant 0 \qquad (9\text{-}24\text{e})$$

引入目标函数模糊隶属度 $\theta_k$ 和 $\theta_l$,定义目标函数的模糊隶属度分别为

$$\theta_k = \frac{f_k - f_{k\min}}{f_{k\max} - f_{k\min}}, \quad k = 1, 2, \cdots, u \qquad (9\text{-}25)$$

$$\theta_l = \frac{f_{l\max} - f_l}{f_{l\max} - f_{l\min}}, \quad l = u+1, u+2, \cdots, q \qquad (9\text{-}26)$$

由定义可知,$\theta_k \in [0,1]$,$\theta_l \in [0,1]$。当 $\theta_k$ 趋近 1 时,$f_k$ 趋近 $f_{k\max}$,当 $\theta_l$ 趋近 1 时,$f_l$ 趋近 $f_{l\min}$。模糊隶属度越大,目标函数越符合决策者的期望。上述多目标规划模型可以转变为如下形式:

$$\max \theta \qquad (9\text{-}27\text{a})$$
$$\text{s.t.} \quad C_k X - \theta(f_{k\max} - f_{k\min}) \geqslant f_{k\min}, \quad k = 1, 2, \cdots, u \qquad (9\text{-}27\text{b})$$
$$C_l X + \theta(f_{l\max} - f_{l\min}) \leqslant f_{l\max}, \quad l = u+1, u+2, \cdots, q \qquad (9\text{-}27\text{c})$$
$$A_i X \leqslant b_i, \quad i = 1, 2, \cdots, m \qquad (9\text{-}27\text{d})$$
$$A_j X \geqslant b_j, \quad i = m+1, m+2, \cdots, n \qquad (9\text{-}27\text{e})$$
$$X \geqslant 0 \qquad (9\text{-}27\text{f})$$

转化后的模型可以通过普通线性规划方法进行求解,得到模糊最优解 $X^*$ 和对应的目标函数值 $f_k^*$ 和 $f_l^*$。在最大(小)算法中,目标函数的模糊区间确定是关键。在实际运用中,决策者可以根据对不同目标的决策偏好在可行范围内对目标函数值的模糊区间进行适当调整。尽管模型给每个目标函数都提供了一个精确的数值,但是该数值对目标的满足程度及其代表性不太明确。满意度解的定义很模糊,是一个模糊集。因而,规划模型的目标和约束可能会被完全满足,可能部分满足,也可能会完全不满足。

已有研究表明,土地资源的配置中最常用到多目标规划方法、区间规划方法和模糊规划方法;随机规划方法在土地资源配置中的运用相对较少。

## 5. 土地资源配置中空间优化的不确定方法

在已有的土地资源配置空间优化研究中,涉及的直接运用不确定优化方法进行空间配置的研究还未见报道。由于土地资源的空间优化配置一般都是建立在适宜性评价和数量结构优化的基础上的,进行不确定条件下的土地资源优化配置一般是运用不确定优化方法进行数量结构优化,再根据一定的空间分配准则或模型进行空间优化配置(Wang et al., 2004)。本书也将采用这种方法进行土地资源配置的不确定优化研究,即基于上述模糊综合评价和不确定结构优化

的结果,运用空间配置模型进行评价。本书选取的空间配置模型为基于模糊综合评价改进的 CLUE-S 模型。

CLUE-S 模型是由荷兰瓦格宁根大学环境科学系的 Peter Verburg 等科学家在其较早的 CLUE 模型的基础上为小尺度的研究区域开发的(Verburg et al.,2002),在对区域土地利用变化的经验理解的基础上,通过定量分析土地利用变化与其社会、经济、技术及自然环境等驱动因子之间的关系,来模拟土地利用变化,探索土地利用演变的时空规律,进而对未来土地利用变化进行预测(Verburg et al.,2002)。该模型由两个主要模块组成,即非空间模块和空间模块。非空间模块通过对人口、社会经济以及政策法规等土地利用变化驱动因素的分析,计算出研究地区各类用地在预测年或规划年的数量,作为模型的输入,逐年的数量变化在基于栅格系统的空间模块各候选单元进行分配;空间模块则是根据各种驱动因素计算每个空间单元(栅格)的概率,在综合分析土地利用的空间分布概率适宜图、土地利用变化规则和初期土地利用分布现状图的基础上,根据总概率大小对土地利用的数量变化进行空间分配,从而实现对土地利用时空动态变化的模拟与配置。

CLUE-S 模型有两条基本假设:① 区域土地利用变化由该地区的用地需求所驱动;② 区域用地类型分布格局总是与该地区的自然环境和社会经济状况相联系,并处于动态变化与平衡之中。与之相对应地,CLUE-S 模型由非空间和空间两个模块组成。非空间模块运用灰色系统预测、系统动力学和经济学模型等手段,并参考区域土地利用规划、社会经济发展规划成果,估算区域各种类型用地的年际需求变化,为空间模块提供相应的数据支撑。空间模块是 CLUE-S 模型的核心模块,主要通过揭示各种用地类型的空间分异与各驱动因子之间的相互关系,生成用地类型分布概率适宜图,实现区域用地需求总量的空间分配(图9-6)。

研究者可以根据区域土地系统动态变化的历史趋势或者区域土地利用规划,设定区域用地转换规则参数 ELAS,定义并表达各种用地类型转移的难易程度,从而影响与约束土地利用空间分配过程。参数 ELAS 的值越大,它所对应的用地类型就越稳定,发生用地类型转换的概率就越小。利用 CLUE-S 模型模拟土地利用变化的过程是一个基于区域土地利用空间分布概率适宜图、区域用地转换规则和土地利用分布现状图,经多次迭代,在整个模拟区域内对土地利用需求及其效应进行空间分配的过程。一般运用 Kappa 指数和两期以上的模拟区域土地利用分布现状图,对 CLUE-S 模型的模拟结果进行精度检验。

# 第九章 区域土地资源利用优化配置的理论与方法探讨

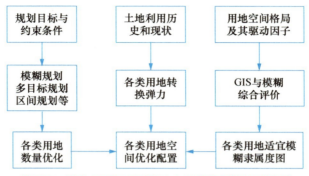

图 9-6 基于 CLUE-S 模型的土地资源配置分配流程

CLUE-S 的主要创新点在于将用地的数量变化和空间配置相结合,是一种典型的自上而下的模型。该模型还具有一定的开放性。首先是将用地数量结构和空间配置分开,这样可以方便不同的用地数量预测或优化方法与该模型对接;其次,模型最新的配套软件 Dyna-CLUE 中还将用地适宜性概率和配置计算相分离,为其他用地适宜性概率的计算方法与该模型的耦合提供了机会。传统的 CLUE-S 模型在进行用地适宜性概率计算时,均采用逻辑斯谛回归方法,通过现状城镇建设用地分布情况来进行适宜性概率计算,然后根据得到的驱动因子和逻辑斯谛方程来预测其他区域各类用地的适宜性分布概率。该方法虽然具有一定的科学性和适用性,但是在实际运用中也存在一些不足:

首先,该方法是基于用地现状的分布来预测将来,而用地未来的变化不确定性较大。对于一些快速发展地区,例如新建立的开发区而言,未来的用地不但会发生较大变化,而且会导致未来的各类用地分布超出现状用地一些分布特征。其次,运用逻辑斯谛回归的计算精度不是很高。一般而言,ROC 检验能过 0.7 就算不错的回归。模型对建设用地的空间分布模拟一般较精确,但是对其他用地,例如农村建设用地、园地、耕地等的模拟效果经常不好。本研究拟采用模糊综合评价方法得到的用地适宜性综合隶属度作为用地适宜性分布概率,进行用地空间优化配置。在用地数量结构上,本研究采用不确定优化方法得到的优化结果作为模型的用地数量需求输入,探讨不确定条件下区域土地资源的空间优化配置。

# 第十章

# 基于评价准则不确定性的用地适宜性综合评价

为了进行不确定条件下的土地资源利用优化配置分析并运用前一章提出的方法体系,本研究选取湘江新区进行区域土地资源配置案例研究。湘江新区是湖南省"两型社会"综合配套改革试验区。试验区初成立之时,未来的经济社会条件充满不确定性,对合理的土地资源配置提出了挑战。研究不确定条件下的土地资源优化配置方案并探讨主要不确定性对配置结果的影响,对保障湘江新区"两型社会"建设目标的实现具有重要意义。因此,选择湘江新区作为区域土地资源配置的不确定性理论和方法运用的案例具有典型性。研究结果也将为决策者进行土地资源优化配置提供参考。本章首先进行区域土地资源配置的用地适宜性研究。

土地适宜性评价是区域土地资源配置的基础,旨在分析一个地块的自然、空间和制度属性,并对土地资源配置和再利用提供一个科学基础(FAO,1993)。基于适宜性评价,能够获得每类用地的土地适宜性图。每类用地适宜性水平的确定和空间单元是后续优化分析的基础。在土地资源配置中,土地适宜性评价主要扮演两个重要角色:首先,不同土地适宜性条件对应不同的维持成本,从而会导致不同的土地优化方案和目标函数值;其次,每类用地的最大面积通过适宜性评价模型得出,适宜性参数对模型的最优化结果至关重要。

土地适宜性评价需要的数据包括空间遥感影像、土地利用图、行政区划信息、植被分布信息和社会经济统计信息。另外,由于任何评价单元的适宜性均取

# 第十章　基于评价准则不确定性的用地适宜性综合评价

决于特定土地利用类型的需求,土地利用适宜性评价的目标可以通过决策者访谈和政策分析获得。因而土地利用适宜性评价是一个多准则的决策问题,这增加了土地利用适宜性评价的不确定性。自1990年开始,将多准则评价和GIS相结合成为城市规划中解决空间问题的重要方法(Phua et al.,2005)。在土地利用适宜性评价中,土地利用的决策选择方案和偏好能由多准则评价法来确定,即通过期望的目标、相应的因子和准则来确定,例如社会、经济、环境和生态因子等。多准则评价法的数量分析很有必要,包括赋值、排序和赋权。但是土地利用适宜性评价涉及的许多因素和因子没有明确的外延边界,具有很大的不确定性。用传统方法确定评价因子的分值或等级,有时会人为夸大它们之间的差异,影响评价精度。如何克服多准则评价中赋值的不确定性是土地适宜性评价中的重要问题。

已有的研究方法表明,模糊综合评价与传统方法相比能更有效地反映评价指标确定中的不确定性,且能取得更客观的评价结果。但是将模糊综合评价运用于建设用地适宜性评价的方法还较少,同时,在确定模糊评价准则时,已有研究也多根据经验或其他相关研究进行主观确定,缺乏一定的科学依据。此外,由于模糊综合评价对数据的要求较高且运算量较大,已有研究基本都选取大尺度的区县或乡镇为单元进行评价,评价精度不高,将模糊综合评价方法运用于高精度的栅格进行评价的较少。本研究基于土地适宜性评价中存在的指标取值不确定性和评级准则不确定性,提出了一种基于各指标分布概率确定评价准则的模糊综合评价方法,并将该方法运用于湘江新区栅格尺度建设用地适宜性评价中,以期能更有效地克服土地适宜性评价中的不确定性。

## 第一节　湖南湘江新区土地利用现状

根据《土地利用现状分类》(GB/T 21010—2007)和数据的可操作性,湘江新区土地可分为耕地、园地、林地、草地、城镇建设用地、农村建设用地、风景及特殊用地、水域和未利用地等9类,具体分类标准如表10-1所示。其中,城镇建设用地包括城市、乡镇建设用地,铁路、公路等;农村建设用地包括村庄、农村道路、设施农用地等。根据2010年的土地利用变更数据,各类土地利用现状如图10-1和表10-2所示。由于数据的可获取性,本书立足于湘江新区2010年的社会经济发展现状规划进行后面的用地适宜性评价和结构优化配置。

表 10-1  本研究对湘江新区用地的分类

| 编码 | 用地类型 | 本研究用地分类 | 编码 | 用地类型 | 本研究用地分类 |
|---|---|---|---|---|---|
| 011 | 水田 | 耕地 | 111 | 河流水面 | 水域 |
| 012 | 水浇地 | 耕地 | 112 | 湖泊水面 | 水域 |
| 013 | 旱地 | 耕地 | 113 | 水库水面 | 水域 |
| 021 | 果园 | 园地 | 114 | 坑塘水面 | 水域 |
| 022 | 茶园 | 园地 | 116 | 内陆滩涂 | 水域 |
| 023 | 其他园地 | 园地 | 117 | 沟渠 | 水域 |
| 031 | 有林地 | 林地 | 118 | 水工建筑用地 | 水域 |
| 032 | 灌木林地 | 林地 | 122 | 设施农用地 | 农村建设用地 |
| 033 | 其他林地 | 林地 | 127 | 裸地 | 未利用地 |
| 042 | 人工牧草地 | 草地 | 201 | 城市 | 城镇建设用地 |
| 043 | 其他草地 | 草地 | 202 | 建制镇 | 城镇建设用地 |
| 101 | 铁路用地 | 城镇建设用地 | 203 | 村庄 | 农村建设用地 |
| 102 | 公路用地 | 城镇建设用地 | 204 | 采矿用地 | 城镇建设用地 |
| 104 | 农村道路 | 农村建设用地 | 205 | 风景名胜及特殊用地 | 风景及特殊用地 |
| 106 | 港口码头用地 | 城镇建设用地 | | | |

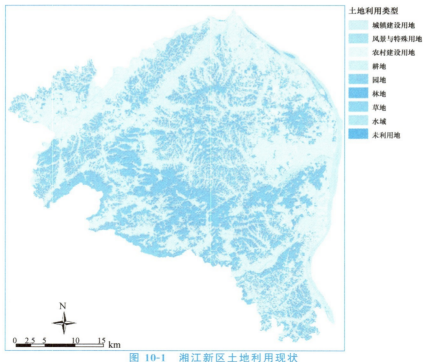

图 10-1  湘江新区土地利用现状

表 10-2　湘江新区 2010 年土地利用现状

| 用地类型 | 2010 现状面积/(hm²) | 占总面积的比例/(%) |
| --- | --- | --- |
| 城镇建设用地 | 16 236.66 | 13.57 |
| 风景及特殊用地 | 287.07 | 0.24 |
| 农村建设用地 | 13 314.74 | 11.13 |
| 耕地 | 37 046.66 | 30.96 |
| 园地 | 1181.83 | 0.99 |
| 林地 | 41 099.33 | 34.35 |
| 草地 | 532.27 | 0.44 |
| 水域 | 9011.32 | 7.53 |
| 未利用地 | 950.12 | 0.79 |
| 总面积 | 119 660 | 100 |

根据现状用地面积统计可知,湘江新区的两种最主要的用地类型为林地和耕地,分别为 41 099.33 hm² 和 37 046.66 hm²,分别占全区 34.35% 和 30.96%;其次为城镇建设用地和农村建设用地面积,分别为 16 236.66 hm² 和 13 314.74 hm²,分别占全区 13.57% 和 11.13%;其余各类用地面积均小于 10%,由大到小依次为水域 9011.32 hm²、园地 1181.83 hm²、未利用土地 950.12 hm²、草地 532.27 hm² 和风景及特殊用地 287.07 hm²。

湘江新区总体土地利用率较低,除中心区及部分产业用地较为规整,大部分建设用地布局零散,缺乏统筹完整的规划。但区域内自然资源较丰富,有众多理想的开敞空间。城镇建设用地主要分布在岳麓区、高塘岭镇、星城镇、玉潭镇及金洲新区。从用地构成看,湘江新区的开发用地主要以居住和工业为主;出让土地主要分布在岳麓区北部、高塘岭镇、星城镇、金洲新区、宁乡县城,已出让土地以工业用地为主,其次是商住用地。

东部为长沙市部分建城区,即岳麓区城区,建筑、路网密度大、人口稠密,农业用地比例小,是全区的商业、金融核心和重要交通网线密集区。西北部的宁乡县城和东北部的望城区建成区建筑密度也较大,交通网络也较发达。而各区县的城郊区,建筑、路网、人口密度较小,小城镇多,属以农林用地为主的城乡用地混合区,主要农产品基地多集中于此。西南部的远郊区,建筑、路网、人口密度相对最小,小城镇少且规模小,是以林农为主,垂直差异较大的山丘地区。总体来看,湘江新区的用地类型以东部长沙市区为中心向外辐射,城建、交通用地逐渐减少,农林用地逐渐增加。

随着"两型社会"建设试验区成立,湘江新区人口持续增加,经济快速发展,城市化、工业化进程加快,加速了农业用地向非农业建设用地的演化,导致农副产品基地面积锐减,加剧了非农业建设用地与农业用地的矛盾,也对生态环境产生了巨大压力,使土地开发、利用与保护、整治严重失衡,耕地质量呈下降趋势。同时,待开发土地量少质劣,可垦耕地后备资源贫乏;农业相对利益低,保护耕地缺乏内在动力。土地利用管理面临着严重的挑战。

## 第二节 评价指标体系与评价准则的确定

### 1. 评价指标体系构建

评价因子是决定土地适宜性的基础,选择恰当的适宜性因子非常重要。评价因子的确定应当基于已有资料,专家知识和实地调研;规划者需要确定选择的因子具有广泛性、可度量、没有冗余、可分解和可操作等特点(Zhang et al.,2013)。实际上,这是整个系统过程中最耗时间的部分,因为它包括收集和准备数据。根据建设用地适宜性评价的要求,结合长沙市国土局、先导区管委会、省厅国土技术单位等部门调研搜集的资料,本研究选取可分级量化、数据可靠且具有较强代表性的 13 个指标,建立了如表 10-3 所示的湘江新区土地利用适宜性评价指标体系。

表 10-3 湘江新区建设用地适宜性评价指标体系

| 评价因素 | 评价指标 | 单位 | 指标类型 | 数据来源 |
| --- | --- | --- | --- | --- |
| 地形地貌 | 坡度 | ° | 弹性 | GDEM 30 m 数据 |
|  | 高程 | m | 弹性 | 长沙市 DEM 数据(30 m) |
| 水源条件 | 到主要河流距离 | m | 弹性 | 长沙市现状地物数据 |
|  | 到地表水体距离 | m | 弹性 | 长沙市现状地物数据 |
| 交通可达性 | 到高速出口距离 | m | 弹性 | 百度地图 |
|  | 到一般公路距离 | m | 弹性 | 长沙市 2010 年土地利用变更数据 |
| 区位条件 | 到城区距离 | m | 弹性 | 长沙市 2010 年土地利用变更数据 |
|  | 到乡镇距离 | m | 弹性 | 长沙市 2010 年土地利用变更数据 |
| 用地现状 | 用地转换难易度 | — | 弹性 | 长沙市 2010 年土地利用变更数据 |
|  | 基本农田保护区 | — | 刚性 | 2010 年湘江新区基本农田图 |
| 工程地质条件 | 工程地质稳定性 | — | 刚性 | 长株潭工程地质评价图 |
| 生态敏感性 | 水域缓冲带 | — | 刚性 | 长沙市现状地物数据 |
|  | 森林生态保护区 | — | 刚性 | 《长沙大河西先导区生态控制线规划》 |

该指标体系可以总体分为 7 类评价因素 13 个指标。具体分别为:

(1) 地形地貌

地形是指地表高低起伏状况、山坡陡缓程度、沟谷宽窄及形态特征等；地貌则说明地形形成的原因、过程和时代。地形地貌是指地势高低起伏的变化等地球表面各种形态的总称。地形地貌条件是建设用地适宜性评价的基础分析之一。平原区、丘陵区和山岳地区的地形起伏、土层厚薄和基岩出露情况、地下水埋藏特征和地表地质作用现象都具有不同的特征，这些因素都直接影响到建筑场地和路线的选择。从宏观尺度的城市选址、城市布局、功能区组织到微观的交通路网设计等均会受到地形地貌的影响。反映地形地貌特征的指标有很多，例如高程、坡度、坡向、粗糙度等。本研究选取高程和坡度两项指标来反映地形地貌特征。

(2) 水源条件

水源是人类从事生产生活活动离不开的宝贵资源。建设用地上所承载的居民生活、工业生产等均需要有便捷的水源，建设用地选址时必须考虑水源条件。水源一般分为地表水水源和地下水水源。在地表水比较丰富的地区，水源条件一般通过到河湖的距离来反映。根据湘江新区的水资源分布情况，本书选取到主要河流距离和到地表水体距离两项指标来反映。其中湘江是该地区的主要河流，穿长沙城市而过，湘江新区也专门规划了湘江经济带，故本研究将到湘江距离，即到主要河流距离单独作为一个评价指标。

(3) 交通可达性

交通是商品交换的先决条件，也是建设用地选址的关键因子。交通大致可以分为陆运（铁路和公路）、水运和空运。湘江新区的交通主要为公路交通，包括高速公路和一般公路。湘江新区有铁路穿过，但没有火车站，且火车站和飞机场距离湘江新区均较远。因而本研究主要考虑公路交通的可达性，选取到高速出口距离和到一般公路距离两项指标作为交通可达性的评价因子。

(4) 区位条件

区位条件对工业（商业和服务业）和交通运输业等各项生产活动产生各种制约。区位是一个综合性概念。广义的区位主要由自然资源、劳动力、工业聚集、地理位置、交通等决定。本书中的区位条件主要是指狭义的经济辐射区位，反映该地区的发展潜力，为此选取到城区距离和到乡镇距离两项指标来评价区位条件。

(5) 用地现状

用地现状是指人类在改造利用土地进行生产和建设的过程中所形成的各种具有不同利用方向和特点的土地利用类别，是反映土地用途、性质及其分布规律的基本地域单位。在建设用地适宜性评价中,用地现状能反映用地转换的难度。例如现状建设用地(包括城市建设用地和农村建设用地)转换为新的建设用地就很容易,而林地和水域转换为建设用地则相对较难。此外,根据国家规定,现状用地中的基本农田一定不能作为建设用地。基本农田是按照湘江新区社会经济发展对农产品的需求,依据土地利用总体规划确定的不得占用的耕地。本书选择用地转换难易度和基本农田保护区两项指标进行评价。

(6)工程地质条件

工程地质条件是指工程建筑物所在地区地质环境各项因素的综合。这些因素包括地层的岩性、地质构造、水文地质条件、地表地质作用、地下水情况等。工程地质条件是客观存在的地质因素,对评价用地的稳定性和预测工程地质条件的变化意义重大。其中,工程建设产生的不稳定因素对建设用地构成或可能构成有害影响时则不适宜进行工程建设。由于每项具体指标的数据获取困难,本研究选择工程地质稳定性作为评价指标,并将获取的长株潭工程地质评价图对湘江新区的评价结果直接作为评价数据。

(7)生态敏感性

生态敏感性是指生态系统对区域内自然和人类活动干扰的敏感程度,它反映区域生态系统在遇到干扰时,发生生态环境问题的难易程度和可能性的大小,并用来表征外界干扰可能造成的后果。即在同样干扰强度或外力作用下,各类生态系统出现区域生态环境问题可能性的大小。在生态环境敏感性较大的区域,不适宜建设。湘江新区正在建设"两型社会",因而生态敏感性对湘江新区建设用地适宜性评价具有重要意义。本书选择水域缓冲带和森林生态保护区两项指标进行生态敏感性分析。

上述13项指标分别从不同方向反映了建设用地的难易度、安全性、经济性和生态环境保护要求。根据每项指标对建设用地的限制特征,上述指标可以分为9项弹性指标和4项刚性指标两类。其中,弹性指标是指该指标所规定的禁建区一般禁止建设,但当其他指标非常适宜时,可以考虑建设,例如坡度、高程、水源条件、交通可达性、区位条件等;刚性指标是指该指标所规定的禁建区严格禁止各种工程建设,不因其他指标的适宜度而改变,例如森林生态保护区、基本农田保护区等。

本研究首先对弹性指标构建模糊隶属度,进行模糊综合评价;然后通过刚性指标划定禁止建设区域;最后将弹性指标模糊综合评价结果和刚性指标划定结果进行叠加,得到建设用地的适建区、限建区和禁建区。

## 2. 评价准则的确定

### 2.1 指标数据获取

选取 100 m×100 m 的栅格作为评价单元,以长沙市 2010 年土地利用变更数据为基准,构建模糊综合评价的地理信息数据库。各指标的计算主要基于 ArcGIS 10.2.2 进行。其中各指标的计算方法如下:

(1) 地形地貌

在中科院地理空间数据云网站下载 GDEM 30 m 高程数据,提取湘江新区范围内的 30 m 高程数据;再通过 resample 构建 100 m 的栅格数据。基于得到的 100 m 高程数据,运用 ArcGIS 中的坡度计算工具计算各栅格的数据。

(2) 水源条件

根据土地利用现状数据,分别提取湘江新区范围内的水体数据,主要包括湘江、河流水面、水库水面和湖泊水面等;将湘江和其他河湖水面分别构建两个图层,并分别计算湘江新区范围内各点到湘江和其他水体的距离。

(3) 交通可达性

根据百度地图,提取湘江新区现有的高速路出口,并构建点图层,计算各点到最近的高速路出口距离。根据土地利用现状数据,提取除高速公路和铁路以外的公路,计算各点到最近公路的几何距离。

(4) 区位条件

根据土地利用现状数据分别提取城市建设用地和乡镇建设用地,构建图层,计算各点到城市的距离。

(5) 用地现状

根据 2010 年长沙市土地利用变更数据,提取湘江新区范围内的各类用地数据。通过已有文献得出各类用地转换为建设用地的难易度,取值 0～1 之间,值越大表示越容易,例如建设用地转换为建设用地为 1,水域转换为建设用地为 0。各类用地的转换难易度如表 10-4 所示。此外,根据湖南省国土资源厅(现湖南省自然资源厅)提供的基本农田图,构建基本农田图层。

表 10-4 各类现状用地对建设用地的转换难易度

| 用地类型 | 适建区 | 限建区 | 禁建区 | 用地类型 | 适建区 | 限建区 | 禁建区 |
| --- | --- | --- | --- | --- | --- | --- | --- |
| 水田 | 0 | 0.4 | 0.6 | 河流水面 | 0 | 0 | 1 |
| 水浇地 | 0 | 0.5 | 0.5 | 湖泊水面 | 0 | 0 | 1 |
| 旱地 | 0 | 0.4 | 0.6 | 水库水面 | 0 | 0 | 1 |

(续表)

| 用地类型 | 适建区 | 限建区 | 禁建区 | 用地类型 | 适建区 | 限建区 | 禁建区 |
|---|---|---|---|---|---|---|---|
| 果园 | 0 | 1 | 0 | 坑塘水面 | 0 | 0.4 | 0.6 |
| 茶园 | 0 | 1 | 0 | 内陆滩涂 | 0 | 0 | 1 |
| 其他园地 | 0 | 1 | 0 | 沟渠 | 0 | 0.4 | 0.6 |
| 有林地 | 0 | 0.3 | 0.7 | 水工建筑用地 | 0 | 0 | 1 |
| 灌木林地 | 0 | 0.5 | 0.5 | 设施农用地 | 0 | 1 | 0 |
| 其他林地 | 0 | 0.5 | 0.5 | 裸地 | 0.6 | 0.4 | 0 |
| 人工牧草地 | 0 | 1 | 0 | 城市 | 1 | 0 | 0 |
| 其他草地 | 0 | 1 | 0 | 建制镇 | 1 | 0 | 0 |
| 铁路用地 | 1 | 0 | 0 | 村庄 | 1 | 0 | 0 |
| 公路用地 | 1 | 0 | 0 | 采矿用地 | 0.6 | 0.4 | 0 |
| 农村道路 | 1 | 0 | 0 | 风景名胜及特殊用地 | 1 | 0 | 0 |
| 港口码头用地 | 0 | 0 | 1 | | | | |

（6）工程地质条件

根据长株潭工程地质评价图提取湘江新区范围内的工程地质评价图,根据评价结果确定地质风险区和地质非风险区。

（7）生态敏感性

提取河流水体并作缓冲区分析。通过百度地图测距功能,统计估算出湘江新区建设用地距离湘江 200 m 距离内的禁止建设用地、距离其他水体 50 m 内的禁止建设区域。森林生态保护区数据则根据《长沙大河西先导区生态控制线规划》的图和数据构建。

2.2 模糊评价准则确定

为了构建每个单元每个弹性指标的模糊隶属度,需要构建每项指标的评价准则。本研究以已有建设用地各项指标的分布概况为参考,划定每项指标的评价准则。在土地资源配置的适宜性评价中,一般会涉及两个方面:确定研究区域每一个地点每类用地的适宜性;划分每类用地,尤其是建设用地的适建区、限建区和禁建区。不同的评价目的,对应的评价准则不同。

本研究提出一种根据用地现状分布特征进行各类用地适宜性评价指标准则确定的方法。即选取每类用地现状在每个评价指标累积频率分布的 50%、80% 和 95% 的取值作为参考。当进行用地综合适宜性评价时,将该类用地在每个评价指标的累积频率分布 50% 处的取值确定为最适宜取值,定义小于等于(或大于等于)该值其适宜性模糊隶属度为 1;将累积频率分布为 95% 处的取值作为最不适宜取值,定义大于等于(或小于等于)该值的适宜性模糊隶属度为 0;对于介于二者之间的取值,则运用半梯形模糊隶属度函数求得其适宜性模糊隶属度。当要划分不同适宜性区域的时候,以建设用地划分的适建区、限建区和禁建区为例,则运用降半梯形模糊隶属度函数,将累积频率分布 50% 处取值定义为适建区模糊隶属度为 1,限建区模糊隶属度为 0;80% 处取值定义为限建区模糊隶属度为 1,适建区和禁建区的模糊隶属度为 0;95% 处取值定义为禁建区模糊隶属度为 1,限建区模糊隶属度为 0;取值为其他值的模糊隶属度均可以通过该定义的降半梯形分布函数求得。

以城镇建设用地适宜性评价为例,现状城镇建设用地的各弹性指标的取值分布如图 10-2~10-9 所示。

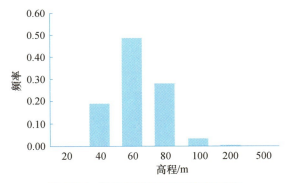

图 10-2 现状城镇建设用地高程分布

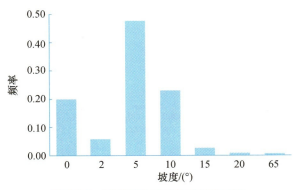

图 10-3 现状城镇建设用地坡度分布

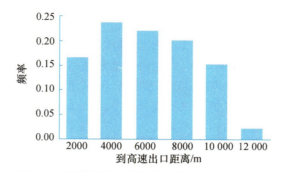

图 10-4　现状城镇建设用地到高速出口距离分布

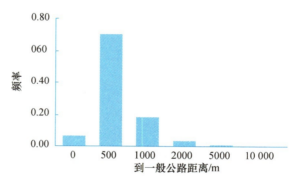

图 10-5　现状城镇建设用地到一般公路距离分布

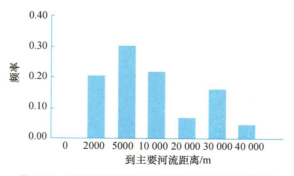

图 10-6　现状城镇建设用地到主要河流距离分布

第十章 基于评价准则不确定性的用地适宜性综合评价

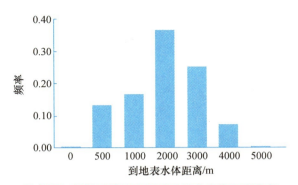

图 10-7 现状城镇建设用地到地表水体距离分布

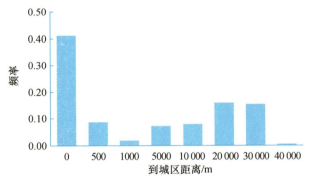

图 10-8 现状城镇建设用地到城区距离分布

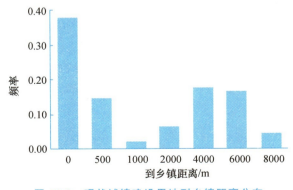

图 10-9 现状城镇建设用地到乡镇距离分布

根据对现状城镇建设用地各指标的分布情况，本研究确定各指标适建区、限建区和禁建区的准则，如表 10-5 所示。

表 10-5 各指标模糊评价准则

| 评价指标 | 参评因子 | 累积频率 50% | 累积频率 80% | 累积频率 95% |
| --- | --- | --- | --- | --- |
| 地形地貌 | 坡度 | <3 | 8 | >18 |
|  | 高程 | 55 | 75 | >115 |
| 水源条件 | 到主要河流距离 | 5000 | 10 000 | 30 000 |
|  | 到地表水体距离 | 1300 | 2600 | 3700 |
| 交通可达性 | 到高速出口距离 | 3000 | 5000 | 8000 |
|  | 到一般公路距离 | 250 | 850 | 2000 |
| 区位条件 | 到城区距离 | <2000 | 4000 | 8000 |
|  | 到乡镇距离 | <1000 | 2000 | 3000 |
| 用地现状 | 用地转换难易度（如表 10-4） | 建设用地 未利用地 | 耕地、疏林地 园地、草地 | 水域、林地 |
|  | 基本农田保护区 | — | — | 基本农田保护区 |
| 工程地质条件 | 工程地质稳定性 | — | — | 地质风险区 |
| 生态敏感性 | 水域缓冲带 | — | — | 水域缓冲带 |
|  | 森林生态保护区 | — | — | 森林生态保护区 |

### 2.3 指标权重确定

指标权重赋予每个指标对适宜性评价的相对权重。Laarhoven 和 Pedrycz (1983) 提出的模糊层次分析法,是一种多目标多准则决策方法,在选址、适宜性分析和区域规划中得到了广泛运用。德尔菲调查法也是一个简便灵活的方法,如果正确恰当地运用,它能很大程度上扩展认知 (Wang et al.,2000)。在本研究中,基于专家知识的德尔菲法被用来决定每个因子的相对重要性。从湖南当地国土部门和项目组成员中选取 6 名成员组成专家组,分别基于本书构建的指标体系,对每个指标进行评分。由于本书模糊综合评价主要针对弹性因子,故只针对弹性指标进行赋权。最终得到各因子的权重如表 10-6 所示。

表 10-6 指标权重

| 评价因素 | 因素权重 | 评价指标 | 指标权重 |
| --- | --- | --- | --- |
| 地形地貌 | 0.213 | 坡度 | 0.153 |
|  |  | 高程 | 0.060 |
| 水源条件 | 0.113 | 到主要河流距离 | 0.053 |

(续表)

| 评价因素 | 因素权重 | 评价指标 | 指标权重 |
| --- | --- | --- | --- |
| 交通可达性 | 0.236 | 到地表水体距离 | 0.06 |
|  |  | 到高速出口距离 | 0.146 |
|  |  | 到一般公路距离 | 0.09 |
| 区位条件 | 0.250 | 到城区距离 | 0.18 |
|  |  | 到乡镇距离 | 0.07 |
| 现状用地 | 0.188 | 用地转换难易度 | 0.188 |

**3. 模糊综合评价结果分析**

通过上述方法在 ArcGIS 中分别计算各栅格内各指标的数值，可以分别得到湘江新区内各弹性指标的空间分布图，如图 10-10 所示。

从图 10-10 可知，湘江新区总体地势较缓，绝大部分地区的坡度均在 5°以下，主要分布在北部、中部和东南部；西南部和部分中部地区地势起伏较大，部分地区坡度在 15°以上。从高程图空间分布可知，湘江新区地势西南高、东北低；西南部有部分地区高程在 150 m 以上；绝大部分地区的高程均在 100 m 以下，东北部和东南部有部分地区高程在 50 m 以下。湘江新区的水源条件均较好。东部地区濒临湘江，区域内还有众多支流和湖泊、水库。湘江新区一共有 16 处高速公路出口，主要分布在西北部、中部和东南部地区；区域内西北部和中东部地区公路网络密布，交通条件非常好。湘江新区城区主要分布在东部，西北部、东北部和东南部分布了较多乡镇建设用地，西南部也零星分布一些乡镇用地。这表明湘江新区的东部地区受到城市的辐射带动大，西北部、东北部、东南部受乡镇经济辐射带动较大，西南部地区受现有城镇的辐射带动较小。

在用地适宜性评价中，弹性指标的评价结果容易忽略某单项指标对用地适宜性的刚性约束，即木桶的短板效应。因此，在弹性指标综合评价结果基础上，需要叠加刚性指标对用地适宜性的约束，即刚性指标规定禁止建设的区域的综合适宜度为 0。图 10-11 展示了湘江新区建设用地适宜性的 4 项刚性约束指标的空间分布。

将弹性指标的评价结果和刚性指标的约束叠加，就能得到用地的综合适宜度评价结果。适宜性综合隶属度取值在 0～1 之间，越接近于 1 表明该地区越适宜该类用地，越接近 0 表明越不适宜该类用地。图 10-12 展示了建设用地的综合模糊隶属度的空间分布情况。图中，颜色越浅表示综合适宜度越高，颜色越深

图 10-10 湘江新区建设用地适宜性评价弹性指标空间分布

第十章　基于评价准则不确定性的用地适宜性综合评价 239

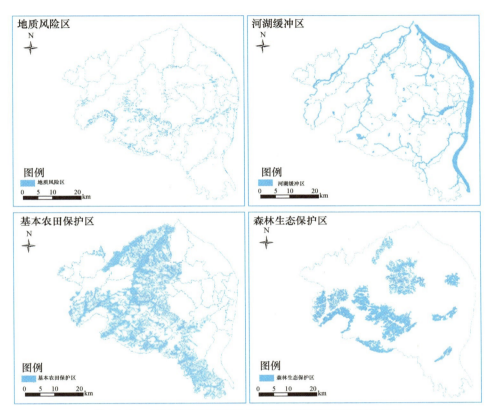

图 10-11　湘江新区建设用地适宜性评价刚性指标空间分布

表示综合适宜度越低。从图 10-12 可以看出,建设用地的适宜区域主要在东部以及西北部区域,而西南部区域的建设用地适宜性较小。对城镇建设用地适宜性空间分布的了解有助于判断今后城镇扩张的潜在区域。这在后面适宜性区域划分中将进行详细描述。

除了建设用地适宜性外,其他用地类型在湘江新区的适宜性分布情况也可以通过模糊综合评价的方法来评价每个栅格区域的适宜性综合隶属度,并与 GIS 技术结合展示出综合适宜性的空间分布情况。本研究运用模糊综合评价结果确定的适宜性综合隶属度改进 CLUE-S 模型,进行不确定条件下的区域土地资源空间优化配置。在经过多次计算测试之后,本研究决定在进行用地结构分析和数量结构优化配置时将用地类型划分为 9 类,但在进行用地空间配置优化时将用地类型合并为 6 类。即将前述定义的城镇建设用地和风景及特殊用地合并为城镇建设用地,将园地、林地和未利用地合并为其他用地。之所以这样做有

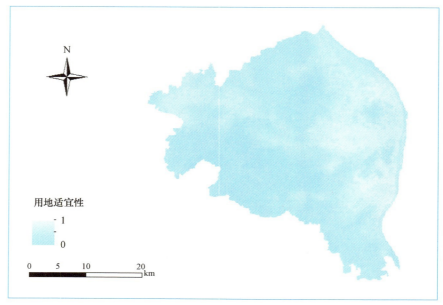

图 10-12　城镇建设用地适宜性综合模糊隶属度分布情况

以下几点原因：

① 用地适宜性相似的用地类型的空间优化配置位置具有高度相似性，例如园地和草地，在实际空间配置时可以根据模型情况进行适当调整。

② 由于 Dyna-CLUE 软件在进行空间优化配置计算时有 20 000 次迭代运算的限制。本书一开始尝试计算 9 类用地的空间配置，但是经过近 20 次运算，在 20 000 次迭代运算中均不能计算出最优化的空间配置结果。

③ 在空间优化配置中未考虑的风景及特殊用地、园地、林地和未利用地 4 种用地类型的用地规模在湘江新区总用地规模中均很小。根据 2010 年的现状用地数据，4 种用地占湘江新区用地总面积的比例分别为 0.24%、0.99%、0.44% 和 0.79%。故在空间优化配置中，主要用地类型都能很好地得到反映，不单独考虑这 4 种用地类型不会对湘江新区土地资源的总体配置产生显著影响。

在空间配置优化分析及前期的用地适宜性综合模糊隶属度分析时，本书将用地分为城镇建设用地、农村建设用地、耕地、林地、水域和其他用地。图 10-13～10-17 分别展示了农村建设用地、耕地、林地、水域和其他用地的适宜性综合模糊隶属度分布情况。每类用地综合适宜性的计算方法如前所述。由图 10-13～10-17 可知，农村建设用地适宜性的分布较广，且呈破碎化分布，表明湘江新区大部分地区均适宜农村建设用地分布；耕地的适宜性在西北部、中部和东南部较高,在东部和西南部较低;林地的适宜性在西部、中部、东北部、西南部较高;水域(包括河流、湖泊、水塘等水域湿地)在西北部、东北部、东南部以及中部大部低洼地区的适宜性较高;其他用地(园地、草地和未利用地)在东北部、西北部、西南部3个集中片区适宜性较高,在中部部分地区适宜性也较高。

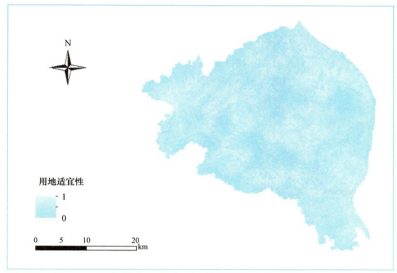

图 10-13 农村建设用地适宜性综合模糊隶属度分布情况

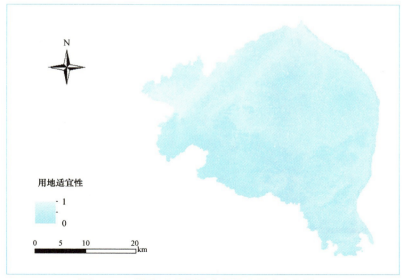

图 10-14 耕地适宜性综合模糊隶属度分布情况

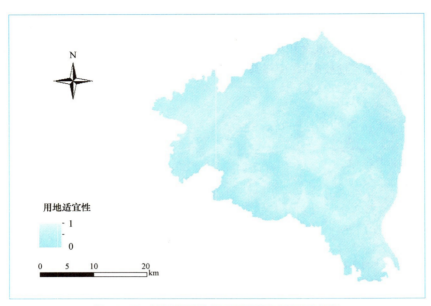

图 10-15　林地适宜性综合模糊隶属度分布情况

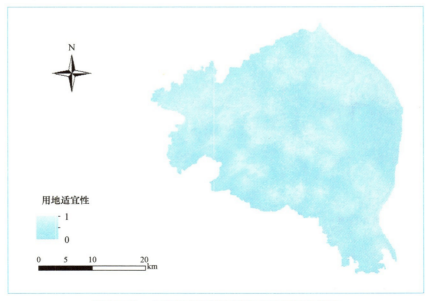

图 10-16　水域适宜性综合模糊隶属度分布情况

第十章　基于评价准则不确定性的用地适宜性综合评价

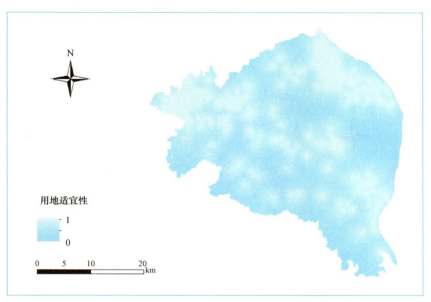

图 10-17　其他用地适宜性综合模糊隶属度分布情况

**4. 适宜建设区的确定**

模糊综合评价结果不但能确定各类用地的适宜性综合模糊隶属度,用于土地资源空间配置,还能根据用地现状分布特征,按照最大模糊隶属度原则划分出适建区、限建区和禁建区。适建区、限建区和禁建区的划分是进行土地资源规划的重要环节,有助于确定每类用地最大适宜面积以及空间适宜区域和限制区域,对土地资源优化配置具有重要意义。已有研究对适宜面积的确定没有统一的方法。本书提出的基于用地现状分布特征的模糊综合评价方法为适建区、限建区和禁建区的划分提供了一种可行的方法。

以建设用地适宜性划分为例,如前文所述,根据各指标适宜区的取值,进行模糊综合评价,并根据最大模糊隶属度原则,将研究区域划分为适建区、限建区和禁建区。图 10-18 给出了建设用地适宜性划分图。其中,适建区 36 176.10 hm², 限建区 14 398.61 hm², 禁建区 69 025.50 hm²。建设用地适建区主要分布在湘江新区的东部地区和部分西北部地区;限建区一般分布在适建区和禁建区的过渡区,主要分布在中部地区;禁建区主要分布在西南大部和中北部。结合前述对每项指标的分析可知,东部地区紧邻湘江,与长沙市主城区相接,区位条件、交通条件、水源条件均非常好,故适建区主要分布在该地区;而西南部地区主要为山地、丘陵,地形地势不利于建设用地,且交通可达性不好,区位条件也不利,故大部分地区为禁建区。

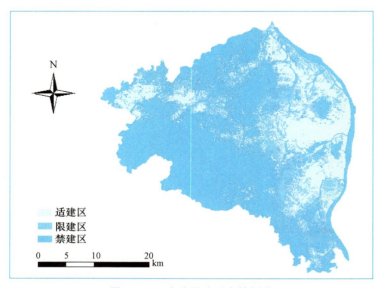

图 10-18　建设用地适宜性划分

将上述评价结果结合每个乡镇进行分类统计,可以得到湘江新区每个乡镇适建区、限建区和禁建区的面积,如表 10-7 所示。可知在宁乡县的 6 个乡镇中,城郊乡和金洲乡的适建区面积最大,分别为 1619.81 hm² 和 1580.89 hm²;东湖塘镇的适建区面积最小,为 369.60 hm²;夏铎铺镇的禁建区面积最大,为 9182.85 hm²;玉潭镇的禁建区面积最小,为 230.79 hm²。在岳麓区的 16 个乡镇和街道中,含浦镇、麓谷街道和坪塘镇的适建区面积均超过了 2000 hm²,分别为 3577.20 hm²、2372.05 hm² 和 2100.68 hm²;雨敞坪镇的适建区面积最小,为 164.04 hm²;莲花镇的禁建区面积最大,为 10 329.01 hm²;其次为坪塘镇和雨敞坪镇,分别为 7071.02 hm² 和 6728.55 hm²。在望城区的 6 个乡镇中,星城街道的适建区面积最大,为 3903.47 hm²;乌山镇的适建区面积最小,为 1035.62 hm²;白箬铺镇的禁建区面积最大,为 7347.75 hm²;俞家坡街道的禁建区面积最小,为 1641.62 hm²。对三个区县总体而言,宁乡县的适建区、限建区和禁建区的面积分别为 5918.85 hm²、1475.42 hm² 和 18 078.03 hm²;岳麓区的适建区、限建区和禁建区的面积分别为 18 122.50 hm²、5647.06 hm² 和 29 299.92 hm²;望城区的适建区、限建区和禁建区的面积分别为 12 134.75 hm²、7276.13 hm² 和 21 647.55 hm²。

## 第十章 基于评价准则不确定性的用地适宜性综合评价

表 10-7　各区域模糊综合评价结果　　　　　　　　　　　　单位：hm²

| 区县 | 乡镇 | 适建区 | 限建区 | 禁建区 | 现状城镇建设用地面积 | 潜在适建面积 |
|---|---|---|---|---|---|---|
| 宁乡县 | 东湖塘镇 | 369.60 | 3.97 | 529.22 | 213.04 | 156.56 |
| | 历经铺乡 | 691.64 | 130.63 | 2752.95 | 377.09 | 314.55 |
| | 城郊乡 | 1619.81 | 235.89 | 1753.72 | 1331.98 | 287.83 |
| | 夏铎铺镇 | 746.92 | 283.12 | 9182.85 | 337.74 | 409.18 |
| | 玉潭镇 | 909.99 | 28.96 | 230.79 | 806.14 | 103.85 |
| | 金洲乡 | 1580.89 | 792.85 | 3628.50 | 482.38 | 1098.51 |
| | 小计 | 5918.85 | 1475.42 | 18 078.03 | 3548.37 | 2370.48 |
| 岳麓区 | 含浦镇 | 3577.20 | 2278.97 | 2361.54 | 602.10 | 2975.10 |
| | 咸嘉湖街道 | 461.15 | 0.00 | 4.62 | 251.50 | 209.65 |
| | 坪塘镇 | 2100.68 | 1705.81 | 7071.02 | 657.65 | 1443.03 |
| | 天顶街道 | 1807.05 | 192.26 | 156.11 | 1308.49 | 498.56 |
| | 岳麓街道 | 1654.27 | 157.92 | 514.03 | 590.38 | 1063.89 |
| | 望城坡街道 | 595.58 | 3.00 | 46.28 | 375.71 | 219.87 |
| | 望岳街道 | 943.82 | 79.21 | 311.54 | 360.25 | 583.57 |
| | 望月湖街道 | 243.82 | 0.00 | 59.67 | 98.70 | 145.12 |
| | 桔子洲街道 | 621.52 | 4.48 | 315.85 | 404.00 | 217.52 |
| | 梅溪湖街道 | 882.07 | 275.93 | 648.02 | 256.68 | 625.39 |
| | 莲花镇 | 572.80 | 358.55 | 10329.01 | 62.83 | 509.97 |
| | 西湖街道 | 572.88 | 3.04 | 181.13 | 223.09 | 349.79 |
| | 观沙岭街道 | 998.69 | 40.95 | 165.53 | 597.16 | 401.53 |
| | 银盆岭街道 | 554.88 | 0.00 | 206.61 | 372.66 | 182.22 |
| | 雨敞坪镇 | 164.04 | 0.73 | 6728.55 | 22.53 | 141.51 |
| | 麓谷街道 | 2372.05 | 546.21 | 200.41 | 1314.64 | 1057.41 |
| | 小计 | 18 122.50 | 5647.06 | 29 299.92 | 7498.37 | 10 624.13 |
| 望城区 | 乌山镇 | 1035.62 | 693.12 | 5034.83 | 62.17 | 973.45 |
| | 俞家坡街道 | 2049.00 | 471.16 | 1641.62 | 1482.88 | 566.12 |
| | 廖家坪街道 | 1879.11 | 1745.22 | 3491.02 | 1305.80 | 573.31 |
| | 星城街道 | 3903.47 | 1622.54 | 1680.67 | 1465.03 | 2438.44 |
| | 白箬铺镇 | 1540.50 | 1016.48 | 7347.75 | 59.60 | 1480.90 |
| | 雷锋镇 | 1727.05 | 1727.61 | 2451.66 | 241.54 | 1485.51 |
| | 小计 | 12 134.75 | 7276.13 | 21 647.55 | 4617.02 | 7517.73 |

将建设用地适宜性评价结果与现状城镇建设用地面积进行对比，可以得出各乡镇现状用地之外的潜在适建面积，如表10-7所示。由表可知，在宁乡县中，金洲乡的潜在适建面积最多，为1098.51 hm²；玉潭镇的潜在适建面积最小，为

103.85 hm²。表明金洲乡在今后宁乡县的城镇扩张中潜力最大,而玉潭镇潜力最小。在岳麓区中,含浦镇、坪塘镇、岳麓街道和麓谷街道的潜在适建面积均超过了 1000 hm²,分别为 2975.10 hm²、1443.03 hm²、1063.89 hm² 和 1057.41 hm²,表明在岳麓区中这 4 个乡镇在今后的城镇扩张中的潜力最大;相反,银盆岭街道、望月湖街道和雨敞坪镇在今后城镇扩张中的潜力较小,对应的潜在建设用地面积分别为 182.22 hm²、145.12 hm² 和 141.51 hm²。在望城区中,星城街道、雷锋镇和白箬铺镇在今后的城镇扩张中潜力最大,潜在适建面积分别为 2438.44 hm²、1485.51 hm² 和 1480.90 hm²;而廖家坪街道和俞家坡街道的潜在适建面积较小,分别为 573.31 hm² 和 566.12 hm²。对三个区县总体而言,岳麓区的潜在适建面积最大,为 10 624.13 hm²;其次为望城区,潜在适建面积为 7517.73 hm²;宁乡县的潜在适建面积最小,为 2370.48 hm²。这表明湘江新区今后的城镇扩张主要会发生在岳麓区,其次为望城区和宁乡县。上述分析表明,通过模糊综合评价模型得到建设用地适宜性评价结果能较好地区分出适建区、限建区和禁建区;同时能够得出各乡镇适建区、限建区和禁建区的数量和空间位置,对湘江新区整体和各乡镇今后的城镇用地扩张均具有较好的参考价值。

## 5. 与其他评价方法对比

用地适宜性评价的方法有多种。为了与模糊综合评价方法进行对比,本章也同时运用分值权重累加法和逻辑斯谛回归法分别对湘江新区的建设用地适宜性进行评价。首先运用分值权重累加法进行评价。评价指标和权重均和模糊综合评价方法相同,但由于分值权重累加法不能计算模糊度,故评价准则参照模糊综合评价变为脆性准则(如表 10-8 所示)。评价结果如图 10-19 所示。

表 10-8  分值权重累加法的评价准则

| 评价指标 | 参评因子 | 适建区 | 限建区 | 禁建区 |
| --- | --- | --- | --- | --- |
| 地形地貌 | 坡度 | 0～5 | 6～12 | >12 |
|  | 高程 | <60 | 61～80 | >80 |
| 水源条件 | 到主要河流距离 | <7500 | 7501～20 000 | >20 000 |
|  | 到地表水体距离 | 1500 | 1501～3000 | >3000 |
| 交通条件 | 到高速出口距离 | 3000 | 3000～6000 | >6000 |
|  | 到一般公路距离 | 600 | 601～1350 | >1350 |
| 区位条件 | 到城区距离 | 2500 | 2501～5500 | >5500 |
|  | 到乡镇距离 | <1250 | 1251～3250 | >3250 |
| 现状用地 | 用地转换难易度 | 建设用地 未利用地 | 耕地、疏林地 园地、草地 | 水域、林地 |
|  | 得分 | 5 分 | 3 分 | 1 分 |

# 第十章　基于评价准则不确定性的用地适宜性综合评价

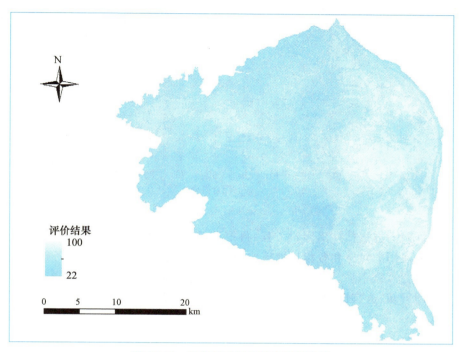

图 10-19　分值权重累加法的评价结果

由图 10-19 可知,综合得分较高的区域也主要分布在东部和部分西北部,西南部地区的综合得分均较低。该评价结果与模糊综合评价的结果基本一致。这表明该方法虽然能大致反映研究区域的适宜性,但是该方法不能很好地区分适建区、限建区和禁建区。以前的研究运用分值权重累加法,一般根据得分的分布概率结合经验进行判断。例如,取综合得分 80 分以上为适建区,或运用四分法,将得分最靠前的 1/4 部分划分为适建区。很明显,上述方法对适建区、限建区和禁建区的划分主观影响非常大,缺乏一定的科学依据。图 10-20 给出了运用分值权重累加法综合评价出的得分概率分布。由图可知,该概率分布基本服从正态分布。对于该分布,采取一定分值以上或运用四分法进行划分明显缺乏科学依据。对于划分界限附近微小的数值变化则可能导致分值的明显不同,而模糊综合评价方法均能克服上述主观不确定性。

本章也采用逻辑斯谛回归法计算湘江新区范围内各点的建设用地适宜概率。近些年,逻辑斯谛回归经常运用于土地资源配置模型,尤其是以 CLUE 和 CLUE-S 为代表的土地利用及其环境变化效应系列模型。该方法也以现状城镇建设用地的分布状况作为标准,选取对土地利用适宜性产生影响的因子通过逻

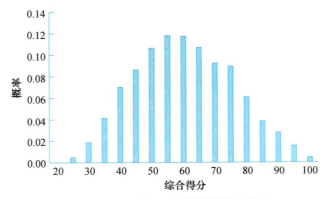

图 10-20　湘江新区适宜性得分概率分布

辑斯谛回归的方法估计出回归方程,再根据该回归方程计算其他各点的分布概率。此处运用的指标和各指标取值均与模糊综合评价相同。计算出各栅格的建设用地适宜性概率后,得到湘江新区建设用地适宜概率分布图,如图 10-21 所示。由图可知,适宜性概率较高的地区也主要集中在东部和西北部部分地区,西

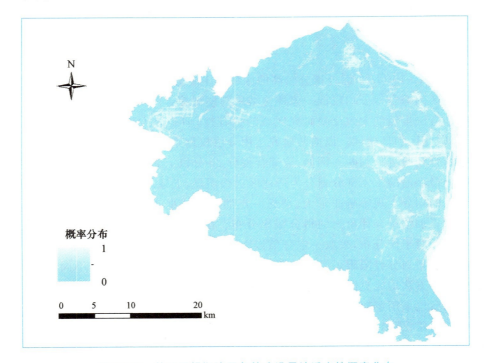

图 10-21　基于逻辑斯谛回归的建设用地适宜性概率分布

## 第十章 基于评价准则不确定性的用地适宜性综合评价

南部和中部大部分地区的适宜性概率分布均较低。评价结果的总体趋势与前述两种评价方法基本一致,但是该方法得出的适宜性概率高的区域非常小,大部分地区的适宜性概率均非常低;同时,该方法也不能较科学地划分出适建区、限建区和禁建区。由于该方法假设各因子与分布概率呈线性关系,但在实际中,有些因子与分布概率不是线性关系,例如高程越大建设用地适宜性相对越小,但是高程越小建设用地适宜性并非越大,因为低洼地区也不适宜建设。而且,该方法评价出的适宜性分布概率误差较大,$R^2$ 为 0.88。

与分值权重累加法和逻辑斯谛回归法计算出的建设用地适宜性概率相比,模糊综合评价法不但能较客观地评价出研究区域的建设用地适宜性,而且通过评价准则的确定能较科学地划分出适建区、限建区和禁建区。因而,在面对土地利用评价中各指标取值和评价准则不确定时,模糊综合评价法能有效克服这些不确定性,得到较好的评价结果。

# 第十一章

# 基于决策目标偏好的土地资源优化配置

土地适宜性评价提供了不同用地类型的适宜性数量和不同空间位置用地的适宜性,因而适宜性评价能有效支持土地利用管理的空间优化,但是适宜性评价不能描绘不确定条件下的最优土地利用格局。例如当一个区域既适宜耕地又适宜林地时,土地管理者对怎样分配该区域容易产生困惑。为了在土地资源配置系统中最优化分配土地资源,需要同时考虑土地供给和需求。简而言之,该问题首先是如何获得一个土地利用分配,从而满足用地分类的空间要求,同时通过该土地承载力最大化土地利用收益。这就需要对各类土地进行优化配置。

土地利用不但会产生社会经济效益,也会给土地自身及周围生态环境带来显著影响。土地利用的多种效益使土地资源配置具有多目标性。传统的土地资源配置过于强调规划后的经济效益,对生态环境效益的重视程度不够。随着社会经济的发展,人们对土地利用的生态效益越来越关注。土地资源配置的最终目标,是达到土地利用的经济、社会和生态环境效益综合最大化(Liu et al.,2007;严金明,2002)。土地资源优化配置,是在不增加土地投入的条件下,实现土地产出增长和部门间合理分配以获得结构效应的有效途径(吴次芳 等,2004)。如何在土地资源约束条件下通过土地利用结构的优化使土地利用的综合效益最大化成为土地资源配置的重要问题。多目标规划方法旨在研究多于一个的目标函数在给定区域上的最优化问题,被越来越多的国内外学者运用于土地资源优化配置中。已有许多学者运用多目标规划对土地资源配置进行研究(Barber et al.,1975;Dokmeci et al.,1993;Wang et al.,2004;龚健 等,2005;王

红瑞 等,2008)。在多目标规划中,决策者对不同目标的偏好通常会对研究结果产生显著影响。但在上述已有研究中,关于多目标规划的决策偏好对优化配置方案影响的探讨鲜有报道。多目标规划有多种求解方法,不同求解方法对决策偏好的探讨方法不同。Zimmermann(1978)提出应用模糊集理论的最大(小)算子法来求解多目标线性规划问题。该方法不但能得出多目标规划的模糊最优解,而且能通过对目标函数的模糊区间调整来有效反映不同目标的决策偏好对结果的影响。目前运用该方法求解土地利用多目标规划并探讨决策偏好的研究还很少见。

本章旨在运用模糊多目标规划方法对土地资源优化配置进行研究,并重点探讨决策者关于经济效益和生态效益两个目标的偏好程度对土地资源优化配置结果的影响。本章选取了湘江新区作为研究区域,研究结果将为决策者进行土地资源优化配置提供参考。

## 第一节 湘江新区多目标线性规划模型的构建

### 1. 模型目标构建

为了保障湘江新区"两型社会"建设目标的实现,传统以经济效益为发展导向的土地资源配置已经不合适,必须要兼顾土地利用的经济效益和生态效益。因而,对湘江新区开展兼顾经济发展和生态环境保护的土地资源配置具有重要意义。本章选取湘江新区土地利用的经济效益和生态效益作为优化的两个目标函数。由于社会效益难于衡量,且与经济效益和生态效益有紧密联系,故本章在优化模型的构建中未考虑土地利用的社会效益。

#### 1.1 经济目标

经济目标是各类用地的经济收益之和最大化。每类用地的经济效益均以GDP产值来衡量。经济目标函数如下:

$$\max f_1 = \sum_{i=1}^{9} B_i x_i \qquad (11\text{-}1a)$$

其中,$f_1$ 为各类用地的经济效益之和,单位为万元;$B_i$ 为第 $i$ 种用地的单位经济效益,单位为万元/hm²;$x_i$ 为第 $i$ 类用地的规划面积,$i=1,2,\cdots,9$,单位为 hm²。

#### 1.2 生态目标

生态目标为最大化各类用地的生态效益。生态服务价值作为土地利用/覆被变化环境效应的重要量化指标,在衡量土地利用生态效益中得到了广泛运用。因此,本章中生态效益采用谢高地等提出的生态服务价值来衡量(谢高地 等,2005,2008)。生态目标函数如下:

$$\max f_2 = \sum_{i=1}^{9} EB_i x_i \tag{11-1b}$$

其中,$f_2$ 为各类用地的生态效益之和,单位为万元;$EB_i$ 为第 $i$ 种用地的单位生态效益,单位为万元/hm²;$x_i$ 为第 $i$ 类用地的规划面积,$i=1,2,\cdots,9$,单位为 hm²。

表 11-1 给出了每类用地的单位 GDP 产值和单位生态服务价值。单位用地的 GDP 产值结合《长沙市统计年鉴 2010》及湘江新区发展目标估算而得,地均 GDP 产值越高表明该用地经济效益越好。每类用地的生态服务价值则根据谢高地等(2005,2008)提出的生态服务价值及区域修正结果估算而得,单位用地生态服务价值越高,表明用地生态效益越好。从表 11-1 可以看出城市建设用地的经济效益最大,但是生态服务价值却最小;而水域和林地的生态服务价值较大,经济效益却很小。这表明多数用地的经济效益和生态效益相冲突,需要规划决策者在经济效益和生态效益之间进行适当权衡。从表 11-1 也可以看出,由于计算的体系和指标不一样,虽然经济效益和生态效益的量纲一致,但是参数值差异很大。这就导致该多目标规划不能通过对不同目标加权求和变为一个目标来进行求解,而基于模糊集的最大(小)算法则可以求解该问题。

表 11-1  各类用地的单位经济效益和生态效益

| 用地类型 | 变量符号 | 地均 GDP 产值/(万元·hm⁻²) | 生态服务价值/(万元·hm⁻²) |
| --- | --- | --- | --- |
| 耕地 | $x_1$ | 11.03 | 0.69 |
| 园地 | $x_2$ | 17.93 | 0.86 |
| 林地 | $x_3$ | 1.91 | 2.44 |
| 草地 | $x_4$ | 5.90 | 1.02 |
| 城镇建设用地 | $x_5$ | 1100.47 | −0.98 |
| 农村建设用地 | $x_6$ | 83.19 | −0.33 |
| 风景及特殊用地 | $x_7$ | 775.8 | −0.26 |
| 水域 | $x_8$ | 4.41 | 3.97 |
| 未利用地 | $x_9$ | 0.00 | 0.10 |

## 2. 模型约束条件

模型约束条件主要包括土地利用约束和区域经济社会发展约束等,具体如下:

（1）用地总量约束

各类用地面积总和等于区域总面积。

$$\sum_{i=1}^{9} x_i = X \tag{11-2a}$$

其中,$X$ 为区域总面积,即 119 660 hm²。

（2）耕地面积约束

耕地面积必须大于基本农田面积,且粮食产量不能降低。

湘江新区作为湖南省重点开发建设区,耕地的占补平衡很难在湘江新区内部实现,即难以保证湘江新区的耕地面积保持不变。为了保证耕地面积尽量不被大量侵占,必须保证粮食产量不低于基准年 2010 年产量。从而得到湘江新区的耕地面积约束为

$$x_1 \geqslant X_1 \tag{11-2b}$$

$$x_1 g \geqslant G \tag{11-2c}$$

其中,$X_1$ 为基本农田面积 21 649 hm²；$g$ 为 2020 年预期粮食单产,10.84 t/hm²；$G$ 为 2010 年粮食产量,$3.35 \times 10^5$ t。

（3）园地面积约束

园地面积不小于目标年最低规划值。

$$x_2 \geqslant X_2 \tag{11-2d}$$

其中,$X_2$ 为目标年最低规划值,1400 hm²。

（4）林地面积约束

林地面积要保证规划目标年的区域最低森林覆盖率。

$$x_3 \geqslant X\mu \tag{11-2e}$$

其中,$X$ 为区域总面积,$\mu$ 为最低森林覆盖率。湘江新区的现状森林覆盖面积为 34.35%,规划目标年的最低森林覆盖率为 34%。

（5）草地面积约束

草地面积不小于目标年最低规划值。

$$x_4 \geqslant X_4 \tag{11-2f}$$

其中,$X_4$ 为目标年最低规划值,600 hm²。

（6）建设用地总量约束

各类建设用地总量不能超过最大适宜建设用地面积。

$$x_5 + x_6 + x_7 < X_{AC} \tag{11-2g}$$

其中，$X_{AC}$ 即为最大适宜建设用地面积。

（7）城镇建设用地约束

城镇建设用地面积大于最低城镇用地面积需求。

$$x_5 \geqslant X_5 \tag{11-2h}$$

其中，$X_5$ 为最低城镇建设用地面积需求，通过预期城镇人口数量和人均最低建设用地面积求得。

预测湘江新区 2020 年的城镇人口数量为 225 万人（编辑注：该研究时间早于 2020 年）；根据《城市用地分类与规划建设用地标准》（GB 50137—2011），新建城市的规划人均城市建设用地指标最低为 85 m²。预测 2020 年的人均建设用地面积不应低于 16 236.66 hm²。

（8）农村建设用地约束

农村建设用地大于最低农村建设用地需求，同时由于农村用地的整理，农村建设用地会小于现状值。

$$x_6 \leqslant X_{60} \tag{11-2i}$$

$$x_6 \geqslant X_6 \tag{11-2j}$$

其中，$X_{60}$ 为农村建设用地现状值，13 314.74 hm²；$X_6$ 为最低农村建设用地需求。根据人口预测，2020 年当地农村人口约为 36 万人，人均最低建设用地需求为 120 m²，故最低农村建设用地面积为 4320 hm²。

（9）风景及特殊用地约束

风景及特殊用地面积应在区域受保护的风景区总面积的一定比例范围之内。

$$x_7 \geqslant X_{70} \tag{11-2k}$$

$$x_7 \leqslant X_7 \tag{11-2l}$$

其中，$X_{70}$ 为风景及特殊用地现状值，287.07 hm²；$X_7$ 为最大允许风景及特殊用地建设面积，为受保护风景区面积的 20%。

（10）劳动力约束

农村和农业建设用地的总劳动力需求不应超过最大农村劳动力供给量；城镇用地劳动力需求不应超过最大非农劳动力供给量。

$$\sum_{i=1}^{4} l_i x_i + l_6 x_6 + l_9 x_9 \leqslant L_R \tag{11-2m}$$

$$l_5 x_5 + l_7 x_7 \leqslant L_U \tag{11-2n}$$

其中，$L_R$ 为最大农村劳动力供给量，预测约为 24 万人；$L_U$ 为最大城镇劳动力供给量，预测为 160 万人。各类用地单位面积的劳动力需求数据通过《长沙统计年鉴 2010》和王红瑞等(2008)的数据进行估算而得。

**3. 模型求解**

先将模型分别转化为以经济目标和以生态目标为单一目标的线性规划模型进行求解，分别得到 $f_{1\max}$，$f_{2\max}$ 及各自对应的最优化用地面积。由于经济效益和生态效益相冲突，将最优化经济目标对应的用地总生态效益作为最低生态效益值 $f_{2\min}$，并将最优化生态目标得到的经济效益作为最低的经济效益值 $f_{1\min}$。从而构建出两个目标函数的最优化的模糊期望区间 $\tilde{f}_1 \in [f_{1\min}, f_{1\max}]$，$\tilde{f}_2 \in [f_{2\min}, f_{2\max}]$。根据前述最大(小)算法，可将两个目标转化为如下一个目标和两个约束条件：

$$\max \theta \quad (11\text{-}3\text{a})$$

$$\sum_{i=1}^{9} B_i x_i - \theta(f_{1\max} - f_{1\min}) \geqslant f_{1\min} \quad (11\text{-}3\text{b})$$

$$\sum_{i=1}^{9} EB_i x_i - \theta(f_{2\max} - f_{2\min}) \geqslant f_{2\min} \quad (11\text{-}3\text{c})$$

再结合式(11-2)中的约束条件，求解得到模型的模糊最优解 $x_i^*$，$i=1,2,\cdots,9$，即各类用地的模糊最优面积及对应的总经济效益 $f_1^*$ 和生态效益 $f_2^*$。模型求解过程通过 Lingo 11.0 软件实现。

**4. 结果分析**

**4.1 最优用地数量结构**

表 11-2 给出了只考虑经济目标、只考虑生态目标、兼顾两个目标的湘江新区土地利用优化方案。由表 11-2 可知，如果只考虑经济目标最大化，各类用地面积分别为耕地 30 892.66 hm²，园地 3118.81 hm²，林地 40 684.40 hm²，草地 600.00 hm²，城镇建设用地 31 486.10 hm²，农村建设用地 4320.00 hm²，风景及特殊用地 390.90 hm²，水域 6046.60 hm²，未利用地 237.53 hm²。此时的经济效益最大，为 $3.58 \times 10^7$ 万元；生态效益最小，为 $1.14 \times 10^5$ 万元。如果只考虑生态目标最大化，林地面积将增加至 52 224.22 hm²，水域面积将增加至 13 358.03 hm²，园地面积将降低为 1400.00 hm²，城镇建设用地面积降至 16 236.66 hm²，其余各类用地面积和只考虑经济情况下的最优面积一致。此时的经济效益最小，为 $1.91 \times 10^7$ 万元；而生态效益最大，为 $1.86 \times 10^5$ 万元。显然上述两种单目标优化结果不符合湘江新区建设"两型社会"的要求。

表 11-2 湘江新区土地利用多目标规划模型计算结果

| | 变量符号 | 现状面值 | 只考虑经济目标 | 只考虑生态目标 | 兼顾两个目标 |
|---|---|---|---|---|---|
| 耕地/hm² | $x_1$ | 37 046.66 | 30 892.66 | 30 892.66 | 30 892.66 |
| 园地/hm² | $x_2$ | 1181.83 | 3118.81 | 1400.00 | 1400.00 |
| 林地/hm² | $x_3$ | 41 099.33 | 40 684.40 | 52 224.22 | 41 523.97 |
| 草地/hm² | $x_4$ | 532.27 | 600.00 | 600.00 | 600.00 |
| 城镇建设用地/hm² | $x_5$ | 16 236.66 | 31 486.10 | 16 236.66 | 25 917.84 |
| 农村建设用地/hm² | $x_6$ | 13 314.74 | 4320.00 | 4320.00 | 4320.00 |
| 风景及特殊用地/hm² | $x_7$ | 287.07 | 390.90 | 390.90 | 390.90 |
| 水域/hm² | $x_8$ | 9011.32 | 6046.60 | 13 358.03 | 14 377.10 |
| 未利用地/hm² | $x_9$ | 950.12 | 237.53 | 237.53 | 237.53 |
| 经济目标值/万元 | $f_1$ | $1.97\times10^7$ | $3.58\times10^7$ | $1.91\times10^7$ | $2.38\times10^7$ |
| 生态目标值/万元 | $f_2$ | $1.43\times10^5$ | $1.14\times10^5$ | $1.86\times10^5$ | $1.55\times10^5$ |

当兼顾经济目标和生态目标时,通过模糊多目标规划方法可以求得在两个目标权衡下得到的模糊最优解:耕地 30 892.66 hm²,园地 1400.00 hm²,林地 41 523.97 hm²,草地 600.00 hm²,城镇建设用地 25 917.84 hm²,农村建设用地 4320.00 hm²,风景及特殊用地 390.90 hm²,水域 14 377.10 hm²,未利用地 237.53 hm²。对比前两种情况,兼顾两个目标的优化方案中林地和城镇建设用地面积均介于二者的优化结果之间,园地面积同只考虑生态目标的优化结果一致,水域面积比前两种情况的优化面积均要高,其余用地面积和前两种情况的优化结果相一致。此时各类用地的经济效益为 $2.38\times10^7$ 万元,生态效益为 $1.55\times10^5$ 万元,对比现状用地结构,经济效益增加 $0.41\times10^7$ 万元,生态效益增加 $1.20\times10^4$ 万元,是既满足经济目标又兼顾生态目标的最优配置方案。

将兼顾经济目标和生态目标的最优配置方案与 2010 年土地利用现状相对比,能得到为了达到规划目标各类用地的变更面积:耕地减少 6154.00 hm²;园地增加 218.17 hm²;林地增加 424.64 hm²;草地增加 67.73 hm²;城镇建设用地增加 9681.18 hm²,农村建设用地减少 8994.74 hm²;风景及特殊用地增加 103.83 hm²;水域增加 5365.78 hm²;未利用地减少 712.59 hm²。优化后的区域经济效益和生态效益分别比现状用地高出 $0.41 \times 10^7$ 万元和 $1.20 \times 10^4$ 万元。用地变更数据表明,土地利用工作在适当增加建设用地面积的同时集中开展农村建设用地的整治,将农村多余的建设用地转换为城镇建设用地或其他用地类型;同时随着农村人口的减少和城市扩张,耕地也会减少,但要保证湘江新区的基本农田面积和粮食总产量稳定;在生态建设方面,应重点增加水域面积,例如建设生态湿地,并适当增加林地覆盖面积;积极开发未利用地,补充给其他用地类型,提高区域土地利用率。

### 4.2 最优用地结构的空间配置

空间配置是土地资源配置的重要内容。本研究拟将不确定数学规划方法求得的数量优化配置结果作为输入,以模糊综合评价得到的适宜性综合隶属度作为适宜性分布概率,基于 CLUE-S 模型进行用地空间优化配置分析。在进行空间优化配置分析时,将用地类型划分为 6 类。图 11-1～图 11-3 分别给出了只考虑经济目标、只考虑生态目标、兼顾生态目标和经济目标的用地空间配置结构。

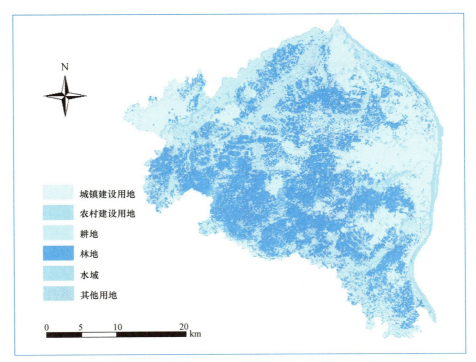

图 11-1 只考虑经济目标的最优用地结构空间配置

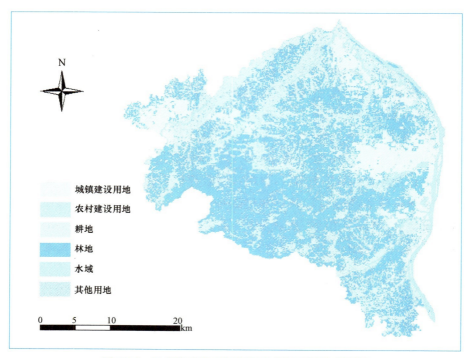

图 11-2　只考虑生态目标的最优用地结构空间配置

对比分析可以看出三种情况下土地资源的空间配置结构有明显差异。只考虑经济目标的情况下,森林面积和耕地面积大幅减少,城镇建设用地面积大范围扩张,在东部、尤其是东北部扩张表现最明显,同时在西南部地区将被配置大面积的其他用地(主要为园地);而如果只考虑生态目标,湘江新区大部分地区的林地和生态用地将得到很好的保护,建设用地扩张幅度很小。兼顾经济目标和生态目标的情况下,用地空间配置结构介于两者之间。

进行空间配置后,结合湘江新区的行政区划,可以进一步得到各乡镇(街道)在最优化条件下的用地配置结构。表 11-3 展示了兼顾经济目标和生态目标的最优空间配置条件下各乡镇/街道的用地结构。由表 11-3 可知,在该种最优配置条件下,位于东部城区、紧邻湘江的岳麓区观沙岭街道的最优用地结构为城镇建设用地 707.53 $hm^2$,农村建设用地 120.48 $hm^2$,耕地 39.84 $hm^2$,林地 42.24 $hm^2$,水域 364.80 $hm^2$,其他用地 5.76 $hm^2$;位于湘江新区中部的望城区乌山镇的最优用地结构为城镇建设用地 252.00 $hm^2$,农村建设用地 513.60 $hm^2$,耕地 3627.37 $hm^2$,林

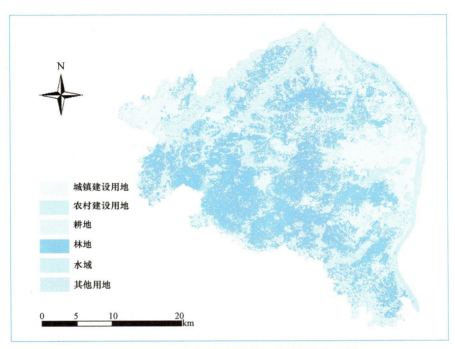

图 11-3　兼顾两个目标的最优用地结构空间配置

地 2096.18 hm², 水域 984.01 hm², 其他用地 45.60 hm²; 西北部宁乡县的东湖塘镇的最优用地结构为城镇建设用地面积 532.33 hm², 农村建设用地 31.68 hm², 耕地 323.52 hm², 林地 17.76 hm², 水域 60.96 hm², 其他用地 9.12 hm²。将各乡镇和街道的用地结构根据区县汇总, 就能得到三个区县的最优用地结构。其中, 岳麓区的最优用地结构为城镇建设用地 13 797.13 hm², 农村建设用地 2907.83 hm², 耕地 9894.26 hm², 林地 19 408.74 hm², 水域 6267.84 hm², 其他用地 1403.07 hm²; 望城区的最优用地结构为城镇建设用地 7323.40 hm², 农村建设用地 2706.25 hm², 耕地 12 076.32 hm², 林地 14 061.66 hm², 水域 5650.56 hm², 其他用地 354.24 hm²; 宁乡县的最优用地结构为城镇建设用地 5179.71 hm², 农村建设用地 1166.88 hm², 耕地 8788.80 hm², 林地 7974.74 hm², 水域 2375.04 hm², 其他用地 414.25 hm²。如上所述, 空间优化配置的结果对湘江新区各区县用地配置具有一定参考价值。

表 11-3　最优空间配置条件下各乡镇/街道的用地结构

| 区县 | 乡镇/街道 | 城镇建设用地 | 农村建设用地 | 耕地 | 林地 | 水域 | 其他用地 |
|---|---|---|---|---|---|---|---|
| 岳麓区 | 观沙岭街道 | 707.53 | 120.48 | 39.84 | 42.24 | 364.80 | 5.76 |
| | 望岳街道 | 1186.08 | 74.40 | 10.56 | 77.28 | 64.32 | 14.40 |
| | 银盆岭街道 | 484.80 | 24.48 | 0.00 | 0.00 | 100.32 | 1.44 |
| | 咸嘉湖街道 | 303.36 | 9.12 | 0.00 | 0.00 | 0.00 | 0.00 |
| | 望月湖街道 | 108.96 | 0.00 | 0.00 | 0.00 | 40.80 | 0.00 |
| | 望城坡街道 | 441.60 | 21.12 | 6.72 | 0.00 | 18.72 | 0.00 |
| | 天顶乡 | 1803.83 | 135.36 | 74.88 | 75.35 | 82.09 | 59.04 |
| | 东方红镇 | 1611.84 | 171.83 | 350.40 | 642.24 | 193.92 | 7.68 |
| | 西湖街道 | 391.20 | 33.12 | 4.80 | 1.44 | 158.88 | 16.80 |
| | 梅溪湖街道 | 409.91 | 151.68 | 269.28 | 695.54 | 306.71 | 51.84 |
| | 橘子洲街道 | 498.24 | 31.68 | 7.20 | 1.44 | 469.92 | 4.32 |
| | 岳麓街道 | 1195.67 | 245.76 | 97.44 | 474.72 | 361.93 | 31.68 |
| | 雨敞坪镇 | 579.37 | 316.32 | 805.44 | 4799.99 | 669.12 | 505.45 |
| | 莲花镇 | 1196.65 | 403.20 | 2216.64 | 6408.45 | 695.04 | 439.21 |
| | 含浦镇 | 1746.24 | 426.24 | 2005.45 | 3118.06 | 934.57 | 75.84 |
| | 坪塘镇 | 1131.85 | 743.04 | 4005.61 | 3071.99 | 1806.70 | 189.61 |
| | 小计 | 13 797.13 | 2907.83 | 9894.26 | 19 408.74 | 6267.84 | 1403.07 |
| 望城区 | 高塘岭镇 | 1808.16 | 139.20 | 1021.44 | 576.97 | 669.60 | 10.08 |
| | 乌山镇 | 252.00 | 513.60 | 3627.37 | 2096.18 | 984.01 | 45.60 |
| | 星城镇 | 2423.06 | 533.28 | 1511.52 | 979.22 | 1791.36 | 21.60 |
| | 黄金镇 | 905.78 | 708.97 | 1720.80 | 3082.55 | 680.15 | 87.36 |
| | 白箬铺镇 | 1.92 | 8.64 | 73.92 | 13.44 | 20.16 | 0.00 |
| | 县原种场 | 1147.20 | 483.36 | 3121.91 | 4139.05 | 858.72 | 132.48 |
| | 雷锋镇 | 785.28 | 319.20 | 999.36 | 3174.25 | 646.56 | 57.12 |
| | 小计 | 7323.40 | 2706.25 | 12076.32 | 14061.66 | 5650.56 | 354.24 |
| 宁乡县 | 城郊乡 | 1604.17 | 144.00 | 1043.52 | 518.88 | 299.06 | 37.44 |
| | 金洲乡 | 833.28 | 318.24 | 2949.61 | 1155.37 | 763.20 | 65.28 |
| | 东湖塘镇 | 532.33 | 31.68 | 323.52 | 17.76 | 60.96 | 9.12 |
| | 玉潭镇 | 992.64 | 17.76 | 126.24 | 35.52 | 82.08 | 0.00 |
| | 历经铺乡 | 438.24 | 240.48 | 1504.32 | 965.30 | 505.91 | 13.44 |
| | 夏铎铺镇 | 779.05 | 414.72 | 2841.59 | 5281.91 | 663.83 | 288.97 |
| | 小计 | 5179.71 | 1166.88 | 8788.80 | 7974.74 | 2375.04 | 414.25 |

### 4.3 决策偏好的敏感性分析

决策偏好对多目标规划结果有重要影响。在多目标规划问题中,决策者通常对不同目标的决策偏好程度也不同,从而对优化结果产生显著影响。在多目标规划模型求解中,决策偏好通常以不同优化目标的优先顺序或权重大小来反映。在模糊多目标规划的计算方法中,决策偏好可以通过对决策目标函数值的模糊期望区间调整来体现。在模糊最优解中,决策者选择了在约束条件下两个目标理论上的最大值和最小值为期望区间(即 $\tilde{f}_1 \in [f_{1\min}, f_{1\max}]$,$\tilde{f}_2 \in [f_{2\min}, f_{2\max}]$),这种情况下决策者对两个目标的重要性没有偏好,即同等重要。在实际问题中,决策者可以根据不同目标的重要性等决策偏好在最大和最小的期望区间中调整模糊期望区间。例如,如果决策者更看重经济目标,则可以将 $\tilde{f}_1$ 的期望区间在 $[f_{1\min}, f_{1\max}]$ 的可行范围内取 $[f_{1\min} + \delta_1 d_{f1}, f_{1\max}]$($\delta_1 \in [0,1]$,$d_{f1} = f_{1\max} - f_{1\min}$),而 $\tilde{f}_2$ 的期望区间不变为 $[f_{2\min}, f_{2\max}]$。这样,模型的求解结果就会更倾向于经济目标最大化,且 $\delta_1$ 越大表明对经济目标的偏好程度越大;反之,如果决策者更看重生态目标,则可以调整生态目标的模糊期望值为 $[f_{2\min} + \delta_2 d_{f2}, f_{2\max}]$($\delta_2 \in [0,1]$,$d_{f2} = 2_{2\max} - f_{2\min}$),而经济目标的模糊期望区间仍为 $[f_{1\min}, f_{1\max}]$。

为了讨论决策偏好对最优化结果的影响,本章选择了偏重经济目标中 $\delta_1 = 0, 0.2, 0.4, 0.6, 0.8, 1.0 (\delta_2 = 0)$ 和偏重生态目标中 $\delta_2 = 0, 0.2, 0.4, 0.6, 0.8, 1.0 (\delta_1 = 0)$ 一共 11 种情景下的优化结果进行对比分析。结果表明,随着偏好度的不同,园地、林地、城镇建设用地和水域面积会发生变化,而其他用地面积不变。图 11-4 展示了 4 种用地面积随着偏好度不同的变化。

图 11-4 中,决策情景 1 为只考虑经济效益最大化;情景 2~情景 5 为决策者偏重经济效益但兼顾生态效益;情景 6 为经济效益和生态效益同等重要;情景 7~情景 10 为生态效益比经济效益重要;情景 11 为只考虑生态效益最大化。总体而言,随着决策者对生态效益偏好程度的逐渐增加(从情景 1~情景 11),林地先维持不变,随后逐渐增大,城镇建设用地面积逐渐减少,水域面积先迅速增加后逐渐减小,园地面积迅速减少最后不变。具体而言,当决策者偏重于经济效益时(情景 1~情景 6),林地维持 40 684.4 hm$^2$ 不变;城镇建设用地面积从 33 369.1 hm$^2$ 减少到 25 917.84 hm$^2$;水域从 6046.60 hm$^2$ 逐渐增加到 14 377.10 hm$^2$。这表明如果决策者更偏好经济效益,主要需要在城镇用地和水域面积中进行权衡,这时兼顾生态效益的最好办法是适当减少城镇建设用地,并增

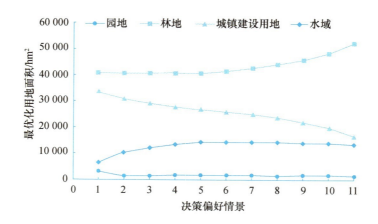

图 11-4 不同决策偏好情景下 4 种用地类型最优面积

注:决策偏好情景编号从左至右对应的参数依次为:$\delta_1=1,\delta_2=0$;$\delta_1=0.8,\delta_2=0$;$\delta_1=0.6,\delta_2=0$;$\delta_1=0.4,\delta_2=0$;$\delta_1=0.2,\delta_2=0$;$\delta_1=0,\delta_2=0$;$\delta_1=0,\delta_2=0.2$;$\delta_1=0,\delta_2=0.4$;$\delta_1=0,\delta_2=0.6$;$\delta_1=0,\delta_2=0.8$;$\delta_1=0,\delta_2=1$。

加相应的水域面积,例如湿地公园、水塘养殖等。当决策者对生态效益的偏好程度高于对经济效益的偏好时(情景 6～情景 11),林地面积从 41 523.97 hm² 迅速增加到 52 224.22 hm²;城镇建设用地面积从 25 917.84 hm² 逐渐减少到 16 236.66 hm²;水域面积逐渐达到最大值,并基本维持平衡乃至略微下降。这时决策者主要在建设用地和林地面积之间进行权衡。这表明,如果决策者更偏重生态效益,应严格控制城镇建设用地面积扩张,并在保证水域面积尽量最大化的情况下,扩大林地面积。

不同决策情景也会对空间优化配置结构产生影响。图 11-5 和图 11-6 分别以情景 2、情景 4、情景 8 和情景 10 为例,展示了偏好经济目标和偏好生态目标的用地空间配置结构对比,可以看出经济目标和生态目标不同偏好程度变化过程中,用地空间结果的渐变过程。不同决策偏好情景也会导致总的经济效益和生态效益发生变化,如图 11-7 所示。由图 11-7 可知,随着决策者对生态效益偏好程度的增加,总生态效益会逐渐增大,总经济效益会逐渐减小;反之亦然。图 11-4～图 11-7 的研究结果能为决策者进行土地资源配置决策提供一定参考。

第十一章 基于决策目标偏好的土地资源优化配置

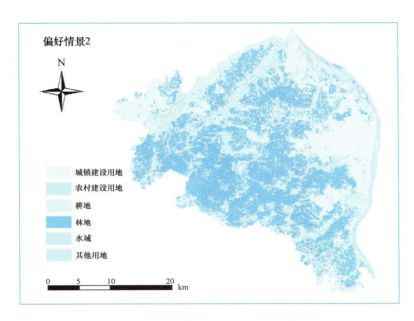

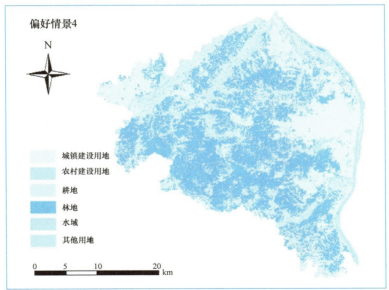

图 11-5 偏好经济目标的最优用地结构空间优化配置(以情景 2 和情景 4 为例)

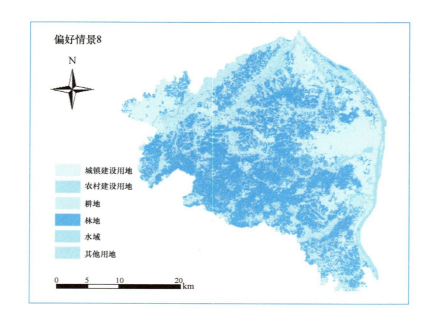

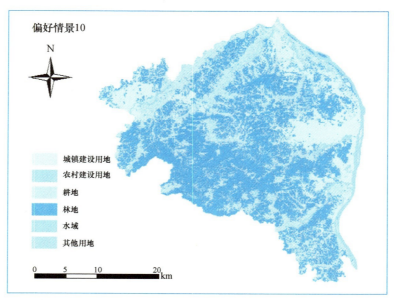

图 11-6　偏好生态目标的最优用地结构空间优化配置(以情景 8 和情景 10 为例)

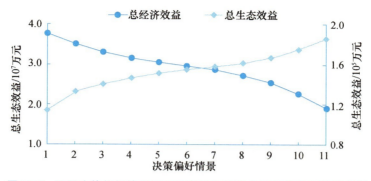

图11-7 不同决策偏好情景下土地利用总经济效益和总生态效益变化

## 第二节 基于约束条件不确定性的土地资源优化配置

运用数学规划方法进行决策分析的不确定性一般包括三个方面:决策目标不确定性、约束条件不确定性和参数不确定性。前一节详细分析了决策目标不确定性,本节将重点探讨约束条件的不确定性。土地资源配置系统中,存在着诸多约束条件,例如耕地保护约束、最低森林覆盖面积约束、各类用地的最大允许用地面积约束、生态环境保护约束、国民经济发展约束等。这些约束条件的不确定性也能对土地资源配置方案产生重要影响。Liu 等(2007)运用机会约束规划探讨了城市边缘地带用地规划中生态环境保护约束不确定性对优化方案的影响;但是上述研究在分析不确定性影响的时候,仅仅考虑约束条件取值的不同对优化配置结果产生的影响,并同时考虑目标偏好和约束条件取值偏好。在已有用来处理土地资源配置中不确定性的模型中,区间参数模糊线性规划模型不但能有效地处理区间参数的不确定性,还能考虑目标函数和约束条件的不确定性,是在综合目标不确定性和参数不确定性条件下探讨约束条件不确定性的有效方法。因此,本节将运用区间参数模糊线性规划模型,在同时考虑参数不确定性和目标不确定性的情况下,探讨约束条件不确定性的变化对土地资源优化配置的影响,以期为决策者制订土地资源配置方案提供参考。

**1. 区间参数模糊线性规划模型**

当线性规划模型的参数都为区间数,相关目标函数和约束条件都具有模型性时,可以构建区间参数模糊线性规划模型。区间参数模糊线性规划模型的一般形式可以表达为(Wang et al.,2004)

$$\max f^{\pm} \cong \boldsymbol{C}^{\pm}\ \boldsymbol{X}^{\pm} \qquad (11\text{-}4a)$$

$$\text{s.t.} \quad \boldsymbol{A}^{\pm}\ \boldsymbol{X}^{\pm} \lesssim \boldsymbol{B}^{\pm} \qquad (11\text{-}4b)$$

$$\boldsymbol{X}^{\pm} \geqslant 0 \qquad (11\text{-}4c)$$

其中,$f^{\pm}$为目标函数(在实际问题中,目标函数也可以求最小化 min),±为区间数符号;$X \in R^{n \times 1}$为变量向量;$\boldsymbol{C}^{\pm} \in \{R^{\pm}\}^{1 \times n}$、$\boldsymbol{A}^{\pm} \in \{R^{\pm}\}^{m \times n}$、$\boldsymbol{B}^{\pm} \in \{R^{\pm}\}^{m \times 1}$,$R^{\pm}$表示区间数;"$\cong$"和$\lesssim$表示模糊等于和不等于。

根据 Zimmermann(1978)、Roubens 和 Teghem(1991)以及 Dubios 和 Prade(1999),决策者可以对目标函数值建立一个期望水平$f^{\pm'}$,同时将约束条件的区间值转化为模糊集,从而模型可以变为

$$\boldsymbol{C}^{\pm}\ \boldsymbol{X}^{\pm} \lesssim f^{\pm'} \qquad (11\text{-}5a)$$

$$\boldsymbol{A}^{\pm}\ \boldsymbol{X}^{\pm} \lesssim \boldsymbol{B}^{\pm} \qquad (11\text{-}5b)$$

$$\boldsymbol{X}^{\pm} \geqslant 0 \qquad (11\text{-}5c)$$

最理想的求解为目标函数值最大化(趋近$f^{\pm'}$),同时尽量完全满足约束条件(尽量小于$\boldsymbol{B}^{-}$)。因此定义决策模糊隶属度:

$$\mu(X) = \begin{cases} 1, & \text{if } \boldsymbol{C}^{\pm}\ \boldsymbol{X}^{\pm} \geqslant f^{+'} \text{ 且 } \boldsymbol{A}^{\pm}\ \boldsymbol{X}^{\pm} \leqslant \boldsymbol{B}^{-} \\ (0,1), & \text{if } f^{-'} < \boldsymbol{C}^{\pm}\ \boldsymbol{X}^{\pm} < f^{+'} \text{ 且 } \boldsymbol{B}^{-} < \boldsymbol{A}^{\pm}\ \boldsymbol{X}^{\pm} < \boldsymbol{B}^{+} \\ 0, & \text{if } \boldsymbol{C}^{\pm}\ \boldsymbol{X}^{\pm} \leqslant f^{-'} \text{ 且 } \boldsymbol{A}^{\pm}\ \boldsymbol{X}^{\pm} \geqslant \boldsymbol{B}^{+} \end{cases}$$

$$(11\text{-}6)$$

假设模糊隶属度在模糊区间内单调递增,则模糊隶属度可以表示为如下形式:

$$\mu(X) = \frac{\boldsymbol{C}^{\pm}\ \boldsymbol{X}^{\pm} - f^{-'}}{f^{+'} - f^{-'}} \quad \text{或} \quad \frac{\boldsymbol{B}^{+} - \boldsymbol{A}^{\pm}\ \boldsymbol{X}^{\pm}}{\boldsymbol{B}^{+} - \boldsymbol{B}^{-}} \qquad (11\text{-}7)$$

其中,$f^{+'} - f^{-'}$为决策的期望值区间,$\boldsymbol{B}^{+} - \boldsymbol{B}^{-}$为约束条件的可违背区间。令$\sigma = \mu(X)$,上述模型可以转化为如下一个区间参数线性规划模型:

$$\max \quad \sigma^{\pm} \qquad (11\text{-}8a)$$

$$\text{s.t.} \quad \boldsymbol{C}^{\pm}\ \boldsymbol{X}^{\pm} \leqslant f^{-'} + \sigma^{\pm}(f^{+'} - f^{-'}), \qquad (11\text{-}8b)$$

$$\boldsymbol{A}^{\pm}\ \boldsymbol{X}^{\pm} \leqslant \boldsymbol{B}^{+} - \sigma^{\pm}(\boldsymbol{B}^{+} - \boldsymbol{B}^{-}), \qquad (11\text{-}8c)$$

$$\boldsymbol{X}^{\pm} \geqslant 0, \qquad (11\text{-}8d)$$

$$0 \leqslant \sigma^{\pm} \leqslant 1. \qquad (11\text{-}8e)$$

上述模型可以通过两步求解法进行求解(Huang et al.,1993;Huang et al.,2001)。由于模型是最大化目标函数,所以第一步先求解对应于$f^{+}$的$\sigma^{+}$,其模型如下:

$$\max \sigma^{+} \qquad (11\text{-}9a)$$

## 第十一章 基于决策目标偏好的土地资源优化配置

s.t. $\sum_{j=1}^{k} c_j^+ x_j^+ + \sum_{j=k+1}^{n} c_j^+ x_j^- \leqslant f^{-\prime} + \sigma^+ (f^{+\prime} - f^{-\prime})$, (11-9b)

$\sum_{i=1}^{k} |a_{ij}|^+ \text{Sign}(a_{ij}^+) x_j^+ + \sum_{i=k+1}^{n} |a_{ij}|^- \text{Sign}(a_{ij}^-) x_j^-$

$\leqslant b^+ - \sigma^+ (b^+ - b^-), \quad \forall i,$ (11-9c)

$x_j^{\pm} \geqslant 0, \quad \forall j,$ (11-9d)

$0 \leqslant \sigma^+ \leqslant 1.$ (11-9e)

该子模型的求解结果为 $\sigma_{\text{opt}}^+$ 和 $x_{j\text{opt}}^+ (j=1,2,\cdots,k)$ 和 $x_{j\text{opt}}^- (j=k+1,k+2,\cdots,n)$。在此基础上,在求解对应于 $f^-$ 的 $\sigma^-$,模型如下:

$\max \sigma^-$ (11-10a)

s.t. $\sum_{j=1}^{k} c_j^- x_j^- + \sum_{j=k+1}^{n} c_j^- x_j^+ \leqslant f^{-\prime} + \sigma^- (f^{+\prime} - f^{-\prime})$, (11-10b)

$\sum_{i=1}^{k} |a_{ij}|^- \text{Sign}(a_{ij}^-) x_j^- + \sum_{i=k+1}^{n} |a_{ij}|^+ \text{Sign}(a_{ij}^+) x_j^+$

$\leqslant b^+ - \sigma^- (b^+ - b^-), \quad \forall i,$ (11-10c)

$x_j^{\pm} \geqslant 0, \quad \forall j,$ (11-10d)

$x_j^- \leqslant x_{j\text{opt}}^+, \quad j=1,2,\cdots,k,$ (11-10e)

$x_j^+ \geqslant x_{j\text{opt}}^-, \quad j=k+1,k+2,\cdots,n,$ (11-10f)

$0 \leqslant \sigma^- \leqslant 1.$ (11-10g)

上述子模型的求解结果为 $\sigma_{\text{opt}}^-$ 和 $x_{j\text{opt}}^+ (j=1,2,\cdots,k)$ 和 $x_{j\text{opt}}^- (j=k+1,k+2,\cdots,n)$。将上述两个子模型相结合,可得到模型的模糊最优解 $x_{j\text{opt}}^{\pm} = [x_{j\text{opt}}^-, x_{j\text{opt}}^+]$,且 $f_{\text{opt}}^{\pm} = [f_{\text{opt}}^-, f_{\text{opt}}^+]$:

$f_{\text{opt}}^+ = \sum_{j=1}^{k} c_j^+ x_j^+ + \sum_{j=k+1}^{n} c_j^+ c_j^-,$ (11-11a)

$f_{\text{opt}}^- = \sum_{j=1}^{k} c_j^- x_j^- + \sum_{j=k+1}^{n} c_j^- x_j^+.$ (11-11b)

### 2. 模型构建

土地资源优化配置的最终目标是要通过各种土地类型的合理组合,力争使土地利用产生的综合效益达到最优化,这通常是土地利用优化的最主要目标。土地资源优化配置的经济目标是使有限的土地尽可能生产较多的产品和提供较多的服务。这要求各种类型土地的产出尽量最大,并在满足生态环境约束的条件下优先满足经济效益产出高的用地类型需求。因此本节选取湘江新区土地利用的经济效益为规划的目标函数,将区域社会经济发展和生态环境等要求作为约束条件,构建区间参数模糊线性规划模型。

### 2.1 模型目标构建

模型目标函数为各类用地的经济收益之和最大化,数学表达式如下:

$$\max f^{\pm} = \sum_{i=1}^{9} B_i^{\pm} x_i^{\pm} \tag{11-12a}$$

其中,$f^{\pm}$ 为各类用地的经济效益之和,单位为万元;$B_i^{\pm}$ 为第 $i$ 种用地的单位经济效益,单位为万元/hm²;$x_i^{\pm}$ 为第 $i$ 类用地的规划面积,单位为 hm²;$i$ 为土地利用类型,$i=1,2,\cdots,9$ 分别对应城镇建设用地、风景及特殊用地、农村建设用地、耕地、园地、林地、草地、水域和未利用地。单位用地的经济效益如表11-4所示。单位用地经济效益根据《长沙市统计年鉴2010》及湘江新区的发展规划,通过地均 GDP 和地均固定资产投资的差值求得;$B_i^{\pm}$ 值越高表明该用地经济效益越好。

表 11-4　各类用地的经济效益和劳动力需求

| 用地类型 | 变量符号 | 地均 GDP 产值/(万元·hm⁻²) | 地均劳动力需求/人 |
|---|---|---|---|
| 城镇建设用地 | $x_1^{\pm}$ | [935.40, 1265.54] | [25.0, 30.0] |
| 风景及特殊用地 | $x_2^{\pm}$ | [659.43, 892.16] | [15.0, 20.0] |
| 农村建设用地 | $x_3^{\pm}$ | [70.71, 95.66] | [6.0, 8.0] |
| 耕地 | $x_4^{\pm}$ | [9.37, 12.68] | [2.8, 3.5] |
| 园地 | $x_5^{\pm}$ | [15.24, 20.62] | [1.8, 2.2] |
| 林地 | $x_6^{\pm}$ | [1.62, 2.19] | [0.1, 0.2] |
| 草地 | $x_7^{\pm}$ | [5.01, 6.78] | [0.8, 1.0] |
| 水域 | $x_8^{\pm}$ | [3.75, 5.07] | [0.5, 0.6] |
| 未利用地 | $x_9^{\pm}$ | 0 | 0 |

### 2.2 模型约束条件

模型约束条件主要包括:

(1) 用地总量约束

各类用地面积总和等于区域总面积。

$$\sum_{i=1}^{9} x_i^{\pm} = X \tag{11-12b}$$

其中,$X$ 为区域总面积,即 119 660 hm²。

(2) 建设用地总量约束

各类建设用地总量不能超过最大适宜建设用地面积。

$$x_1^{\pm} + x_2^{\pm} + x_3^{\pm} \leqslant X_{AC}^{\pm} \tag{11-12c}$$

其中,$X_{AC}^{\pm}$ 即为最大允许建设用地面积,根据《长沙大河西先导区生态控制线规划》求得。

(3) 城镇建设用地约束

城镇建设用地面积不能超过最大允许城镇建设用地面积,也不能小于最小建设用地面积需求。

$$x_1^{\pm} \leqslant X_{1\max}^{\pm} \tag{11-12d}$$

$$x_1^{\pm} \geqslant X_{1\min}^{\pm} \tag{11-12e}$$

其中,$X_{1\max}^{\pm}$ 为最大允许城镇用地面积;$X_{1\min}^{\pm}$ 为最小城镇用地面积需求。根据《城市用地分类与规划建设用地标准》(GB50137—2011),结合城镇人口预测,求得 $X_{1\max}^{\pm}$ 和 $X_{1\min}^{\pm}$。

(4) 风景及特殊用地

风景及特殊用地面积应在区域受保护的风景区总面积的一定比例范围之内。

$$x_2^{\pm} \leqslant X_{2\max}^{\pm} \tag{11-12f}$$

$$x_2^{\pm} \geqslant X_{2\min}^{\pm} \tag{11-12g}$$

其中,$X_{2\max}^{\pm}$ 和 $X_{2\min}^{\pm}$ 分别为最大和最小风景及特殊用地面积,根据风景保护区的面积以及建设用地的最大和最小比例求得。

(5) 农村建设用地约束

农村建设用地面积大于最低农村建设用地需求,同时由于农村人口减少和农村土地整理,农村建设用地会小于现状值。

$$x_3^{\pm} \leqslant X_3 \tag{11-12h}$$

$$x_3^{\pm} \geqslant X_{3\min}^{\pm} \tag{11-12i}$$

其中,$X_3$ 和 $X_{3\min}^{\pm}$ 分别为农村建设用地现状值和最低农村建设用地需求,根据农村人口预测和湘江新区"两型社会"建设的农村建设用地标准求得。

(6) 耕地面积约束

耕地面积不低于耕地保护面积。

$$x_4^{\pm} \geqslant X_{4\min}^{\pm} \tag{11-12j}$$

其中,$X_{4\min}^{\pm}$ 为耕地保护面积。由于湘江新区建设需要,耕地很可能会受到部分侵占。决策者可以根据实际情况对耕地保护面积进行合理调整,并通过模型进行情景分析,探讨不同耕地保护面积下的最优用地结构。本节将在结果分析中详细探讨。

(7) 园地面积约束

园地面积不低于园地最低规划面积。

$$x_5^\pm \geqslant X_{5\min}^\pm \tag{11-12k}$$

其中，$X_{5\min}^\pm$ 为目标年园地最低规划面积。

(8) 林地面积约束

林地面积要保证规划目标年的最低森林覆盖率。

$$x_6^\pm \geqslant X \cdot \mu^\pm \tag{11-12l}$$

其中，$X$ 为区域总面积，$\mu^\pm$ 为最低森林覆盖率。最低森林覆盖率也是湘江新区建设"两型社会"的主要决策指标之一，本节也将对不同最低森林覆盖率的最优用地配置方案进行情景分析。

(9) 草地面积约束

草地面积不低于草地最低规划面积。

$$x_7^\pm \geqslant X_{7\min}^\pm \tag{11-12m}$$

其中，$X_{7\min}^\pm$ 为目标年最低规划值。

(10) 水域面积约束

水域面积应大于最小的水域生态保护面积。

$$x_8^\pm \geqslant X_{8\min}^\pm \tag{11-12n}$$

其中，$X_{8\min}^\pm$ 为最小的水域生态保护面积。

(11) 未利用地面积约束

未利用地面积应大于不能开发用地面积。

$$x_9^\pm \geqslant X_{9\min}^\pm \tag{11-12o}$$

其中，$X_{9\min}^\pm$ 为不能开发用地面积。

(12) 劳动力约束

农村建设用地和农业用地的总劳动力需求不应超过最大农村劳动力供给量；城镇用地劳动力需求不应超过最大城镇劳动力供给量。

$$\sum_{i=3}^{8} l_i^\pm x_i^\pm \leqslant L_R^\pm \tag{11-12p}$$

$$l_1^\pm x_1^\pm + l_2^\pm x_2^\pm \leqslant L_U^\pm \tag{11-12q}$$

其中，$L_R^\pm$ 为最大农村劳动力供给量；$L_U^\pm$ 为最大城镇劳动力供给量。劳动力供给量约为总预测人口的 70%；各类用地单位面积的劳动力需求数据通过《长沙统计年鉴 2010》和王红瑞等（2008）的数据估算而得。

模型参数主要通过《长沙统计年鉴》、湘江新区（大河西先导区）发展规划等资料计算获得,如表 11-5 所示。

表 11-5 模型约束条件参数表

| 参数符号 | 参数名称 | 单位 | 模型取值 |
| --- | --- | --- | --- |
| $X$ | 区域用地总面积 | $hm^2$ | 119 600 |
| $X_{AC}^{\pm}$ | 最大允许建设用地面积 | $hm^2$ | [36 176, 39 984] |
| $X_{1max}^{\pm}$ | 最大允许城镇用地面积 | $hm^2$ | [30 000, 33 600] |
| $X_{1min}^{\pm}$ | 最小城镇用地面积需求 | $hm^2$ | [21 250, 23 800] |
| $X_{2max}^{\pm}$ | 最大风景及特殊用地面积 | $hm^2$ | [1055.43, 1289.97] |
| $X_{2min}^{\pm}$ | 最小风景及特殊用地面积 | $hm^2$ | [562.90, 687.98] |
| $X_3$ | 农村建设用地现状值 | $hm^2$ | 13 314.74 |
| $X_{3min}^{\pm}$ | 最低农村建设用地需求 | $hm^2$ | [4374, 5346] |
| $X_{4min}^{\pm}$ | 耕地保护面积 | $hm^2$ | [35 194.33, 37 046.66] |
| $X_{5min}^{\pm}$ | 园地最低规划面积 | $hm^2$ | [1170, 1430] |
| $\mu^{\pm}$ | 最低森林覆盖率 | | [34%, 35%] |
| $X_{7min}^{\pm}$ | 草地最低规划值面积 | $hm^2$ | [540, 660] |
| $X_{8min}^{\pm}$ | 最小的水域生态保护面积 | $hm^2$ | [6046.60, 7652.33] |
| $X_{9min}^{\pm}$ | 不能开发用地面积 | $hm^2$ | [237.53, 316.71] |
| $L_R^{\pm}$ | 最大农村劳动力供给量 | 万人 | [17, 29] |
| $L_U^{\pm}$ | 最大城镇劳动力供给量 | 万人 | [175, 196] |

**3. 模型求解**

根据区间参数模糊线性规划模型介绍,首先将模型分解为最大和最小两个子模型,求出目标函数的最大值和最小值,得到目标函数的模糊区间$[f^-, f^+]$。区间参数模糊线性规划模型在求解的过程中还可以将约束条件右边的不确定性纳入模型求解过程。在湘江新区土地资源配置的约束条件中,耕地保护面积和最低森林覆盖率为两个关键约束条件。耕地保护面积关系到粮食安全,最低森林覆盖率关系到区域生态环境质量。随着湘江新区的社会经济发展,部分耕地和林地可能会被占用,土地资源配置决策者需要在城镇建设用地扩张的同时考虑耕地、林地保护,并进行权衡。因此,本节在求解过程中主要考虑目标函数的模糊性和最低耕地保护面积、最低森林覆盖率两个不确定性条件。引入模糊隶属度$\lambda$后,湘江新区的土地利用区间参数模糊线性规划模型可以表述为如下形式:

$$\max \lambda^{\pm}$$

$$\text{s.t.} \quad \sum_{i=1}^{9} B_i^{\pm} x_i^{\pm} \leqslant f^- + \lambda^{\pm}(f^+ - f^-) \tag{11-13a}$$

$$\sum_{i=1}^{9} x_i^{\pm} = X \tag{11-13b}$$

$$x_1^{\pm} + x_2^{\pm} + x_3^{\pm} \leqslant X_{AC}^{\pm} \tag{11-13c}$$

$$x_1^{\pm} \leqslant X_{1\max}^{\pm} \tag{11-13d}$$

$$x_1^{\pm} \geqslant X_{1\min}^{\pm} \tag{11-13e}$$

$$x_2^{\pm} \leqslant X_{2\max}^{\pm} \tag{11-13f}$$

$$x_2^{\pm} \geqslant X_{2\min}^{\pm} \tag{11-13g}$$

$$x_3^{\pm} \leqslant X_3 \tag{11-13h}$$

$$x_3^{\pm} \geqslant X_{3\min}^{\pm} \tag{11-13i}$$

$$x_4^{\pm} \geqslant X_{4\min}^{+} + \lambda^{\pm}(X_{4\min}^{+} - X_{4\min}^{-}) \tag{11-13j}$$

$$x_5^{\pm} \geqslant X_{5\min}^{\pm} \tag{11-13k}$$

$$x_6^{\pm} \geqslant X \times [\mu^- + \lambda^{\pm}(\mu^+ - \mu^-)] \tag{11-13l}$$

$$x_7^{\pm} \geqslant X_{7\min}^{\pm} \tag{11-13m}$$

$$x_8^{\pm} \geqslant X_{8\min}^{\pm} \tag{11-13n}$$

$$x_9^{\pm} \geqslant X_{9\min}^{\pm} \tag{11-13o}$$

$$\sum_{i=3}^{8} l_i^{\pm} x_i^{\pm} \leqslant L_R^{\pm} \tag{11-13p}$$

$$l_1^{\pm} x_1^{\pm} + l_2^{\pm} x_2^{\pm} \leqslant L_U^{\pm} \tag{11-13q}$$

$$0 \leqslant \lambda^{\pm} \leqslant 1 \tag{11-13r}$$

将上述模型通过数学规划软件 Lingo 11.0 求解,得到模糊最优解。

## 4. 结果分析

### 4.1 模糊最优用地结构

模型首先将通过区间参数规划计算得出目标函数的最大值和最小值,得到目标函数值的模糊区间,为[2.43×10⁷,4.06×10⁷]万元。将耕地和林地保护不确定性条件纳入考虑之后,得到土地利用结构的模糊最优解:城镇建设用地为[27 234.67,28 384.36]hm²,风景及特殊用地为[562.90,687.98]hm²,农村建设用地为[4374,5346]hm²,耕地为[35 469.89,36 692.44]hm²,园地为[1170,1430]hm²,林地为[40 862.41,41 652.17]hm²(森林覆盖率为[34.15%,34.81%]),草地为[540,660]hm²,水域为[6046.60,7652.33]hm²,未利用地为[237.53,316.71]hm²;最优目标函数值为[2.68×10⁷,3.75×10⁷]万元。与2010年土地利用现状相比,城镇建设用地新增[10 998.01,12 147.70]hm²,风景及

# 第十一章 基于决策目标偏好的土地资源优化配置

特殊用地新增[275.83, 400.91] $hm^2$,农村建设用地减少[7968.74, 8940.74] $hm^2$,耕地减少[354.22, 1576.77] $hm^2$,园地面积变化为[-11.83, 248.17] $hm^2$ (-11.83表示面积可能适当减少),林地面积变化为[-236.92, 552.84] $hm^2$,草地面积增加[7.73, 127.73] $hm^2$,水域面积减少[1358.99, 2964.72] $hm^2$,未利用地减少[633.41, 712.59] $hm^2$。结果表明,新增城镇建设用地的主要来源为农村建设用地,占70%以上。调查数据显示,湘江新区现有人均农村建设用地(99%为村庄建设用地)面积超过260 $m^2$,远高于"两型社会"建设标准140 $m^2$,存在用地效益低,闲置用地多等问题。随着湘江新区农村人口的减少,对农村建设用地进行整理成为湘江新区城镇建设用地指标的主要来源。此外,水域、耕地和未利用地也是新增城镇建设用地的主要指标来源。其中水域虽然难以直接成为城镇建设用地面积,但湘江新区存在大量滩涂面积和闲置的坑塘水面可以用来开发作为水田,补充被城镇建设占用的耕地面积。

在本章中,由于决策模型的参数均为区间数,因而所得到的决策方案均为区间值。当所有的方案均为区间值时,决策者可以更灵活地在最优化的方案区间中根据需要进行决策选择。本章选取各类用地最优化区间的中间值生成了一个最优数量配置方案,并将其作为输入带入 CLUE-S 模型的空间配置模块,可以得到该条件下的空间优化配置结果,如图 11-8 所示。将空间优化配置结果与湘江新区的乡镇(街道)行政区划叠加,能得到各乡镇(街道)在最优条件下的用地结构,如表 11-6 所示。由图 11-8 和表 11-6 可知,在最优条件下岳麓区的东方红镇最优用地结构为城镇建设用地 1795.21 $hm^2$,农村建设用地 119.04 $hm^2$,耕地 403.20 $hm^2$,林地 595.19 $hm^2$,水域 51.84 $hm^2$,其他用地 13.44 $hm^2$;望城区的星城镇最优用地结构为城镇建设用地 3282.73 $hm^2$,农村建设用地 334.56 $hm^2$,耕地 1558.57 $hm^2$,林地 1150.11 $hm^2$,水域 826.08 $hm^2$,其他用地 108.00 $hm^2$;宁乡县的夏铎铺镇最优用地结构为城镇建设用地 544.80 $hm^2$,农村建设用地 720.96 $hm^2$,耕地 3404.63 $hm^2$,林地 4837.93 $hm^2$,水域 422.88 $hm^2$,其他用地 338.88 $hm^2$。将每个区县的用地结构汇总,可以得到最优土地资源配置下各区县的用地结构。其中,岳麓区的最优用地结构为城镇建设用地 14831.53 $hm^2$,农村建设用地 2803.68 $hm^2$,耕地 12252.02 $hm^2$,林地 19959.83 $hm^2$,水域 2774.40 $hm^2$,其他用地 1057.44 $hm^2$;望城区的最优用地结构为城镇建设用地 8459.04 $hm^2$,农村建设用地 3142.08 $hm^2$,耕地 14203.21 $hm^2$,林地 12879.94 $hm^2$,水域 2952.48 $hm^2$,其他用地 535.68 $hm^2$;宁乡县的最优用地结构为城镇建设用地 5076.01 $hm^2$,农村建设用地 1350.72 $hm^2$,耕地 9536.64 $hm^2$,林地 8255.08 $hm^2$,水域 1125.12 $hm^2$,其他用地 555.84 $hm^2$。各区县和乡镇(街道)的最优土地资源优化配置方案对当地决策者具有一定参考价值。

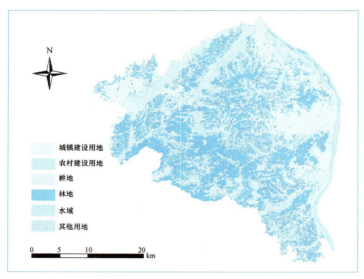

图 11-8　最优用地结构空间分配

表 11-6　最优空间配置下各乡镇的用地结构　　　　　　　　　　　单位：hm²

| 区县 | 乡镇/街道 | 城镇建设用地 | 农村建设用地 | 耕地 | 林地 | 水域 | 其他用地 |
|---|---|---|---|---|---|---|---|
| 岳麓区 | 观沙岭街道 | 1161.61 | 14.40 | 23.52 | 41.76 | 35.04 | 4.32 |
| | 望岳街道 | 1004.65 | 0.00 | 3.84 | 411.35 | 1.44 | 5.76 |
| | 银盆岭街道 | 608.16 | 0.00 | 0.00 | 0.00 | 2.88 | 0.00 |
| | 咸嘉湖街道 | 308.16 | 0.00 | 0.00 | 4.32 | 0.00 | 0.00 |
| | 望月湖街道 | 141.60 | 0.00 | 0.00 | 8.16 | 0.00 | 0.00 |
| | 望城坡街道 | 479.52 | 0.00 | 5.28 | 3.36 | 0.00 | 0.00 |
| | 天顶乡 | 1728.01 | 19.68 | 53.76 | 396.47 | 5.28 | 27.36 |
| | 东方红镇 | 1795.21 | 119.04 | 403.20 | 595.19 | 51.84 | 13.44 |
| | 西湖街道 | 471.35 | 1.44 | 1.92 | 116.65 | 0.00 | 14.88 |
| | 梅溪湖街道 | 514.54 | 128.64 | 301.92 | 789.15 | 98.40 | 52.32 |
| | 橘子洲街道 | 972.00 | 0.96 | 5.76 | 21.12 | 10.08 | 2.88 |
| | 岳麓街道 | 1355.51 | 72.96 | 117.12 | 744.96 | 51.36 | 65.28 |
| | 雨敞坪镇 | 207.84 | 581.76 | 2103.36 | 4024.32 | 432.48 | 325.92 |
| | 莲花镇 | 609.13 | 722.40 | 3188.64 | 6166.55 | 396.48 | 276.00 |
| | 含浦镇 | 1798.56 | 447.84 | 2092.33 | 3343.18 | 506.41 | 118.08 |
| | 坪塘镇 | 1675.68 | 694.56 | 3951.37 | 3293.29 | 1182.71 | 151.20 |
| | 小计 | 14831.53 | 2803.68 | 12252.02 | 19959.83 | 2774.40 | 1057.44 |

(续表)

| 区县 | 乡镇/街道 | 城镇建设用地 | 农村建设用地 | 耕地 | 林地 | 水域 | 其他用地 |
|---|---|---|---|---|---|---|---|
| 望城区 | 高塘岭镇 | 2097.60 | 94.56 | 1109.28 | 632.65 | 261.12 | 30.24 |
| | 乌山镇 | 329.76 | 654.24 | 3976.82 | 1840.34 | 584.16 | 133.44 |
| | 星城镇 | 3282.73 | 334.56 | 1558.57 | 1150.11 | 826.08 | 108.00 |
| | 黄金镇 | 1038.24 | 878.40 | 2173.91 | 2629.45 | 386.88 | 78.72 |
| | 白箬铺镇 | 6.72 | 13.44 | 73.92 | 7.20 | 16.80 | 0.00 |
| | 县原种场 | 848.16 | 727.68 | 3532.31 | 4163.06 | 474.24 | 137.28 |
| | 雷锋镇 | 855.83 | 439.20 | 1778.40 | 2457.13 | 403.20 | 48.00 |
| | 小计 | 8459.04 | 3142.08 | 14 203.21 | 12 879.94 | 2952.48 | 535.68 |
| 宁乡县 | 城郊乡 | 1496.16 | 106.56 | 1044.96 | 826.56 | 116.66 | 56.16 |
| | 金洲乡 | 995.52 | 241.92 | 3150.25 | 1363.21 | 224.64 | 109.44 |
| | 东湖塘镇 | 477.12 | 0.00 | 273.60 | 221.28 | 0.00 | 3.36 |
| | 玉潭镇 | 985.45 | 0.00 | 108.00 | 125.28 | 35.52 | 0.00 |
| | 历经铺乡 | 576.96 | 281.28 | 1555.20 | 880.82 | 325.42 | 48.00 |
| | 夏铎铺镇 | 544.80 | 720.96 | 3404.63 | 4837.93 | 422.88 | 338.88 |
| | 小计 | 5076.01 | 1350.72 | 9536.64 | 8255.08 | 1125.12 | 555.84 |

### 4.2 耕地保护约束不确定性对用地优化配置的影响

耕地保护是进行土地资源配置决策时需要考虑的重要约束条件。决策者需要根据发展需要和实际情况确定合理的耕地保护面积。为了探讨不同耕地保护面积对最优化土地利用结构的影响，本节通过设定不同的耕地保护情景，通过模型计算出不同耕地保护情景下的最优用地结构。根据现状耕地面积，本节选取了当最低森林覆盖率为[34%，35%]时，耕地保护目标为2010年现状耕地面积的[95%，100%]、[90%，95%]、[85%，90%]、[80%，85%]和[75%，80%]分别作为情景1～情景5进行分析，模型结果如表11-7所示。结果表明，从情景1到情景5，随着耕地保护目标的降低，城镇建设用地逐渐增高，分别为[27 234.67，28 384.36]$hm^2$、[29 100.99，30 219.60]$hm^2$、[30 000.00，31 990.90]$hm^2$、[30 000.00，33 521.65]$hm^2$ 和[30 000.00，33 600.00]$hm^2$，在情景5时，城镇用地面积达到最大允许城镇建设用地范围；风景及特殊用地从情景1和情景2的[562.90，687.98]$hm^2$ 增加到情景3和情景4的[562.90，830.00]$hm^2$，到情景5时增加到[830，1289.97]$hm^2$；农村建设用地在情景1～情景4保持[4374.00，5346.00]$hm^2$ 不变，到情景5时增加到[5094.03，5346.00]$hm^2$；最优化耕地面积逐渐降低，分别为[35 469.89，36 692.44]$hm^2$、[33 609.06，34 850.49]$hm^2$、[31 669.59，33 047.39]$hm^2$、[29 640.61，31 390.42]$hm^2$ 和

[27 788.28，29 632.89]hm² ；园地面积在情景 1 和情景 2 保持 [1170.00，1430.00]hm² 不变，从情景 3～情景 5 逐渐增加，分别为 [1170.00，2384.74]hm²、[1170.00，4527.83]hm² 和 [1340.84，6380.16]hm² ；林地面积分别为 [40 862.41，41 652.17]hm²、[40 856.93，41 658.88]hm²、[40 800.63，41 690.69]hm²、[40 686.52，41 816.89]hm² 和 [40 686.52，41 878.13]hm² ，森林覆盖率分别为 [34.15%，34.81%]、[34.14%，34.81%]、[34.10%，34.84%]、[34.00%，34.95%] 和 [34.00%，35.00%]；草地、水域和未利用地最优化面积保持不变。

表 11-7 不同耕地保护情景下湘江新区的最优用地结构

| | 情景 1 | 情景 2 | 情景 3 | 情景 4 | 情景 5 |
|---|---|---|---|---|---|
| 耕地保护目标/hm² | [35 194.33，37 046.66] | [33 341.99，35 194.33] | [31 489.66，33 341.99] | [29 637.33，31 489.66] | [27 785，29 637.33] |
| 城镇建设用地/hm² | [27 234.67，28 384.36] | [29 100.99，30 219.60] | [30 000.00，31 990.90] | [30 000.00，33 521.65] | [30 000.00，33 600.00] |
| 风景及特殊用地/hm² | [562.90，687.98] | [562.90，687.98] | [562.90，830.00] | [562.90，830.00] | [830.00，1289.97] |
| 农村建设用地/hm² | [4374.00，5346.00] | [4374.00，5346.00] | [4374.00，5346.00] | [4374.00，5346.00] | [5094.03，5346.00] |
| 耕地/hm² | [35 469.89，36 692.44] | [33 609.06，34 850.49] | [31 669.59，33 047.39] | [29 640.61，31 390.42] | [27 788.28，29 632.89] |
| 园地/hm² | [1170.00，1430.00] | [1170.00，1430.00] | [1170.00，2384.74] | [1170.00，4527.83] | [1340.84，6380.16] |
| 林地/hm² | [40 862.41，41 652.17] | [40 856.93，41 658.88] | [40 800.63，41 690.69] | [40 686.52，41 816.89] | [40 686.52，41 878.13] |
| 草地/hm² | [540.00，660.00] | [540.00，660.00] | [540.00，660.00] | [540.00，660.00] | [540.00，660.00] |
| 水域/hm² | [6046.60，7652.33] | [6046.60，7652.33] | [6046.60，7652.33] | [6046.60，7652.33] | [6046.60，7652.33] |
| 未利用地/hm² | [237.53，316.71] | [237.53，316.71] | [237.53，316.71] | [237.53，316.71] | [237.53，316.71] |
| 最优目标函数值/万元 | $2.68 \times 10^7$，$3.75 \times 10^7$ | $2.85 \times 10^7$，$3.98 \times 10^7$ | $2.94 \times 10^7$，$4.20 \times 10^7$ | $2.94 \times 10^7$，$4.39 \times 10^7$ | $2.94 \times 10^7$，$4.47 \times 10^7$ |

不同耕地保护约束也会对土地资源的空间配置结构产生影响。图 11-9 展示了情景 2～情景 5 中的最优用地结构空间配置（基于最优化区间的中值生成的配置方案）。由图可知，虽然各类主要用地的分布区域随着不同情景总体上不变，但是在具体每一个区域的数量上还是略有差异。由于不同耕地保护约束导

## 第十一章 基于决策目标偏好的土地资源优化配置

致了最优用地结构的变化,因而系统目标函数值也会发生变化。从情景 2 到情景 5,系统最优化目标函数值(经济效益)逐渐增大,分别为[$2.68\times10^7$,$3.75\times10^7$]万元、[$2.85\times10^7$,$3.98\times10^7$]万元、[$2.94\times10^7$,$4.20\times10^7$]万元、[$2.94\times10^7$,$4.39\times10^7$]万元和[$2.94\times10^7$,$4.47\times10^7$]万元,如图 11-10 所示。

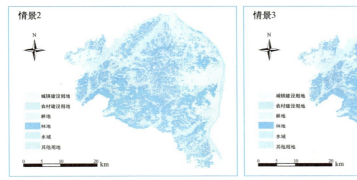
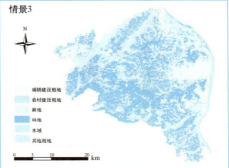
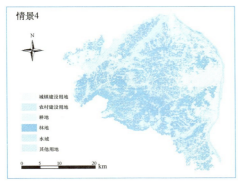
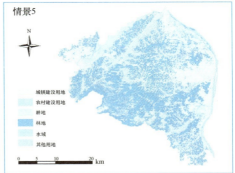

图 11-9　不同耕地保护约束下的最优用地结构空间配置

### 4.3　林地保护约束不确定性对用地优化配置的影响

森林覆盖率是湘江新区"两型社会"建设的一项重要指标。对土地资源配置而言,最低森林覆盖率对土地资源配置结果产生不同的影响。本研究选取了耕地保护目标为[35 194.33,37 046.66]hm² 时,最低森林覆盖率为[34%,35%]、[33%,34%]、[32%,33%]、[31%,32%]和[30%,31%]分别作为情景 1、情景 6、情景 7、情景 8 和情景 9 进行分析,结果如表 11-8 所示。由表 11-8 可知,随着森林覆盖率的降低,城镇建设用地面积逐渐增高,分别为[27 234.67,28 384.36]hm²、[28 440.48,29 569.71]hm²、[29 645.92,30 755.48]hm²、[30 000,31 893.22]hm² 和[30 000.00,32 893.78]hm²;当森林覆盖率降至 32% 以下时(情景 8 和情景 9),

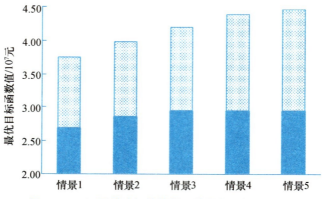

图 11-10　不同耕地保护情景下的最优目标函数值

风景及特殊用地面积和园地面积开始逐渐增加；最优化耕地面积分别为[35 469.89，36 692.44]hm²、[35 464.3，36 699.27]hm²、[35 458.93，36 705.85]hm²、[35 384.64，36 741.61]hm² 和[35 269.41，36 860.71]hm²；最优化林地面积分别为[40 862.41，41 652.17]hm²、[39 662.20，40 459.99]hm²、[38 462.13，39 267.64]hm²、[37 217.54，38 094.14]hm² 和[35 946.50，36 974.48]hm²，森林覆盖率分别为[34.15%，34.81%]、[33.15%，33.81%]、[32.14%，32.82%]、[31.10%，31.84%]和[30.04%，30.90%]；其他用地类型数量保持不变。

表 11-8　不同林地保护情景下的最优用地结构

| | 情景 1 | 情景 6 | 情景 7 | 情景 8 | 情景 9 |
|---|---|---|---|---|---|
| 最低森林覆盖率 | [34%，35%] | [33%，34%] | [32%，33%] | [31%，32%] | [30%，31%] |
| 城镇建设用地/hm² | [27 234.67，28 384.36] | [28 440.48，29 569.71] | [29 645.92，30 755.48] | [30 000.00，31 893.22] | [30 000.00，32 893.78] |
| 风景及特殊用地/hm² | [562.90，687.98] | [562.90，687.98] | [562.90，687.98] | [562.90，830.00] | [562.90，830.00] |
| 农村建设用地/hm² | [4374.00，5346.00] | [4374.00，5346.00] | [4374.00，5346.00] | [4374.00，5346.00] | [4374.00，5346.00] |
| 耕地/hm² | [35 469.89，36 692.44] | [35 464.30，36 699.27] | [35 458.93，36 705.85] | [35 384.64，36 741.61] | [35 269.41，36 860.71] |
| 园地/hm² | [1170.00，1430.00] | [1170.00，1430.00] | [1170.00，1430.00] | [1170.00，2252.78] | [1170.00，3639.06] |

第十一章 基于决策目标偏好的土地资源优化配置

（续表）

|  | 情景 1 | 情景 6 | 情景 7 | 情景 8 | 情景 9 |
| --- | --- | --- | --- | --- | --- |
| 林地/hm² | [40 862.41, 41 652.17] | [39 662.20, 40 459.99] | [38 462.13, 39 267.64] | [37 217.54, 38 094.14] | [35 946.50, 36 974.48] |
| 草地/hm² | [540.00, 660.00] | [540.00, 660.00] | [540.00, 660.00] | [540.00, 660.00] | [540.00, 660.00] |
| 水域/hm² | [6046.60, 7652.33] | [6046.60, 7652.33] | [6046.60, 7652.33] | [6046.60, 7652.33] | [6046.60, 7652.33] |
| 未利用地/hm² | [237.53, 316.71] | [237.53, 316.71] | [237.53, 316.71] | [237.53, 316.71] | [237.53, 316.71] |
| 最优目标函数值/万元 | [$2.68\times10^7$, $3.75\times10^7$] | [$2.79\times10^7$, $3.90\times10^7$] | [$2.90\times10^7$, $4.05\times10^7$] | [$2.94\times10^7$, $4.19\times10^7$] | [$2.95\times10^7$, $4.32\times10^7$] |

不同林地保护约束也会对土地的空间配置结构产生影响。图 11-11 展示了情景 6～情景 9 中的最优用地结构空间配置（基于最优化区间的中值生成的配置方案）。由图可知，虽然各类主要用地的分布区域随着不同情景总体上不变，但是在具体每一个区域的数量上还是略有差异。由于不同林地保护约束导致了最优用地结构的变化，因而系统目标函数值也会发生变化。从情景 1～情景 9，土地配置的最优目标值逐渐增加，分别为[$2.68\times10^7$, $3.75\times10^7$]万元、[$2.79\times10^7$, $3.90\times10^7$]万元、[$2.90\times10^7$, $4.05\times10^7$]万元、[$2.94\times10^7$, $4.19\times10^7$]万元和[$2.95\times10^7$, $4.32\times10^7$]万元，如图 11-12 所示。

4.4　不同约束条件不确定性对优化结果的影响分析

区间参数模糊线性规划模型可以将不同约束条件的不确定性纳入考虑。表 11-9 也给出了只考虑耕地不确定性、只考虑林地不确定性和区间参数线性规划模型（不考虑耕地和林地不确定性）的求解结果。在上述三种情况下，城镇建设用地面积的最优解分别为[26 314.38, 29 229.91]hm²，[25 758.75, 29 755.72]hm² 和[24 639.32, 30 850.24]hm²；耕地最优面积分别为[35 371.60, 36 814.66]hm²，[35 194.33, 37 046.66]hm² 和[35 194.33, 37 046.66]hm²；林地最优面积分别为[40 684.40, 418 81.00]hm²，[40 761.57, 41 778.92]hm² 和[40 684.40, 41 881.00]hm²最优目标函数值分别为[$2.59\times10^7$, $3.85\times10^7$]万元，[$2.53\times10^7$, $3.92\times10^7$]万元和[$2.43\times10^7$, $4.06\times10^7$]万元。

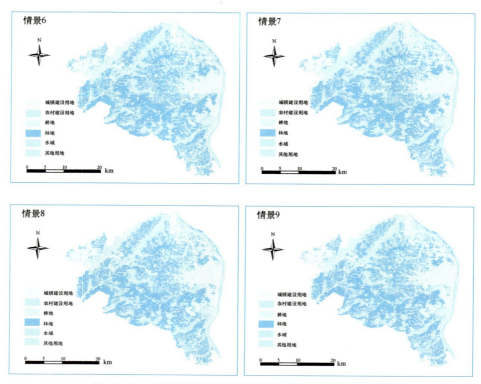

图 11-11　不同林地保护约束下的最优用地结构空间配置

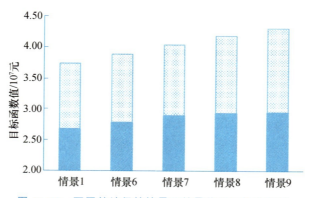

图 11-12　不同林地保护情景下的最优化目标函数值

表 11-9　考虑不同约束条件的不确定性的最优化土地利用方案

| 变量名称 | 考虑耕地和林地不确定性 | 只考虑耕地不确定性 | 只考虑林地不确定性 | 不考虑耕地和林地不确定性 |
|---|---|---|---|---|
| 城镇建设用地/hm² | [27234.67, 28384.36] | [26314.38, 29229.91] | [25758.75, 29755.72] | [24639.32, 30850.24] |
| 风景及特殊用地/hm² | [562.90, 687.98] | [562.90, 687.98] | [562.90, 687.98] | [562.90, 687.98] |
| 农村建设用地/hm² | [4374.00, 5346.00] | [4374.00, 5346.00] | [4374.00, 5346.00] | [4374.00, 5346.00] |
| 耕地/hm² | [35469.89, 36692.44] | [35371.60, 36814.66] | [35194.33, 37046.66] | [35194.33, 37046.66] |
| 园地/hm² | [1170.00, 1430.00] | [1170.00, 1430.00] | [1170.00, 1430.00] | [1170.00, 1430.00] |
| 林地/hm² | [40862.40, 41652.17] | [40684.40, 41881.00] | [40761.57, 41778.92] | [40684.40, 41881.00] |
| 草地/hm² | [540.00, 660.00] | [540.00, 660.00] | [540.00, 660.00] | [540.00, 660.00] |
| 水域/hm² | [6046.60, 7652.33] | [6046.60, 7652.33] | [6046.60, 7652.33] | [6046.60, 7652.33] |
| 未利用地/hm² | [237.53, 316.71] | [237.53, 316.71] | [237.53, 316.71] | [237.53, 316.71] |
| 模糊隶属度 | [0.15, 0.81] | [0.10, 0.88] | [0.06, 0.91] | [0.00, 1.00] |
| 最优目标函数值/万元 | [$2.68 \times 10^7$, $3.75 \times 10^7$] | [$2.59 \times 10^7$, $3.85 \times 10^7$] | [$2.53 \times 10^7$, $3.92 \times 10^7$] | [$2.43 \times 10^7$, $4.06 \times 10^7$] |

结果对比可以发现,当只考虑耕地或林地不确定性时,模型结果的区间均比同时考虑耕地和林地不确定性时更宽(最大值更大,最小值更小);当不考虑耕地和林地不确定性时(区间参数模糊线性规划模型),模型结果的区间比只考虑耕地或林地不确定性更宽。这也可以通过最优模糊隶属度区间来反映,如图 11-13 所示。模型结果的区间值越宽对决策的参考价值越小,因此考虑多个不确定性条件的结果比考虑单个不确定性的结果对决策更具有参考价值,考虑约束条件不确定性的结果比不考虑约束条件不确定性的结果更具有决策参考价值。区间线性规划模型在求解中不能考虑约束条件的不确定性,因而,线性规划

模型比区间参数模糊线性规划模型更具有优越性。

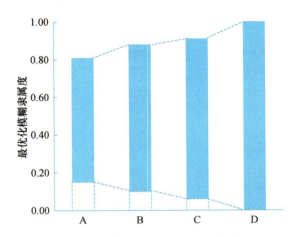

图 11-13 考虑不同约束条件不确定性的最优模糊隶属度区间对比

注：A 为考虑耕地和林地不确定性，B 为只考虑耕地不确定性，C 为只考虑林地不确定性，D 为不考虑耕地和林地不确定性。

# 参 考 文 献

Barber G M, 1975. Land-use planning via interactive multi-objective programming [J]. Environment and Planning, 10 (8): 625 – 636.

Benabdallah S, Wright J R, 1992. Multiple subregion allocation models [J]. Journal of Urban Planning & Development, 118(1): 24 – 40.

Carsjens G J, Van Der Knaap W, 2002. Strategic land-use allocation: dealing with spatial relationships and fragmentation of agriculture [J]. Landscape and urban planning, 58(2 – 4): 171 – 179.

Chang N B, Wen C G, Chen YL, Yong, Y C, 1996. A grey fuzzy multi-objective programming approach for the optimal planning of a reservoir watershed, part A: theoretical development [J]. Water Research, 30(10), 2329 – 2340.

CharnesA, Homes K E, et al., 1975. A hierarchical goal Programming approach to environmental land use management [J]. Geographical Analysis, 70 (7): 121 – 132.

Chuvieco E,1993. Integration of linear programming and GIS for land-use modeling[J]. International Journal on Geographical Information System,119(1):366-373.

Clarke K C, Hoppen S, Gaydos L A,1997. Self-modifying cellular automation model of historical urbanization in the San Francisco Bay area[J]. Environment and Planning B: Planning andDesign,24:247-261.

Collins R A, Barry P J,1986. Risk analysis with single-index portfolio models: An application to farm planning[J]. American Journal of Agricultural Economics,68(1):152-161.

Dantzig G B,1991. Linear programming and extensions[J]. Students Quarterly Journal,34(136):242-243.

Denise D, Wheaton W C,1996. Urban Economics and Real Estate Markets[M]. Upper Saddle River: Prentice Hall.

Diamond J T, Wright J R,1989. Efficient land allocation[J]. Journal of Urban Planning and Development,151(2):81-96.

Dokmeci V, Eagdas G, Toekan S,1993. Multi-objective land use planning model[J]. Journal of Urban Planning and development,119(1):15-22.

Dubios D,Prade H,1999. On fuzzy interpolation[J]. International Journal of General Systems 28(2):103-112.

Eldrandaly K A,2010. GEP-based spatial decision support system for multisite land use allocation[J]. Applied Soft Computing,10(3):694-702.

E L G Fernández, M González-Gómez,2010. Optimal allocation of land between productive use and recreational use[J]. Journal of Regional Science,43(2):269-294.

Emmanuel M C, Jenysal C M, Hale M,1999. Application of mineral exploration models and CIS to generate mineral potential maps as input for optimum land-use planning in the Philippines[J]. Natural Resources Research,8(2):165-173.

FAO,1993. Guidelines for Land-Use Planning. FAO Development Series 1. Rome: Food and Agriculture Organization of the United Nations.

Forrester J W,1969. Urban Dynamics[M]. Cambridge:MIT Press.

Gell-Mann M,1994. Complex Adaptive Systems,Complexity [M]. Chichester:John Wiley & Sons.

Gilbert K C,Holmes D D,Rosenthal R E,1985. A multi-objective discrete optimization model for land allocation [J]. Mgmt,31(12):1509-1522.

Goodall B,1972. The Economics of Urban Areas [M]. New York:Pergamum Press.

Hanink D M,Cromley R G,1998. Land-use allocation in the absence of complete market values[J]. Journal of regional science,38(2):465-480.

Han J C,Huang G H,Zhang H,Li,2013. Optimal land use management for soil erosion control by using an interval parameter fuzzy two-stage stochastic programming approach[J]. Environmental Management,52(3):621-638.

Herman H G,John N,1948. Planning and coding of problems for an electronic computing instrument. [M]. Princeton:The Institute for Advance Study.

Hof J G,Loomis J B,1983. A recreation optimization model based on the travel cost method[J]. Western Journal of Agricultural Economics,8(1):76-85.

Holland J H,1995. Hidden Order:How Adaptation Builds Complexity [J]. Leonardo,29(3) 235-236.

Huang G H,Moore R D,1993. Grey linear programming, its solving approach, and its application [J]. International Journal of Systems Science,24:159-172.

Huang G H,Sae-Lim N,Liu L et al.,2001. An interval-parameter fuzzy-stochastic programming approach for municipal solid waste management and planning [J]. Environmental Modeling and Assessment,6(4):71-283.

Huizing H,Bronsveld K,1994. Interactive multiple-goal analysis for land use planning[J]. ITC Journal,4(4):366-373.

Kim D S,Chung H W,2005. Spatial diffusion modeling of new residential area for land-use planning of rural villages [J]. Journal of Urban Planning and Development,131(3):181-194.

Kolovson C P,Neimat M A,Potamianos S,1993. Interoperability of spatial and attribute data managers: A case study[J]. Advances in Spatial Databases Springer-Verlag, (692):239-263.

Koning G H J, Verburg P H, Veldkamp A, Fresco L O, 1999. Multi-scale modelling of land use change dynamics in Ecuador[J]. Agricultural systems, 61(2):77-93.

Koopmans T C, 1951. Analysis of Production as an efficient combination of Activities[M]. New York: John Wiley & Sons.

Kotze D C, Breen C M, 1994. Development of a Wetland management decision support system for Natal, South Africa [J]. International Journal of Ecology and Environmental, 20(1/2):85-195.

Laarhoven P M J V, Pedrycz W, 1983. A fuzzy extension of Saaty's priority theory[J]. Fuzzy Sets & Systems, 11(13):199-227.

Lence S H, Hart C, 1997. Index models and land allocation reconsidered [J]. Canadian Journal of Agricultural Economics, 45(3):267-284.

Liu Y, Qin X, Guo H, et al., 2007. ICCLP: An inexact chance-constrained linear programming model for land-use management of lake areas in urban fringes [J]. Environmental Management, 40(6):966-980.

Liu Y S, Zhang F G, Zhang Y W, 2009. Appraisal of typical rural development models during rapid urbanization in the eastern coastal region of China [J]. Journal of Geographical Science, 19:557-567.

Lu H W, Huang G H, Zhang Y M, He L, 2012. Strategic agricultural land-use planning in response to water-supplier variation in a China's rural region [J]. Agricultural Systems, 108:19-28.

Luo B., Li J B, Huang G H, Li H L, 2006. A simulation-based interval two-stage stochastic model for agricultural nonpoint source pollution control through land retirement[J]. Science of Total Environment, 36:138-156.

Lu S S, Guan X L, Zhou M, et al., 2014. Land resources allocation strategies in an urban area involving uncertainty: A case study of Suzhou, in the Yangtze River Delta of China [J]. Environmental Management, 53(5):894-912.

Matthews R, Gilbert N, Roach A, 2007. Agent-based land-use models: a review of applications[J]. Landscape Ecology,22(10):1447-1459.

McCarthy N, Janvryc A, Sadouletc E,1998. Land allocation under dual individual-collective use in Mexico[J]. Journal of Development Economics,56(2):239-264.

Mendoza G A, Bare B B, Campbell G E, 1987. Multiobjective programming for generating alternatives: A multiple-use planning example[J]. Forest Science,33(2):458-468.

Messina C D, Hansenb J W, Halla A J, 1999. Land allocation conditioned on El Ni? o-Southern Oscillation phases in the Pampas of Argentina[J]. Agricultural Systems,60(3):197-212.

Miller D, Vogt N, Nijnik M, et al., 2009. Integrating Analytical and Participatory Techniques for Planning the Sustainable Use of Land Resources and Landscapes[M]. Netherlands: Springer.

Philip B, Edward J K, 1967. Urban Land Use Planning[M]. Champaign: IL University of Illinois Press.

Phua M H, Minowa M, Innes J L, et al., 2005. Application of criteria and indicators for sustainable forest management to a GIS-based multiple-criteria decision-making approach for forest conservation planning in the Kinabalu Region, Sabah, Malaysia[J]. Landscape & Urban Planning, 71(2-4):207-222.

Pijanowski B C, Brown D G, Shellito B A, 2002, Using neural networks and GIS to forecast land use changes: a land transformation model[J]. Environment and Urbanization,26: 553-575.

Plummer L N,周文斌译,1993. 水-岩相互作用地球化学模型的回顾与展望[J]. 华东地质学院学报,16(2): 128-135.

Ren F,1997. A training model for GIS application in land resource allocation[J]. Journal of photogrammetry and remote sensing,52(6): 261-265.

Robinson D T, Brown D G, Currie W S, 2009. Modeling carbon storage in highly fragmented and human-dominated landscapes: linking land-cover patterns and ecosystem models[J]. Ecological Modelling, 220(9): 1325-1338.

Roubens M and Teghem J, 1991. Comparison of methodologies for fuzzy and stochastic multi-objective programming [J]. Fuzzy Sets and Systems, 42: 119-132.

Salimi E T, Soleimani K, Roshan M H, et al., 2008. Land use planning for land management using the geographic information system (GIS) in the Loumir watershed of Guilan province in northern Iran [J]. Caspian Journal of Environmental Science, 6(2): 141-149.

Sante R I, Crecente M R, Miranda B D, 2008. GIS-based planning support system for rural land-use allocation [J]. Computers and Electronics in agriculture, 63: 257-273.

Schlager, Kenneth J, 1965. A land use plan design model [J]. Journal of the American Institute of Planners, 31(2): 103-111.

Sharifi M A, Van Keulen H, 1994. A decision support system for land use planning at farm enterprise Level [J]. Agricultural System, (3): 39-257.

Solow R M, 1973. Congestion cost and the use of land for streets [J]. Bell Journal of Economics and Management Sciences, 4(2): 602-618.

Stewart T J, Janssen R, Van Herwijnen M, 2004. A genetic algorithm approach to multi-objective land use planning [J]. Computers & Operations Research, 31(14): 2293-2313.

Svoray T, Bar P, Bannet T, 2005. Urban land-use allocation in a Mediterranean ecotone: Habitat Heterogeneity Model incorporated in a GIS using a multi-criteria mechanism [J]. Landscape and Urban Planning, 72(4): 337-351.

Taylor, 1986. Respect for Nature: A Theory of Environmental Ethics [M]. New Jersey: Princeton University Press.

Tomlin, C D, Johnston K M, 1990. An experiment in land-use allocation with a geographic information system. InIntroductory Readings in Geographic InformationSystems: 159-169, edited by D J Peuquet and D F Marble. London: Taylor & Francis.

Turner M G, 1987. Spatial simulation of landscape changes in Georgia: A comparison of 3 transition models [J]. Landscape Ecology, 1(1): 29-36.

Van Loargoven P J M, Pedrycz W, 1977. A fuzzy extension of Saaty's priority theorem[J]. Funny Sets Automatics, 12: 47-58.

Veldcamp A, Fresco L O, 1996. CLUE-CR: An integrated multi-scale model to simulate land use change scenarios in Costa Rica[J]. Ecological modelling, 91(1-3): 231-248.

Verburg P H, Soepboer W, Veldkamp A, Limpiada R, et al., 2002. Modeling the spatial dynamics of regional land use: the CLUE-S model[J]. Environmental Management, 30(3): 391-405.

Verfura S J, Niemann Jr B J, Moyer D D, 1988. A multi-purpose land information system for rural resources planning[J]. Journal of Soil and Water Conservation, 48(8): 226-229.

Wang X H, Yu S, Huang G H, 2004. Land allocation based on integrated GIS-optimization modeling at a watershed level[J]. Landscape and Urban Planning, (66): 61-74.

Wang Y, Wang K, Cheng S, et al., 2004. An integrating model of experts' opinions[J]. Data Mining & Knowledge Management, 3327(2): 204-212.

Webber M M, 1964. Explorations into Urban Structure, Philadelphia[M]. Philadelphia: University of Philadelphia Press.

Wolfram S, 1984. Theory and applications of cellular automata[M]. Singapore: Singapore World Scientific Pub Co Inc.

Xu M, Wu Z, 2011. Unconstrained two-objective land-use planning based-on NSGA-II for Chemical Industry Park[J]. Lecture Notes in Economics & Mathematical Systems, 648: 189-197.

Zadeh L A, 1965. Fuzzy sets[J]. Information and Control, 1(8): 183-190.

Zadeh L A, 1974. The concept of a linguistic variable and its application to approximate reasoning[J]. Information Science, 8(3): 199-249.

Zhang X L, Huang K, Zou R, Liu Y, Yu Y J, 2013. A risk explicit interval linear programming model for uncertainty-based environmental economic optimization in the Lake Fuxian watershed, China[J]. The Scientific World Journal, (20): 1-14.

Zhou M, Cai Y L, Guan X L, Tan S K, Lu S S, 2014. A hybrid inexact optimization model for land-use allocation of China [J]. Chinese Geographical Science, 7: 1-12.

Zhou M, Chen Q, Cai Y L, 2012. Optimizing the industrial structure of a watershed in association with economic-environmental consideration: an inexact fuzzy multi-objective programming model[J]. Journal of Clean Production, 42: 116-131.

Zimmermann H J, 1978. Fuzzy programming and linear programming with several objective functions [J]. Fuzzy Sets and Systems, (1): 45-55.

白淑英, 张树文, 宝音, 等, 2003. 遥感和 GIS 在土地适宜性评价研究中的应用: 以呼和浩特武川县为例[J]. 水土保持学报, 17(6): 18-21.

〔美〕波拉克著, 李萍萍译, 2005. 不确定的科学与不确定的世界[M]. 上海: 上海科技出版社.

陈崇成, 涂平, 黄绚, 2000. 土地利用改造规划的多因子空间分析[J]. 自然资源学报, 15(2): 117-122.

陈健飞, 刘卫民, 1999. Fuzzy 综合评判在土宜评价中的应用[J]. 资源科学, 21(4): 71-74.

陈秋计, 赵长胜, 谢宏全, 2004. 基于 GIS 和 ANN 技术的矿区复垦土宜评价[J]. 金属矿山, 333(3): 52-56.

程建权, 1997. GIS 技术支持多指标综合评价[J]. 系统工程, 15(1): 50-56.

邓聚龙, 1990. 灰色系统理论教程[M]. 武汉: 华中理工大学出版社.

董黎明, 冯长春, 1989. 城市土地综合经济评价的理论方法初探[J]. 地理学报, 56(003): 323.

杜红悦, 李京, 2001. 土地农业适宜性评价方法研究与系统实现: 以攀枝花为例[J]. 资源科学, 23(5): 41-45.

〔德〕杜能著, 吴衡康译, 1986. 孤立国同农业和国民经济的关系[M]. 北京: 商务印书馆.

〔美〕格来哲·摩根著, 王红缨译, 2011. 不确定性[M]. 北京: 北京大学出版社.

龚健, 刘耀林, 2005. 基于 SD-MOP 整合模型的土地利用总体规划研究[J].

武汉大学学报(信息科学版),30(4):322-325.

〔美〕Hugh Courtney,2000.不确定型管理[M].北京:中国人民大学出版社.

贺瑜,刘刚,2006.DEM与空间叠加分析在土地定量评价中的研究[J].计算机工程,32(1):251-253.

胡月明,欧阳村香,戴军,等,1999.基于GIS的土地资源评价单元确定与属性数据获取力法初探[J].华南农业大学学报,(2):47-53.

黄波,1997.基于GIS的土宜评价模型的改进[J].遥感技术与应用,12(1):14-18.

黄杏元,倪绍祥,等,1993.地理信息系统支持区域土地利用决策的研究[J].地理学报,48(2):114-121.

黄杏元,倪绍祥,徐寿成,等,1993.地理信息系统支持区域土地利用决策的研究[J].地理学报,48(3):114-121.

江高,2005.模糊层次综合评价法及其应用[D].天津大学.

李红,孙丹峰,张凤荣,2002.基于GIS和DEM的北京西部山区经济林果适宜性评价[J].农业工程学报,18(5):250-255.

李鸿吉,2002.模糊数学基础及实用算法[M].北京:科学出版社.

李学全,李辉,2003.带权值的模糊多目标线性规划[J].经济数学,4(20):81-85.

梁艳平,刘兴权,刘越,等,2001.基于GIS的城市总体规划用地适宜性评价探讨[J].工程勘察,(2):51-55.

刘长胜,卢伟,金晓斌,等,2004.GIS支持下土地整理中未利用地适宜性评价:以广西柳城县为例[J].长江流域资源与环境,13(4):333-337.

刘怀德,2001.不确定性经济学研究[M].上海:上海财经大学出版社.

刘灵辉,陈银蓉,石伟伟,2007.基于模糊综合评价法的柳州市土地集约利用评价[J].广东土地科学,6(3):25-28.

刘彦随,1997.城市土地配置的权力因素及其互动机制[J].南京师大学报(自然科学版),20(3):62-66.

刘彦随,倪绍祥,1997.新形势下土地利用总体规划编制的几个问题[J].江苏土地,(4):12-13.

刘彦随,1999.区域土地利用系统优化调控的机理与模式[J].资源科学,21

(4):60-65.

刘彦随,2001.山地土地类型的结构分析与优化利用:以陕西秦岭山地为例[J].地理学报,56(4):426-436.

刘耀林,焦利民,2005.基于计算智能的土宜评价模型[J].武汉大学学报(信息科学版),30(4):283-287.

刘瑜,2008.基于模糊综合评价法的城市土地集约利用评价研究[D].南京师范大学.

吕晓军,罗林涛,2004.模糊数学在土地开发整理新增耕地质量评价中的应用[J].西安科技大学学报,24(001):65-68.

孟林,2000.草地资源生产适宜性评价技术体系[J].草业学报,9(4):1-12.

〔美〕奈特著,安佳译,2009.风险、不确定性与利润[M].北京:商务印书馆.

倪绍祥,刘彦随,张贵祥,等,1999.中国东南沿海地区耕地资源保护与可持续利用[J].长江流域资源与环境,(3):276-281.

聂艳,周勇,陈平,等,2003.基于组件式地理信息系统的农用地分等方法研究[J].农业现代化研究,24(2):107-110.

欧海若,2004.土地利用规划的基础理论问题研究[D].浙江大学.

彭补拙,李春华,濮励杰,1994.中亚热带北缘青梅土宜评价方法探讨[J].自然资源,(2):14-21.

邱炳文,池天河,王钦敏,等,2004.GIS在土宜评价中的应用与展望[J].地理与地理信息科学,20(5):20-23,44.

盛建东,文启凯,蒋平安,等,1997.投影寻踪回归技术在棉花土宜评价中的应用[J].干旱区研究,14(2):36-41.

史舟,管彦良,王援高,等,2002.遥感与GIS技术支持下的黄岩区柑橘种植结构调整[J].经济地理,22(6):727-730.

宋如华,齐实,孙保平,等,1997.区域土地资源的适宜性评价和空间布局[J].土壤侵蚀与水土保持学报,3(3):23-30.

唐宏,盛业华,陈龙乾,1999.基于GIS的土宜评价中若干技术问题[J].地理科学,(6):36-38.

王光远,1984.论综合评判几种数学模型的实质及应用[J].模糊数学,(4):81-87.

王红瑞,张文新,胡秀丽,等,2008.土地利用区间数多目标规划模型及其应用[J].农业工程学报,8(24):68-73.

王建国,杨林章,单艳红,2001.模糊数学在土壤质量评价中的应用研究[J].土壤学报,38(2):176-183.

王清印,刘志勇,赵秀恒,2003.不确定信息概念的内涵及外延[J].浙江万里学院学报,(2):6-9.

王群,王万茂,张颖,2006.土地利用总体规划滚动调整中递推规划方法的应用[J].广东土地科学.(5):79-83.

王兴中,刘彦随,1997.中国大城市土地利用变化与空间阻力关系机制[J].地理学与国土研究,13(1):10-17.

〔德〕沃尔特·克里斯塔勒,2010.德国南部中心地原理[M].北京:商务印书馆.

吴次芳,鲍海君,2004.土地资源安全研究的理论与方法[M].北京:气象出版社.

吴次芳,邵霞珍,2005.土地利用规划的非理性、不确定性和弹性理论研究[J].浙江大学学报(人文社会科学版),4(35):98-105.

吴健生,冯喆,高阳,黄秀兰,刘洪萌,黄力,2012.CLUE模型应用进展与改进研究[J].地理科学进展,31(1):3-10.

武强,陈萍,董东林,等,2001.基于GIS的农业土宜评价系统研制技术[J].中国矿业大学学报,30(4):379-383.

谢高地,肖玉,甄霖等.2005,我国粮食生产的生态服务价值研究[J].中国生态农业学报,13(3):10-13.

谢高地,甄霖,鲁春霞,等,2008.一个基于专家知识的生态系统服务价值化方法[J].自然资源学报,23(5):911-919.

谢树春,赵玲,2005.基于GIS的湘中紫色土丘陵地区土宜评价:以衡南县谭子山镇紫色土综合治理试验区为例[J].经济地理,25(1):101-105.

徐玖平,李军,2005.多目标决策的理论与方法[M].北京:清华大学出版社.

严金明,2002.简论土地利用结构优化与模型设计[J].中国土地科学,16(4):20-25.

杨国栋,贾成前,2002.高速公路复垦土宜评价的BP神经网络模型[J].系统工程理论与实践,(4):119-124.

杨敏,2004.基于 GIS 和模糊评价法的土地生态适宜性分析[D].西南交通大学.

于婧,周勇,周清波,等,2005.基于 GIS 和模糊数学方法的多方案下农用土地多宜性评价[J].农业工程学报,21(增刊):183-187.

岳健,杨发相,罗格平,等,2004.调试法:一种农用土宜评价中确定参评因子权重的方法[J].干旱区地理,27(3):332-337.

张光宇,1998.土地资源优化配置的物元模型[J].系统工程理论与实践,(1):108-112.

张红旗,1998.GIS 支持下的县级区域柑橘土地适宜性综合评价[J].资源科学,20(1):62-70.

张红旗,李家永,牛栋,2003.典型红壤丘陵区土地利用空间优化配置[J].地理学报,58(5):668-676.

张洪业,1994.利用限制性评分方法确定土地农业适宜性等级:以澳大利亚新南维尔士州为例[J].地理研究,13(2):67-73.

张学雷,张甘霖,龚子同,2001.SOTER 支持下 ALES 模型对海南省热带作物适宜性评价研究[J].地理科学,21(4):345-350.

赵柯,赵钢,2004.非确定性城市规划思想[J].城市规划汇刊,(2):33-36.

赵需生,陈百明,1998.在土地评价中应用人工神经网络专家系统的理论与实践[J].中国土地科学,(2):28-34.

钟林生,肖笃宁,赵士洞,2002.乌苏里江国家森林公园生态旅游适宜度评价[J].自然资源学报,17(1):71-77.

周诚,1989.土地经济学[M].北京:农业出版社.